F
0457

AF458836

MARIAGE ET RÉPUDIATION

PUBLICATIONS DU TRADUCTEUR

Observations sur les coudées du Mekyâs (Paris, 1873, in-8°).

Le Se'âdet-nâmeh de Nacer ed-Dîn Khosroû (Leipzig, 1880, in-8°).

Œuvres choisies de A.-J. Letronne (6 v. in-8°, Paris, 1881-1885).

Concordances du manuel de droit de Sidi Khalil (Alger, 1889, in-8°).

Histoire des Almohades d'Abd el-Wahid Merrâkechi (Alger, 1893, in-8°).

Catalogue des mss arabes, persans et turcs de la Bibliothèque-Musée d'Alger (Paris, 1893, in-8°).

Le signe distinctif des Juifs au Maghreb (*Revue des études juives*, 1894).

Chronique des Almohades et des Hafcides attribuée à Zerkechi (Constantine, 1895, in-8°).

Chihâb ed-Dîn Dimechki (*Revue Africaine*, 1894).

Un chant algérien du XVIIIe siècle recueilli et traduit par V. de Paradis (Alger, 1895).

Alger au XVIIIe siècle, par Venture de Paradis (Alger, 1898).

Ibn el-Athir, Annales du Maghreb et de l'Espagne (Alger, 1901, in-8°).

L'Afrique septentrionale au XIIe siècle de notre ère (Constantine, 1900, in-8°).

Histoire de l'Afrique et de l'Espagne intitulée « Al-Bayano'l Mogrib » (Alger, 1901-1904, 2 vol. in-8°).

Les Tabakât malékites (Saragosse, 1904, in-8°).

En-Nodjoum ez-Zâhira : Extraits relatifs au Maghreb (Constantine, 1907, in-8°).

Le Djihâd ou guerre sainte selon l'école malékite (Alger, 1908, in-8°).

SIDI KHALIL

MARIAGE ET RÉPUDIATION

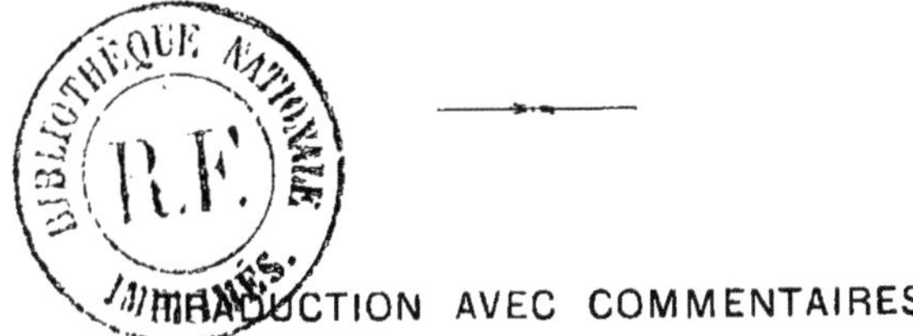

TRADUCTION AVEC COMMENTAIRES

PAR

E. FAGNAN

ALGER
TYPOGRAPHIE ADOLPHE JOURDAN
IMPRIMEUR-LIBRAIRE-ÉDITEUR
2, PLACE DE LA RÉGENCE, 2

1909

INTRODUCTION

La doctrine juridique de Mâlek ben Anas, mort en 179 H., représentée par l'ensemble des *hadîth* qu'il accueillit dans son *Mowattâ*, fut recueillie notamment par son élève Aboû 'Abd Allâh 'Abd er-Rahmân ben el-Kâsim 'Otaki, ordinairement appelé Ibn el-Kâsim et mort en 191, qui en tira un Digeste ou *Modawwana* en classant les sujets par ordre de matières et en y ajoutant nombre de décisions ou de remarques provenant tant de son maître que de lui-même. Ibn el-Kâsim à son tour eut entre autres élèves Asad ben el-Forât, mort en 213, et Sahnoûn, mort en 240, qui donnèrent chacun une recension de l'ouvrage de leur maître ; celle du premier est, du nom de son rédacteur, désignée sous le titre de *Asadiyya*, mais c'est la deuxième qui fut généralement suivie, devint l'objet de maints commentaires et fut plusieurs fois résumée (1).

Mais on ne tarda pas à voir apparaître de véritables manuels d'un usage plus commode pour le grand nombre des étudiants et des praticiens, qui ne pouvaient guère songer à se reporter à l'ouvrage fondamental qualifié de « Mère » et aux nombreux commentaires et traités de toute sorte auxquels il servait de thème. De même que la loi, reposant sur la quadruple base du Koran, de la

(1) Voir notamment Hadji Khalfa, v, 476 ; vi, 264 ; Ibn Khallikân, trad., ii, 86, 131 et 545 ; Commentaire de Kharachi sur Khalîl, i, 38 ; Commentaire de Hattâb, préface ; *Fihrist*, p. 198, etc.

Sonna, de l'*idjmâ'* et du *kiyâs*, renforcée par l'usage (1), résulte de l'élaboration des savants, l'autorité acquise par ces manuels est constituée par l'approbation dont les peuvent honorer les juristes pris dans leur ensemble. C'est ainsi que la vogue s'est successivement portée sur des résumés dont les décisions ne cessent d'ailleurs pas, à des époques postérieures, de continuer d'être rappelées et même invoquées à titre d'arguments, mais qui ont perdu leur privilège temporaire d'être regardés, au moins par la masse, comme étant en quelque sorte l'autorité unique.

De ces traités ainsi détrônés successivement on peut citer notamment l' '*Otbiyya* de Mohammed ben Ahmed 'Otbi, mort vers 254; le *Hâwi* d'Aboû' l-Faradj, mort vers 330; le *Tefrî'* ou *Djellâbiyya*, d' 'Obeyd Allâh ben el-Djellâb, mort en 378; la *Risâla* ou bref résumé d'Ibn Aboû Zeyd Kayrawâni, mort en 386; le *Mokhtaçer* d'Ibn el-Hâdjeb, mort en 646.

Sidi Khalîl, postérieur d'un siècle environ à ce dernier auteur, commença par commenter longuement son œuvre, puis entama la rédaction, que la mort ne lui permit pas de mettre au point, d'un manuel qui, s'il doit beaucoup à celui d'Ibn el-Hâdjeb, est loin d'en avoir la clarté, et qui, depuis environ six siècles, continue d'être appliqué, étudié et commenté, faveur inouïe qui provoque une remarque très juste de son biographe, ainsi qu'on le verra. Son traité, extrêmement concis, a en même temps prétendu rappeler toutes les questions controversées et les solutions qu'elles ont reçues à des époques diverses et de la part d'auteurs divers. De là l'emploi d'une terminologie

(1) Le '*orf* ou coutume est compté parmi les *oçoûl* par Derdir, commentaire de Khalîl, II, 238, l. 12, et par Ça'îdi, glose sur Kharchi, V, 360, l. 1. Il peut d'ailleurs l'emporter quelquefois sur l'*idjmâ'* (Derdir, II, 295, l. 4).

spéciale représentée par les mots « interprétation, divergence, dires, etc. », qui a dû passer en français.

Ce texte, complètement inintelligible sans l'aide des commentaires a été publié à Paris, sur l'initiative du Ministère de la guerre, par les soins de Richebé en 1855 (1) et a été reproduit en tirages successifs dont le cinquième et dernier est de 1883. Je n'hésite pas à qualifier de très bonne cette édition, où la plupart des vétilles qu'on y peut relever ne sont autre chose que des négligences typographiques. En 1900 une édition révisée a été publiée à Paris, mais il s'en faut de beaucoup que les petites taches de l'édition Richebé aient disparu, quoi qu'il en ait pu être dit par de prétendus juges hors d'état de lire et de comprendre ce texte. La pagination y a, en outre, été modifiée; mais les renvois que je fais dans ma traduction se rapportent aux pages et lignes des cinq premiers tirages, d'après lesquels ont aussi été dressées les *Concordances du manuel de droit de Sidi Khalil*. D'ailleurs j'ai travaillé principalement d'après les commentaires et gloses de Kharachi, de Derdir, de Ça'îdi et de Desoûki.

On connaît la traduction intégrale qu'a faite le docteur Perron de cet ouvrage (2), traduction qui représente une somme de travail considérable surtout à une époque où manquaient les secours que nous pouvons tirer maintenant des impressions qui paraissent en Orient; mais un style diffus et imprécis, ainsi que la fusion du texte et du commentaire, en rendent l'usage assez pénible. M. Sei-

(1) *Précis de jurisprudence musulmane suivant le rite malékite par Sidi Khalil*, Imp. nat., in-8°. Reinaud, que possédait un désir maladif de réclame, a fait figurer son nom dans l'introduction française au texte; mais sa participation dans l'édition elle-même est absolument nulle, et pour cause.

(2) *Précis de jurisprudence musulmane ou principes de législation musulmane civile et religieuse selon le rite Malekite*, Paris, Imp. nat.

gnette (1) a traduit sous une forme plus concise, mais sans commentaire, la plus grande partie du Manuel relative au droit civil et criminel, mais en omettant la portion d'ordre pratique la plus importante, celle qui a trait au mariage et à la répudiation, en déclarant que « la traduction de ces deux titres eût retardé de trois années environ la publication de ce volume ». Enfin E. Cherbonneau (2) a donné une traduction partielle et disposée dans un autre ordre, de la portion ici traduite intégralement.

J'ai séparé la traduction des commentaires proprement dits, rejetés au bas de la page ; quant aux nombreuses parenthèses qui figurent dans ce qui est imprimé en gros texte, elles ne sont autre chose que des additions nécessaires à l'expression de la pensée et ajoutées par les commentaires. De ceux-ci, le plus souvent diffus et verbeux, pas toujours très clairs et où maintes fois on cherche vainement des éclaircissements souhaitables ou des renseignements historiques utiles, j'ai tâché de tirer le meilleur parti, mais sans croire qu'on puisse jamais arriver à permettre au lecteur de se dispenser de recourir aux originaux.

Je dois à d'amicales remarques de M. Morand, directeur de l'Ecole de droit, d'avoir été amené à serrer davantage et à présenter sous une forme plus claire quelques passages de mon interprétation. Je dois également des remerciements à M. A. Jourdan, qui a bien voulu entreprendre d'éditer ce travail.

1848-1854, 7 vol. 8°. La portion ici traduite correspond aux t. II, pp. 310-629, et III, pp. 1-169.

(1) *Code musulman par Khalil, rite malékite. — Statut réel*, Constantine, 1878, in-8°.

(2) *Du statut personnel et des successions par Sautayra et E. Cherbonneau*, Paris, Maisonneuve 1873-1874, 2 vol. in-8°.

Les éditions de Paris, celle de 1900 comprise, sont précédées d'une biographie de Khalil, passablement fautive. Ahmed Baba, qui en est l'auteur, en a donné une autre plus détaillée, et qui d'ailleurs est correcte, dans un autre ouvrage, le *Neyl el-ibtihâdj* (éd. Fez, p. 95) ; elle a été reproduite dans le *Bostân* d'Ibn Meryem, d'après lequel une traduction qui appelle quelques rectifications a été donnée par Vincent (*Etudes sur la loi musulmane*, Paris 1842, p. 46). Voici cette biographie.

Dhiyâ' ed-Dîn Aboû' l-Mawadda Khalîl ben Ishâk ben Moûsa ben Cho'ayb, connu sous le nom de Djondi, était l'imâm savantissime, sachant et pratiquant, le modèle, l'argument, le surintelligent, le porte-étendard du rite malékite de son époque en Égypte. Son nom figure dans l'ouvrage original d'Ibn Farhoûn (1), où il dit ceci : « Il faisait partie des milices, *djond*, de la garde victorieuse (2), dont il portait l'uniforme ; il avait des dehors misérables, vivait retiré du monde, réunissait à la science la pratique de la vertu et s'adonnait à la propagation de la science. J'ai assisté au Kaire à ses leçons, qui portaient sur le droit, les traditions et la philologie arabe ; il comptait parmi les principaux savants de cette ville, où son mérite et sa religion étaient unanimement reconnus ; c'était un maître à l'enseignement fructueux, d'esprit critique, d'in-

(1) C. à d., *Ed-dibâdj el-modhahheb fî ma'rifat a'yân 'olemâ' el-madhheb* ou biographies des juristes malékites, dont l'auteur est Borhân ed-Dîn Ibrâhîm ben 'Ali ben Mohammed ben Farhoûn Ya'meri Medeni Mâleki, mort en 799 (H. Kh. III, 240 ; IV, 151 ; n° 5032 ms de Paris ; éd. lithographiée à Fez). La citation qui suit n'est pas la reproduction littérale de la courte notice d'Ibn Farhoûn. Karâfi donne une assez longue notice sur Khalîl (f. 24 v. — 28 du ms 4627 de Paris).

(2) La *halka mançoûra* est une sorte de garde impériale au sujet de laquelle Quatremère donne quelques renseignements tirés des sources (*Histoire des Sultans mamlouks*, I B, 200).

telligence pénétrante, très habile dans ses recherches, versé dans les diverses sciences du droit, de la philologie et des successions, éminent dans le rite malékite, méritant confiance dans les choses qu'il transmettait et employé par Dieu pour l'avantage des musulmans. Il est auteur d'un excellent commentaire d'Ibn el-Hâdjeb (1), que le Ciel a fait agréer et à l'étude duquel les hommes se sont attachés ; d'un Précis de droit relatant les solutions généralement admises, sans qu'il y soit fait de controverse, aux cas d'application extrêmement nombreux et présentés sous la forme la plus correctement concise, qu'apprennent les étudiants pour ensuite l'enseigner ; d'un traité des Cérémonies du pèlerinage (2), ainsi que de Gloses *tekâyîd*, d'une grande utilité. Il accomplit le pèlerinage, resta quelque temps à Médine, et ne poursuivit que des buts honorables ». Tel est le résumé de ce que dit Ibn Farhoûn. Ibn Hadjar dit de lui dans les *Dorer* (3) : « Il écouta les leçons d'Ibn 'Abd el-Hâdi, apprit la philologie et les *oçoûl* avec Rechîdi, le droit malékite avec Menoûfi. Après la mort de ce dernier, il se mit à enseigner شرع في الإشغال et forma plusieurs élèves distingués. Il professa ensuite à

(1) C'est le commentaire, très fréquemment cité, et connu sous le nom de *Tawdhîh*, sur le traité de droit le plus souvent dénommé *Mokhtacer*, mais dont le vrai titre est *Djâmi' el-ommahât*, et qui a pour auteur Aboû 'Amr 'Othmân ben 'Omar ben Aboû Bekr, plus connu sous le nom d'Ibn el-Hâdjeb et mort en 646 (26 avril 1248) ; voir mon Catalogue des mss d'Alger, n°s 1074 et s.

(2) Ce traité est conservé au British Museum, p. 137, Add. 9548.

(3) Chihâb ed-Dîn Ahmed ben 'Ali ben Mohammed, plus connu sous le nom d'Ibn Hadjar 'Askalâni, mort en 852 H., est auteur entre autres des *Ed-dorer el-kâmina*, recueil de biographies d'hommes marquants du VIIIe siècle, que l'on trouve en ms à Vienne, n° 1172, et fragmentairement à Paris, n° 2077 (H. Khalfa, III, 217 ; Sakhâwi, *Et-Tibr el-mesboûk*, p. 230 ; Quatremère, *Mamlouks*, I B, 209 ; Brockelmann, *Arab. Lit.* II, 67 ; ms 2149 de Paris, f. 16 v.).

la Cheykhoûniyya (1), donna des consultations juridiques et se rendit utile ; il continuait cependant à porter l'uniforme du *djond* ; c'était un homme modeste, réservé et menant une vie retirée. Il composa sur le traité d'Ibn el-Hâdjeb un commentaire en six tomes, qu'il tira d'Ibn 'Abd es-Selâm (2), mais en remontant jusqu'à la source des opinions citées et en élucidant les points difficiles. Il est auteur d'un Précis de droit rédigé dans la manière du *Hâwî* (3), et d'une Biographie de Menoûfi (4) qui montre quelle connaissance des *oçoûl* il avait. Son père était hanéfite, mais lui-même, ayant fréquenté Menoûfi (5), fut ainsi amené à devenir malékite ».

(1) Cette grande école du Kaire, où les quatre rites étaient enseignés, fut fondée en 756 en dehors des murs par l'émir Seyf ed-Dîn Cheykhoû, qui choisit Khalîl pour y représenter le rite malékite (Makrîzi, *Khitat*, II, 421).

(2) Mohammed ben 'Abd es-Selâm ben Yoûsof ben Kethîr, mort en 749, fut grand-kâdi à Tunis ; il laissa un commentaire d'Ibn el-Hâdjeb dont il est fait un vif éloge par Ibn Farhoûn, et dont un fragment se retrouve à Alger, n° 1085 des mss (*Dibâdj*, éd. de Fez, p. 287 ; *Neyl*, éd. de Fez, p. 240, où il est appelé Mohammed ben 'Abd es-Selâm Hawwâri Toûnisi, de même que dans la *Kifâya*, f. 82). Son nom est souvent cité par Zerkechi, *Chronique des Almohades et des Hafcides*, index de la tr. fr.

(3) C'est ainsi qu'il faut lire, d'après la *Kifâya* et le *Neyl*. Il existe en effet un traité malékite de ce nom, resté inconnu à Hadji Khalîfa, mais qui est cité p. ex. dans la glose de Ça'idi au commentaire d'Aboû 'l-Hasan sur la *Risâla* de Kayrawâni, I, 187, l. 29 (*Fihrist*, p. 200 ; *Dibâdj*, éd. Fez, p. 207). L'auteur, dont le nom n'est rappelé par Ahmed Bâbâ dans aucun de ses deux ouvrages, en est 'Amr ben Mohammed ben 'Omar Leythi Baghdâdi, plus connu sous le nom d'Abou' l-Faradj ; il fut kâdi à Tarse, à Antioche et à Mopsueste, et mourut en 330 ou 331.

(4) Elle porte le titre de *Menâkib* et existe dans la Bibliothèque khédiviale (Catalogue, V, 159). Ahmed Bâbâ a consacré des articles au cheykh 'Abd Allâh ben Mohammed ben Soleymân Menoûfi, mort en 749 (*Kifâya*, f. 30 v. du ms. ; *Neyl*, éd. Fez, p. 121).

(5) Le *Neyl* porte : « Son père était hanéfite et fréquentait le cheykh

L'imâm Aboû'l-Fadhl Ibn Merzoûk Hafîd (1) dit, à propos de lui : « J'ai ouï dire à plusieurs personnes que j'ai rencontrées, en Egypte et ailleurs, que c'était un homme religieux et vertueux qui s'appliquait avec un zèle extrême à la science, à ce point que parfois il ne dormait qu'un court espace de temps après le lever du soleil, pour se remettre de la fatigue qui lui était venue à étudier et à écrire. Il professa à la Cheykhoûniyya, le plus grand collège de Miçr, mais il cumulait d'autres fonctions et était appointé en qualité de membre de la milice, vu que ses ascendants en avaient aussi fait partie.

« Je tiens du savantissime et critique Nâçir ed-Dîn Tennisi, grand-kâdi de Miçr et d'Alexandrie (2), que celui-ci se trouva en sa compagnie entre 760 et 770 (3), lors de l'envoi qui fut fait du *djond* pour retirer Alexandrie des mains de l'ennemi, et que Khalîl le mit à l'épreuve en lui faisant expliquer cette proposition d'Ibn el-Hâdjeb : « Le change constitue une charge, et le change d'une créance échue est valable, contrairement à ce que dit Achhab ». Il a, entre autres choses, composé sur Ibn el-Hâdjeb un commentaire commode et digne de la bénédiction divine, qui a reçu un accueil favorable et qui est une preuve de ses bonnes intentions : il s'efforce d'y remonter jusqu'aux

Aboû Abd Allâh ben el-Hâdj », mais j'ai conservé le nom de « Menoûfi », que l'on trouve ordinairement cité à ce propos.

(1) Chems ed-Din Aboû 'Abd Allâh Mohammed ben Mohammed Tilimsâni, plus connu sous le nom d'Ibn Merzoûk, mourut en 842 (*Dibâdj*, éd. Fez, p. 270 ; Karâfi, f. 56 du ms 4627 de Paris ; *Neyl*, p. 304 ; *Bostân*, f. 107 du ms 1737 d'Alger ; Catalogue des mss d'Alger, n° 1136 ; Zerkechi, index de la tr. fr., etc.).

(2) Probablement Ahmed ben Mohamed Tennisi Zobeyri, mort en 801 (f. 20 v. du ms. 2149 de Paris).

(3) Il s'agit de l'attaque que dirigea, en 767, le prince de Chypre contre Alexandrie (Ibn Iyâs, Histoire d'Egypte, I, 314 ; Weil, *Gesch. d. Abbas*, I, 511).

sources des opinions transmises, en suivant le plus souvent les solutions adoptées par Ibn ʿAbd es-Selâm, ainsi que les citations et les recherches auxquelles s'est livré celui-ci. C'est une preuve qu'il reconnaissait sa haute valeur ; or, il n'y a que les gens de mérite qui reconnaissent leurs pareils. J'ai vu aussi un fragment relatif à la *Kholâça* (1) et qui, m'a-t-on dit, était de lui». C'est ainsi que parle Ibn Merzoûk.

Je reprends : Il a écrit sur le *Tehdhîb* (2) un commentaire qui s'étend jusqu'au Pèlerinage. D'après ce que dit Ibn Ghâzi (3), « c'était un savant entièrement livré à ses occupations, à ce point qu'on raconte qu'il passa vingt ans à Miçr sans voir le Nil, ainsi que l'anecdote suivante. Il arriva un jour chez un de ses cheykhs (4) et trouva que les latrines y étaient ouvertes, tandis que le cheykh était absent. Comme il s'enquérait de celui-ci, on lui répondit que, incommodé par cet état de choses, il était sorti à la recherche de salariés qui nettoieraient les lieux d'aisance : « C'est plutôt à moi, s'écria Khalîl, à faire cette besogne ! » et, retroussant ses vêtements, il y descendit et se mit à l'œuvre. Sur ces entrefaites, le cheykh étant revenu, le trouva en train de besogner sous les yeux d'un cercle de gens qui le regardaient avec admiration ; quand il demanda qui était cet homme et qu'il apprit que c'était

(1) C'est le traité de grammaire d'Ibn Mâlek plus connu sous le nom d'*Alfiyya* ; c'est d'ailleurs ce dernier titre qui figure dans le texte du *Neyl*.

(2) Le texte du *Neyl* porte « Modawwana », ce qui prouve bien que le *Tehdhîb* ici cité est l'abrégé de la *Modawwana* rédigé vers l'an 400 par Khalaf ben Aboû'l-Kasim Berâdhiʿi (Cat. des mss. d'Alger, n° 1071 ; *Meʿâlim el-îmân*, II, 86, du ms. Bibl. univ. d'Alger ; ms. 851 d'Alger, f. 27, etc.).

(3) C. à d. Mohammed ben Ahmed ben Mohammed Miknâsi, Othmâni, connu sous le nom d'Ibn Ghâzy est mort en 919; voir plus loin.

(4) Une note marginale du *Neyl* dit que ce cheykh était Rehoûni.

Khalîl, il apprécia très fort son acte et adressa au ciel les vœux les plus instants émanant d'un caractère pur et d'un cœur sincère ; aussi le ciel l'exauça-t-il, et la bénédiction du Tout-puissant s'étendit sur Khalîl pendant toute sa vie.

« Notre cheykh Aboû Zeyd Kâwâni (1), parlant d'après des gens qui avaient vu Khalîl à Miçr, nous a dit qu'il portait des vêtements courts ; je crois que par là il voulait dire que ce savant prêchait le bien et défendait le mal. J'ai aussi entendu dire à notre cheykh El-K'awri (2) qu'il avait des intuitions d'origine divine, et que passant un jour devant un gargotier qui vendait frauduleusement de la chair d'animaux morts, il en eut l'intuition et que le coupable, en faisant l'aveu, lui exprima tout son repentir ».

J'ajoute là-dessus que je pense bien que cette affaire du rôtisseur est racontée par Khalîl dans sa biographie de Menoûfi comme étant un des miracles de celui-ci.

Tatâi (3) rapporte encore d'après Ibn el-Forât (4) que Khalîl fut, après sa mort, vu en songe et que, interrogé sur ce qu'avait fait Allâh à son égard, il déclara : « Allâh a eu pitié de moi ainsi que de tous ceux qui ont invoqué les bénédictions célestes sur moi ».

J'ajoute ce qui suit. Le Tout-puissant a permis que, depuis le jour de leur apparition jusqu'à présent, son

(1) Aboû Zeyd 'Abd er-Rahmân Kâwâni demeurait à Miknâsa et mourut vers 860 (*Kifâya,* f. 48 du ms ; *Neyl*, p. 147).

(2) C'est sous cet ethnique (du nom d'une bourgade proche de Séville, d'où sa famille était originaire) qu'est le plus souvent cité Mohammed ben Kâsim ben Mohammed ben Ahmed K'awri Lakhmi, mort en 872 (*Kifâya,* f. 119, v. ; *Neyl,* p. 337).

(3) Probablement Mohammed ben Ibrâhîm, auteur de commentaires sur Khalîl, mort en 942 (Cat. des mss d'Alger, n°s 1137 et s.)

(4) Il y a plusieurs savants de ce nom.

Mokhtaçar et son *Taudhîh* trouvent un accueil favorable ; on s'est appliqué à les étudier, aussi bien en Orient qu'en Occident, à ce point que de nos jours, dans les régions d'Occident, à Fez, à Merrâkech et ailleurs, on étudie exclusivement le premier de ces ouvrages, et il constitue avec la *Risâla* (1) les deux seuls traités que l'on se borne à apprendre : il est rare de rencontrer quelqu'un qui s'applique à étudier Ibn el-Hâdjeb, et à plus forte raison la *Modawwana*, ce qui prouve l'état de dépérissement de la science du droit. Quant au *Taudhîh*, c'est le livre qu'on trouve dans toutes les mains en Orient comme en Occident ; nul des très nombreux commentaires d'Ibn el-Hâdjeb n'est si utile ni si connu, c'est sur lui que s'appuient tous les savants et jusqu'aux imâms du Maghreb, élèves d'Ibn 'Arafa (2) et autres, quelque connaissance qu'ils aient de la doctrine Malékite, ce qui est une preuve bien suffisante qu'on lui reconnaît la première place. On rapporte du cheykh de nos cheykhs Nâçir ed-Dîn Lakâni (3) que, quand on voulait devant lui opposer au dire de Khalîl celui de quelque autre savant, il répondait : « Nous autres nous sommes des *Khaliliens ;* s'il erre nous errons avec lui ; » voulant par ces mots énergiquement montrer son zèle à suivre l'enseignement de ce docteur.

Le cheykh Ibn Ghâzi (4), faisant l'éloge du *Mokhtaçar*,

(1) Il s'agit du petit résumé qui a pour auteur Ibn Aboû Zeyd Kayrawâni, mort à la fin du IVe siècle. Il est encore très employé de nos jours, et les populations musulmanes du Sénégal et du Soudan n'étudient guère d'autre manuel.

(2) Mohammed ben Mohammed ben 'Arafa Warghemi est un juriste tunisien d'une haute autorité, mort en 803 (*Dibâdj*, p. 288 ; *Neyl*, p. 291 ; Zerkechi, etc).

(3) Il s'appelait Mohammed ben Hasan et est fort connu ; il mourut au Kaire en 958 (Karâfi, f. 68 v. ; *Negl*, p. 364 ; Cat. des mss d'Alger, etc).

(4) Mohammed ben Ahmed ben Mohammed 'Othmâni, plus connu

dit que c'est le plus méritant des objets les plus précieux, le plus digne d'une étude attentive, et les gens sagaces y appliquent toutes leurs peines ; le bénéfice à en retirer est considérable, le sens en est intensif ; il explique ce qui constitue la base des *fetwas*, à la concision il joint toute la rigueur de la précision et de la critique, l'auteur y manie avec maîtrise la beauté de l'enchaînement et du classement ; nul n'a su tisser comme lui ni nous gratifier d'un livre comme le sien ».

Aussi, commentaires et notes abondent-ils sur ce traité, à ce point qu'il en existe plus de soixante, tant gloses que commentaires. A moi-même Dieu a facilité l'entrée dans l'arène, et j'ai réuni la substance des commentaires dont j'ai eu connaissance, au nombre de plus de dix, en les condensant soigneusement, de manière à expliquer les termes de ce traité en en déduisant les conclusions explicites ou implicites, et en exposant les transmissions sur lesquelles il repose, si bien que, s'il était terminé, il dispenserait le plus souvent de tout autre. Mais ensuite une épreuve nous a frappé, les matériaux par nous réunis ont été dispersés et nos livres les plus précieux ont disparu ; veuille Dieu nous compter cela comme une expiation et un allégement du poids de nos fautes ! Quand Dieu a permis, après notre entrée à Merrâkech, que j'en recouvre une partie, où figurait ce commentaire, je l'ai remis au juriste Ibrâhîm Châwi, qui comptait alors dans cette ville parmi les plus grands et les plus dévoués à l'étude de la loi. Ce travail lui a plu, il l'a pris comme une autorité, y a puisé pour son enseignement et en a fait l'éloge devant ses disciples. Puisse Dieu m'en faciliter l'achèvement !

sous le nom d'Ibn Ghâzi, est un savant marocain mort en 919, et déjà cité (Karafi, f. 58, v. ; *Neyl*, p. 359 ; Cat. des mss d'Alger, etc.).

(1) Ce nom ne figure ni dans la *Kifâya* ni dans le *Neyl*.

J'ai aussi écrit des corrections *tahrîrât* et des bons mots sur beaucoup des points difficiles du *Mokhtaçar* (1).

D'après Zerroûk (2), Khalîl mourut en 69 (3). Mais Ibn Merzoûk s'exprime ainsi : « Je tiens du kâdi Nâcir ed-Dîn Ishâki, élève de Khalîl et connaissant par cœur son *Mokhtaçar*, qu'il mourut le 13 rebî' I 776 (22 août 1374), n'ayant de son vivant condensé le *Mokhtaçar* que jusqu'au Mariage exclusivement ; le reste n'était qu'en feuillets et au brouillon, et fut réuni par ses disciples, qui le joignirent à la première partie, de manière à terminer l'ouvrage ». Ainsi parle Ibn Merzoûk, et c'est à peu près ce que disent Ibn Ghâzi et d'autres ; mais Ibn Hadjar le fait mourir en rebî' I 767, et le savantissime cheykh de nos cheykhs Mohammed ben Mohammed ben el-Hattâb (4) dit que c'est Ibn Hadjar qui a raison. — Mais moi je fais observer que le dire le plus vraisemblable est celui d'Ibn Merzoûk, confirmé par ce que dit Ibn Ghâzi, qui lui-même parle d'après un disciple du maître, mieux à même d'être renseigné sur ce qui le touche, puisqu'il était auprès de lui du vivant de ce dernier. D'autre part, on rapporte que

(1) Tout ce passage, depuis « Mais ensuite une épreuve... » est, dans la *Kifâya*, rédigé de la manière que voici : « .... le plus souvent de tout autre. J'en ai remis une portion au juriste Ibrâhîm Châwi... devant ses disciples. J'ai également composé, mais de mon propre fonds, des corrections et des bons mots sur beaucoup des points difficiles du *Mokhtaçar*, et je suis en train de rédiger une glose du même, intitulée *Minen er-rebb el-djelîl fi beyân mohimmat Khalîl,* dont Dieu puisse faciliter l'achèvement et rendre l'usage profitable ! »

(2) Ahmed ben Ahmed ben Mohammed Bornousi Fâsi, plus connu sous le nom de Zerroûk, mourut en 899 (Cat. des mss d'Alger, index ; Karâfi, f. 11, v° ; *Kifâya*, f. 15 v. ; *Neyl*, p. 71, etc.).

(3) C.-à-d. 769 ; il n'y a pas à relever l'erreur manifeste du texte imprimé de Paris, qui porte « 99 ».

(4) Juriste mort en 953 ou 954 et auteur d'un commentaire très apprécié de Khalîl (Cat. des mss d'Alger, n°s 1155 et s. ; Karâfi, f. 80 v. ; *Neyl*, p. 366 ; *Kifâya*, f. 130).

Cheref ed-Dîn Rehoûni (1), qui était en controverse avec Khalîl sur une certaine question, s'attira la malédiction de celui-ci et qu'il mourut peu de jours après. Or, la mort de Rehoûni est, d'après Ibn Farhoûn, de 775 (23 juin 1373) ou, d'après Ibn Hadjar, de 773 (15 juillet 1371). D'après cette anecdote, Khalîl était donc alors en vie.

J'ai entendu dire par notre cheykh Mohammed Bakyou' (2), qui rapportait le dire d'un cheykh d'Égypte, que Khalîl passa vingt-cinq ans (3) à la rédaction de son *Mokhtaçar*. Lui-même, dans la biographie qu'il a consacrée à son cheykh Menoûfi, rapporte que celui-ci mourut en 749 (1er avril 1348) et qu'à cette époque lui-même ne connaissait pas — c'est-à-dire ne connaissait pas à fond — la *Risâla*. Or, si cela est exact, il ne peut avoir passé vingt ans à cette rédaction, à moins de l'avoir commencée après 750 et d'être mort après 776 (4).

J'ai moi-même lu le *Mokhtaçar* maintes et maintes fois, et la dernière lecture que j'ai faite avec d'autres, en l'examinant, le vérifiant et le révisant, a eu lieu sous la direction du savantissime de son époque, notre dit cheykh Mohammed ben Mahmoûd, et mon père m'a accordé, dans les termes de sa licence générale, une licence pour cet

(1) Ce savant et juriste, qui fut professeur à la Cheykhoûniyya, est appelé Cheref ed-Dîn Yahya ben 'Abd Allâh Rehoûni Mâleki, par Ibn Hadjar, qui le fait mourir en 773 (*Inbâ el-ghomr*, f. 7 v. du mss 1599 d'Alger); le *Dibâdj* (p. 299) l'appelle simplement Yahya ben Moûsa Rehoûni, et place sa mort en 774 ou 775.

(2) Le texte de Paris porte Baghîgh بغيغ, de même que celui du *Neyl* (p. 98 ad f.) : j'ai suivi l'orthographe بقيع du ms de la *Kifâya*, orthographe que l'on retrouve avec les voyelles بَغْيُعُ dans le même volume (f. 132 v.), où figure un article consacré à ce juriste nègre, mort en 1002, et nommé Mohammed ben Mahmoûd ben Aboû Bekr Wankeri Tinbokti, connu sous le nom de Bakyou'.

(3) *Kifaya* : « plus de vingt ans ».

(4) *Kifâya* : « et d'être mort un certain temps après 770 ».

ouvrage. Notre susdit cheykh l'avait lu sous la direction de son propre père et d'Ahmed ben Sa'îd (1), qui, l'un et l'autre, ainsi que mon père, l'avaient tous appris de Mahmoûd ben 'Omar (2), oncle paternel de mon père et élève du cheykh 'Othmân Maghrebi. Celui-ci était élève de Noûr ed-Dîn Senhoûri (3), lui-même élève de Chems ed-Dîn Bisâti (4), lequel figurait parmi les disciples de Khalîl.

---

(1) Juriste né à Tombouctou, et qui y mourut en 976 (*Neyl*, p. 80, etc.).

(2) Juriste mort à Tombouctou en 955 (*Ib.*, p 376, etc.).

(3) 'Ali ben 'Abd Allâh, mort en 889, a composé un commentaire, resté incomplet, de Khalil (*Ib.*, p. 200, etc.).

(4) Mohammed ben Ahmed fut notamment kâdi au Kaire, où il mourut en 842 (*Ib.*, p 313 etc.).

DU MARIAGE

1. Demande en mariage ; contrat

P. 80, 11. — Il est recommandé à l'homme qui en éprouve le besoin et qui le peut pécuniairement de se marier (de préférence) avec une vierge et de voir (préalablement) son visage et ses mains seulement (1) avec son consentement (et celui de son tuteur matrimonial).

Il est licite aux deux époux de se voir jusqu'aux parties secrètes (2), et il en est de même de la femme esclave objet d'un plein droit de propriété (3). Toute jouissance autre que la sodomie est permise (4). (Il est louable) de prononcer une formule pieuse en faisant la demande en mariage et lors du contrat, de la faire courte, de célébrer publiquement le mariage, de féliciter les époux, de leur adresser des vœux lors du contrat (et de la consommation

(1) Il est seulement permis de voir le visage et les mains de la future, au su de celle-ci et sans qu'elle soit prise au dépourvu. Ibn el-Kaṭṭân seul déclare que cela est recommandé. Ce soin peut être confié à un mandataire, homme ou femme.

(2) Allusion à une tradition de faible autorité d'après laquelle la vue de ces parties produirait la cécité ; ce que l'on peut rapprocher d'un dicton populaire chez nous.

(3) Ce qui exclut l'esclave partielle, indivise, affranchie à terme, etc.

(4) Koran, II, 223 : « Vos femmes vous servent de champ ; allez donc à votre champ comme vous voulez » ; ce qui est ainsi expliqué : c'est un champ destiné à être ensemencé, de même que vous labourez la terre pour lui confier la semence.

du mariage), de prendre comme témoins deux hommes de bien (1) autres que le tuteur matrimonial (2). Le mariage est rompu (par répudiation irrévocable) s'il y a consommation sans que cette dernière condition soit respectée, mais il n'y a pas lieu d'appliquer la loi pénale écrite (3) si la chose s'est faite publiquement, les époux connussent-ils même (la nécessité des deux témoins).

2. Demandes en mariage interdites

P. 80, 15. — Sont interdites : 1° la demande en mariage de celle qui est déjà fiancée à quelqu'un qui n'est pas un impie, la dot ne fût-elle même pas fixée. Si le mariage avec le second prétendant est contracté, mais non consommé, il est annulé (sans paiement de dot) ;

2° La demande explicite adressée (4) à une femme en *'idda* (retraite de viduité ou de répudiation) ;

3° La promesse de mariage faite par celle-ci ;

4° La demande adressée à son tuteur matrimonial (ou la promesse faite par lui) au cours de cette période ;

5° La demande portant sur une femme en *istibrâ* (retraite de vacuité) par suite de cohabitation illicite ; si (néanmoins il y a mariage et) rapports sexuels avec la femme (dans l'une ou l'autre de ces périodes) elle devient à toujours interdite à cet homme, même si la cohabitation a lieu par erreur ou après l'achèvement de ces périodes.

(1) La présence de deux témoins au contrat est *recommandée*, mais il est canoniquement obligatoire واجب de leur faire prendre acte du mariage (Ça'îdi).

(2) Ou que le mandataire ou représentant de ce tuteur (Ça'îdi).

(3) Qui châtie les relations illicites.

(4) Par un autre que le mari répudiateur.

La prohibition perpétuelle résulte encore des préliminaires sexuels accomplis pendant ces périodes, ou de la cohabitation du maître et de l'esclave (en *'idda*) ou inversement (c. à d. mariage avec une esclave en retraite de vacuité).

Cette prohibition n'est pas (perpétuelle, mais limitée à la durée de ces périodes) dans les cas de contrat de mariage ou de relations illicites (au cours de ces périodes) — ou de cohabitation d'un maître avec une esclave (déjà en *istibrâ*), et qu'il vient d'acheter — ou de cohabitation avec la femme qu'on a répudiée définitivement, et non encore remariée — ou de cohabitation interdite (1).

3. Propositions indirectes de mariage

P. 80, 18. — Il est licite d'adresser (à la femme dans ces périodes) dès propositions indirectes telles que « j'ai du penchant pour toi », et de lui faire des cadeaux (2) ; 2° que le tuteur matrimonial remette à un homme de mérite le soin de faire le mariage (3) ; 3° de révéler les défauts (de l'un des futurs) (4).

Sont blâmables : 1° la promesse de mariage (faite pendant l'*idda*) par l'une des deux parties seulement (5) ;

(1) P. ex. pour le pèlerin en état pèlerinal, pour celui qui épouserait une cinquième femme, dans le cas de mariage sans tuteur matrimonial, etc.

(2) Mais non une pension alimentaire, pour laquelle le prétendant, en cas de non-conclusion du mariage, serait sans recours.

(3) Cela est même recommandé, tant au *wali* qu'au futur.

(4) C'est un devoir *wâdjib* quand on est interrogé à ce sujet. Cette révélation se fait, si possible, à mots couverts, et non en termes exprès. Cf. p. 51.

(5) Plus haut, c'est de la promesse échangée entre les deux parties qu'il a été question.

2° le mariage avec une femme coupable de fornication ; 3° le mariage après l'*idda* avec la femme qu'on a demandée explicitement dans cette période.

Il est méritoire : 1° de se séparer de la femme (dans ces deux derniers cas) ; 2° d'offrir à celui qui avait fait la première demande (la répudiation de) la femme qui était d'abord fiancée à celui-ci (1).

4. Éléments constitutifs du mariage

P. 80, 21. — Les éléments constitutifs du mariage sont : 1° le tuteur matrimonial, *wali* ; 2° la dot ; 3° des conjoints capables ; 4° la forme, constituée par les mots du *wali* « je marie » ou « je donne comme épouse » ou « je donne moyennant dot ». Mais toute autre formule impliquant une durée égale à celle de la vie, comme « je te vends, etc. » est-elle valable ? Il y a hésitation. Et (de son côté, le futur répond) quelque chose comme « j'accepte ». (Inversement, le futur peut dire) « donne-moi en mariage » et le *wali* accepter. Le contrat est alors indissoluble, même l'une des parties se rétractant (2).

5. Droit d'imposer le mariage, djebr

P. 81, 2. — 1° Le maître (3) peut, s'il n'est pas poussé par une intention nocive, imposer le mariage à son

(1) Cette décision est taxée de *faible* : il y a en effet sur ce point deux opinions, et c'est d'après l'une d'elles que, plus haut, le mariage a été déclaré nul.

(2) Au contraire, la marchandise offerte sur le marché à un prix qui est accepté par un acheteur peut n'être pas livrée par son propriétaire, qui est admis à jurer qu'il ne voulait pas vendre.

(3) Il doit être musulman et libre, même pourvu d'un tuteur, ou

esclave de l'un et de l'autre sexe ; mais la réciproque n'a pas lieu. Le maître partiel (1) n'a pas ce droit, mais il exerce la tutelle matrimoniale (à l'égard de la femme) et il peut rompre le mariage (non autorisé par lui, de l'esclave mâle).

Ce droit, d'après Lakhmi, n'existe pas non plus à l'égard de la femme esclave imparfaite (2) ni de l'affranchi contractuel, au contraire de l'affranchi posthume ou à terme, lesquels peuvent être contraints si le maître n'est pas atteint d'une maladie grave ou si le terme n'est pas près d'échoir (3).

2° Ensuite vient le père (4), qui peut contraindre sa fille démente (5) ou vierge, fût-elle même, d'après certains, vieille fille (6) — à moins, d'après Bâdji, qu'il ne la veuille donner par exemple à un eunuque (7) — ou sa fille

esclave autorisé à commercer ; ce peut être aussi une femme, qui alors recourra à un fondé de pouvoir.

(1) Autrement dit, celui qui n'est propriétaire que d'une portion, divise ou indivise, de l'esclave.

(2) Texte انثى بشائبة, c'est-à-dire sur qui le droit de propriété n'est plus complet à raison d'un affranchissement soit contractuel, soit posthume, soit à terme, ou de sa qualité de concubine-mère : le droit du maître en effet ne peut alors s'exercer que pour la période de servitude restant à courir, sans empiéter sur l'époque où ce lien aura pris fin.

(3) Cette proximité est fixée à un mois par les uns, à trois mois par d'autres. La contrainte peut s'exercer vis-à-vis de ces deux catégories d'esclaves mâles parce que leur maître a le droit de confisquer leur pécule, et par suite de l'appliquer au paiement de la dot.

(4) Ce droit passe au tuteur du père quand celui-ci est sous tutelle.

(5) Même déflorée et nubile : si le père n'existe pas, le juge le remplace. Quand la démence est intermittente, on attend un intervalle de lucidité pour avoir le consentement de l'intéressée.

(6) Ce qui se dit de celle qui a au moins trente ans.

(7) Peu importe qu'il s'agisse d'un eunuque complet (مجبوب) ou incomplet (خصى privé seulement soit de la verge soit des testicules). Il en est de même de l'impuissant et de quiconque est affecté d'un

déflorée soit (à la suite d'un mariage régulier) avant sa nubilité, soit (après sa nubilité) par suite d'un cas fortuit ou d'un acte interdit. Sur la question si le droit de contrainte est absolu ou cesse par la répétition des relations illicites, il y a deux interprétations.

Ce droit n'existe pas (vis-à-vis d'une fille nubile déflorée) du fait d'un mariage entaché de nullité (et rompu par la répudiation ou la mort du mari (1), fût-elle même prodigue سفيهة (2), ni d'une vierge qui a été émancipée ou qui, ayant passé dans sa propre demeure un an (après sa nubilité), nie l'existence des rapports conjugaux.

3° L'exécuteur testamentaire a ce droit quand le père le lui a confié ou lui a désigné nominativement le futur (3);

vice qui autorise la femme à réclamer l'annulation du mariage. Le père peut cependant donner sa fille à un individu au visage vilain et consentir une dot inférieure à celle qui serait convenable, fût-elle même du taux minimum, soit d'un quart de dinar. — Le droit paternel de contrainte, si bien établi qu'il soit, n'est pas justifié par les commentateurs : il repose probablement sur la conception arabe du droit du chef de famille, surtout en ce qui a trait à la femme. Les textes invoquent d'ailleurs l'ignorance où est la fillette des nécessités de la vie.

(1) Et à plus forte raison par suite d'un mariage dûment valide.

(2) Le *sefîh*, que l'on oppose au *rechîd*, est celui qui, par légèreté, se livre à des actes en contradiction avec la raison et la loi, et qui entraînent son interdiction. La capacité de disposer de ses biens ne lui est alors accordée qu'à l'âge de 25 ans, et peut même être retardée jusqu'à son retour à une conduite raisonnable (Dict. technique de Calcutta, p. 724 et 725). Ce qualificatif s'applique, dit-on, aux femmes et aux enfants dans le Koran, IV, 4. Le Code égyptien *Du statut personnel et des successions*, texte et trad., art. 61 et 217, rend ce mot, comme nous avons fait, par « prodigue ». L'adulte peut donc être soit *sefîh* soit *rechîd* (Kharchi, V, 84, l. 18).

(3) Ce futur ne doit pas être ou devenir impie ou débauché, car le droit de protection *walâya* du père ne s'étend pas jusque-là (Ça'îdi). La dot d'équivalence est exigée, et l'exécuteur testamentaire ne peut, à la différence du père, se contenter de la dot minimum.

en dehors de ces cas, Lakhmi le lui accorde et 'Abd el-Wahhâb le lui refuse.

A l'égard de la fille déflorée (1), sa qualité fait de lui un tuteur matrimonial.

Est valable la volonté du père ainsi exprimée au cours d'une maladie (grave ou non, mais qui l'emporte) : « Si je meurs, je marie ma fille (à un tel) ». Mais faut-il que l'acceptation du futur soit proche (2) de la mort ? Il y a deux interprétations.

En dehors de ces trois cas, le droit de contrainte n'existe pas, et la (fille ou femme) nubile (n'est mariée qu'avec son consentement). Cependant l'orpheline de père pour laquelle il y a à craindre quelque dommage (dans ses biens, ou pour ses mœurs, ou à raison de sa pénurie) et qui a parfait sa dixième année, est, après avis du kâdi, mariée (avec son consentement) (3).

Le mariage conclu en dehors de ces conditions ou de l'une d'elles est cependant valide quand il a été consommé et qu'il dure depuis longtemps (4).

L'auteur, d'après Ibn 'Arafa, aurait dû s'exprimer ainsi : « L'exécuteur testamentaire a ce droit quand le père le lui a confié, ou qu'il lui a conféré le droit de faire le mariage, ou lui a attribué par un acte de dernière volonté la disposition de l'*arcum genitale* de sa fille, ou lui a désigné nominativement le futur. »

(1) C'est-à-dire quand elle est nubile mais non émancipée, *rechîda*.

(2) Cette proximité est déterminée par la coutume ; certains veulent l'étendre jusqu'à une année.

(3) La contrainte est admise dans ce cas par l'usage, qui l'emporte sur l'opinion contraire de certains docteurs (Kayrawâni, Risâla, II, 30 du Commentaire d'Aboû 'l-Hasan).

(4) Cette durée est représentée par deux grossesses ou une période de temps équivalente. Cependant Ibn Habib est d'avis que, même alors, le mariage doit être rompu.

6. Du tuteur matrimonial, wali

P. 81, 11. — Le tuteur matrimonial est, par ordre de préférence : le fils de la future, le fils de celui-ci (1), le père (2), le frère, le fils de celui-ci, le grand-père, l'oncle paternel, le fils de celui-ci ; c'est, d'après Ibn Bechîr et Lakhmi, le germain qui doit, éventuellement, l'emporter (3). Ensuite vient le patron manumisseur ; puis, d'après une interprétation de la *Modawwana*, l'affranchi, ce que n'admet pas Djellâb ; puis le père nourricier (4) de la jeune fille, mais il y a hésitation sur la durée de ses soins : dix ans, ou quatre ans, ou seulement assez pour que sa sollicitude soit prouvée ; le sens apparent de la *Modawwana* exige d'ailleurs qu'il s'agisse d'une fille d'humble condition. Puis l'autorité (5), et enfin on recourt à la curatelle générale dont est investi tout musulman quelconque.

Par l'exercice de celle-ci, est valable le contrat relatif à une future de basse condition alors même qu'il existe un tuteur spécial (6) dépourvu du droit de contrainte, — et aussi pour une femme de condition, si toutefois le mariage est consommé et remonte à longtemps (7) ; mais s'il est conclu depuis peu, le tuteur le plus proche ou, s'il est

(1) Le fils est cependant primé par le père quand la future est interdite.

(2) C. à d. le père légitime ; il n'est pas tenu compte de la paternité résultant de relations illicites.

(3) On exclut même le frère utérin.

(4) C. à d. qui garde et élève l'enfant dont le père est mort et qui reste abandonné ; il ne s'agit pas de celui qui aurait le droit légal de garde, *hadâna*.

(5) C. à d. le prince ou le kâdi, qui doit s'assurer de la situation de la future, des conditions du mariage, etc.

(6) Appartenant à l'une des catégories énumérées plus haut.

(7) C. à d. remonte à trois ans ou a donné lieu à deux grossesses.

éloigné (de trois journées de marche), l'autorité, peut rompre ce contrat, tandis que si, au contraire, le mariage est conclu depuis longtemps et n'est pas consommé, il y a au sujet de sa validité deux interprétations.

Le contrat conclu avec l'intervention d'un tuteur primé par un autre plus proche mais n'ayant pas le droit de contrainte, est également valide, mais (pour ce cas comme pour les précédents) cela n'aurait pas dû se faire. Il en est de même quand n'est intervenu qu'un seul (des deux tuteurs du même rang, p. ex.) des deux manumisseurs (1).

7. Du consentement de la future

P. 81, 17. — Le consentement de la vierge (au mariage et à la dot) résulte de son silence, qui établit également le mandat donné par elle (ou par la déflorée, celle-ci étant présente) à son représentant. Il est recommandé de la prévenir (2) de la signification de son silence, et son allégation (postérieure au contrat) qu'elle en a ignoré la valeur n'est pas admise par la plupart des interprètes de la *Modawwana* (3). Si elle refuse ou manifeste son aversion, on ne la marie pas ; mais son rire ou ses pleurs n'impliquent pas un refus.

C'est verbalement que s'exprime le consentement de la fille déflorée, de même que celui de la vierge : *a*) quand elle est émancipée ; *b*) quand son représentant refuse

(1) Mais il y aurait annulation si n'était intervenu qu'un seul des deux tuteurs ayant le droit de contrainte, p. ex. un seul des deux maitres d'une esclave indivise.

(2) D'après Ibn Cha'bân, cet avertissement doit même être renouvelé à trois reprises.

(3) C. à d. que les autres admettent le caractère obligatoire de l'avertissement donné à la vierge du sens attaché à son silence.

de la marier (et qu'elle y est autorisée par justice) (1); *c*) quand la dot est constituée (même partiellement) en effets mobiliers (2) ; *d*) quand le futur est esclave; *e*) ou atteint d'un vice (donnant ouverture au droit d'option); *f*) quand elle est orpheline (3) ; *g*) quand son droit n'a pas été respecté (4). Mais dans ce dernier cas, le contrat est valide si son consentement intervient peu après, qu'elle se trouve dans la ville même et que son tuteur n'ait pas avoué au moment du contrat son abus de pouvoir.

Le détenteur du droit de contrainte peut laisser conclure le mariage par son fils, son frère ou son père (5) quand il y a preuve qu'il leur a délégué le soin de ses affaires, et le contrat est valable. Mais si cette ratification doit ou non suivre le contrat de près, il y a deux interprétations.

8. Cas d'annulation forcée ou facultative

P. 81, 23.— Est annulé le mariage, conclu par le juge ou un autre, d'une fille dont le père est (à une faible distance), à dix journées de marche par exemple (6). Mais le juge

(1) Si la justice ordonne au père de marier sa fille, celui-ci recouvre son droit de contrainte et peut la marier comme il veut, d'après Mawwâk.

(2) Si ce n'est pas l'usage et que cette jeune fille n'ait pas son père ou quelqu'un qui administre ses biens.

(3) C'est le cas, dont il a été question plus haut, de l'orpheline besogneuse ou en péril.

(4) C'est-à-dire que, dans le cas où elle a été indûment mariée par contrainte, sa ratification verbale est nécessaire lorsqu'elle apprend que son droit de consentir a été méconnu.

(5) Cette énumération n'est pas restrictive, et il en serait de même d'un étranger.

(6) Mais il ne faut pas que cette absence soit pour la jeune fille une cause de préjudice.

fait le mariage quand le père est (très éloigné), en Ifrîkiyya par exemple (1), distance qu'il faut, d'après Ibn Rochd, compter à partir de Miçr (2). On interprète aussi la *Modawwana* comme parlant d'un établissement définitif (du père en ces lieux).

C'est encore le juge qui marie quand le tuteur matrimonial du degré le plus rapproché (et sans droit de contrainte) est à la distance de trois journées de marche (3).

Le tuteur le plus proche, s'il est captif ou disparu, est remplacé par celui du degré suivant, comme l'est aussi l'esclave, l'impubère, l'idiot, la femme, mais non l'impie, qui cependant n'a plus l'intégralité de son droit (4).

La femme qui est propriétaire d'une esclave, exécutrice testamentaire ou patronne par affranchissement, délègue son pouvoir à un homme, même non-parent (5), comme font aussi l'esclave constitué exécuteur testamentaire, et l'affranchi contractuel qui marie sa propre esclave en réclamant, même avec la désapprobation de son maître, un supplément de dot (6).

L'état pèlerinal de l'une des trois parties empêche la validité du contrat, de même que l'état d'infidélité du

(1) Par où il faut entendre la ville de Kayrawân, déjà existante lors de la rédaction de la *Modawwana*.

(2) D'autres disent à partir de Médine, où habitait Mâlek. De Médine à Miçr on compte environ un mois de marche, et de Miçr à l'Ifrikiyya environ trois mois.

(3) A une moindre distance, c'est le tuteur du degré qui suit.

(4) A degré égal, il est primé par celui qui est homme de bien. En outre le tuteur doit être musulman et n'être pas en état pèlerinal ou préparatoire au pèlerinage.

(5) Quand il s'agit d'une affranchie, le délégué de la patronne doit être parent, car vis-à-vis d'elle le droit du parent prime celui de l'affranchisseur.

(6) Destiné à contrebalancer la dépréciation subie par l'esclave du fait qu'elle est mariée.

tuteur de la femme musulmane, et réciproquement (1) ; mais de ce dernier cas sont exceptées la femme esclave, ainsi que l'affranchie n'appartenant pas par sa naissance à un peuple tributaire.

L'infidèle conclut le mariage (de la femme infidèle dont il est le représentant) avec (un infidèle ou) un musulman. Le mariage que conclut un musulman (entre sa pupille infidèle et) un infidèle reste tel quel (2).

Le prodigue (*sefîh*) intelligent peut, avec l'autorisation de son propre tuteur, conclure ce contrat.

Le futur peut valablement donner mandat à tous ces incapables (3), mais le tuteur matrimonial ne peut se substituer que quelqu'un réunissant les conditions qui lui sont imposées à lui-même.

Tout tuteur (autre que le père avec droit de contrainte) doit consentir au mariage de sa pupille avec un futur de situation égale ; celui qui est dans cette condition et que choisit la future est préféré. Le juge ordonne dans ce sens et fait, au besoin, procéder au mariage.

Le père d'une vierge (ou femme contraignable), bien qu'ayant évincé plusieurs prétendants, ne sera regardé comme refusant le mariage de sa fille que quand son intention nocive sera bien établie (4).

Le mandataire chargé par une femme de la marier comme il l'entend doit (avant le contrat) fixer l'indivi-

(1) Sous la réserve de ce qui est dit trois lignes plus bas.

(2) La loi musulmane n'a pas à s'occuper s'il est ou non valable, puisque les relations illicites entre infidèles ne sont réprimées que si elles sont publiques. Mais si le futur était musulman, le mariage serait annulé.

(3) Moins cependant le fou et celui qui est en état pèlerinal.

(4) Dans ce cas également, le juge adressera au père une mise en demeure, et procèdera ensuite, s'il est nécessaire, au mariage. Les refus du père, disent les commentaires, peuvent tenir à sa connaissance de la vie et de l'intérêt bien entendu de sa fille.

dualité du futur ; sinon, elle est libre d'accepter le contrat, même longtemps après (ou de le rompre, mais sans délai). Cela n'a pas lieu dans le cas inverse (1).

Le cousin paternel et autres tuteurs de ce genre (2) peuvent, en se désignant de façon précise et disant : « Je t'épouse moyennant telle dot », et avec consentement de leur pupille, l'épouser eux-mêmes et jouer ainsi le rôle des deux contractants.

Si la femme nie le contrat, c'est la parole du mandataire (3), quand elle est appuyée par le dire conforme du mari, qui fait foi.

Si des tuteurs du même degré ne s'entendent pas, soit sur celui d'entre eux qui contractera, soit sur le futur, le juge examine la question.

La femme qui a autorisé deux tuteurs, lesquels l'ont mariée l'un et l'autre, appartient au premier mari si toutefois le second, ignorant cette situation, n'a pas pris avec elle des privautés ; (car alors elle est au second), lors même, malgré ce que dit Bâdji, que le mandat qui a permis la conclusion du second mariage serait postérieur. (Mais pour qu'elle soit au second), il ne faut pas que les privautés aient été prises pendant la retraite de viduité imposée par la mort du premier mari, quand bien même, d'après Ibn Rochd, le contrat du second serait antérieur (à cette mort du premier mari).

(1) Celui où l'homme a confié un mandat de ce genre. La différence s'explique par le fait que l'homme est toujours libre de procéder à la répudiation.

(2) C. à d. pouvant l'épouser, tels celui qui l'a élevée, l'affranchisseur, le juge, et quiconque exerce cette tutelle à raison de sa qualité de musulman, autrement dit qui exerce la *walâya* de l'islam.

(3) Le texte porte bien الوكيل, et les commentaires parlent de la révocation du mandat. Il semble bien pourtant que cette disposition doive s'appliquer aussi au tuteur légal ou *wali*.

Les deux unions sont annulées sans répudiation si deux hommes se marient simultanément avec la même femme, ou (quand elles sont successives, la seconde seulement) s'il est prouvé que le second contractant connaissait l'union antérieure. Mais il faut répudiation (1) s'il y a seulement aveu du second contractant qu'il connaissait la situation ou si l'on ignore lequel des deux contrats est le premier en date. Si dans ce cas la femme vient à mourir, alors qu'on ignore duquel des deux hommes les droits sont fondés, il y a deux dires au sujet de leur successibilité (2) : en admettant celle-ci, tous les deux doivent verser la dot aux héritiers ; en ne l'admettant pas, tous les deux doivent verser la portion de la dot qui dépasse ce qui aurait été leur part héréditaire.

Si au contraire les deux prétendants (ou l'un d'eux) viennent à mourir, la femme n'a droit ni à hériter ni à réclamer de dot.

Il n'est pas tenu compte de l'honorabilité plus grande de l'un des deux témoins qui sont en contradiction, alors même que la femme le déclarerait véridique (3).

9. Cas de nullité de mariage

P. 82, 19. — Est annulé (par répudiation) le mariage qu'il a été recommandé aux témoins de tenir secret (4) même vis-

(1) Et par suite paiement de dot.

(2) En tranchant cette question dans le sens de l'affirmative, les deux époux ou prétendus tels n'ont d'ailleurs à se partager qu'une part d'époux. — Au lieu de « deux dires », il faudrait « hésitation », d'après Desouki.

(3) De ce degré plus grand d'honorabilité de l'un des témoins, il est tenu compte dans les questions d'argent seulement, ainsi qu'il est expliqué ailleurs (Khalil, 198, l. 21 ; comm. de Kharchi, t. v, 230 ad f.).

(4) Sauf si cette recommandation est motivée par exemple par la

à-vis d'une autre femme du mari, ou des habitants du lieu du contrat, ou pendant la durée de quelques jours (1), si toutefois il n'y a pas eu de consommation et s'il ne remonte pas à une date trop reculée (2) ; de plus, les conjoints (3) ainsi que les témoins sont punis.

Ce mariage est nécessairement annulé lorsque, n'ayant pas été consommé, il a été conclu avec cette stipulation que la femme ne rejoindrait son mari (ou réciproquement) que de jour (ou de nuit, etc.) (4). Il en est encore ainsi quand le contrat laisse le droit d'option à l'une des parties (ou à toutes les deux) ou à un tiers (5), ou quand, étant stipulé qu'il n'y aura pas mariage si la dot n'est pas versée à telle date, ce versement est néanmoins opéré.

(Il y a encore annulation, lorsqu'il n'y a pas eu consommation) : du contrat vicié à raison de la dot — ou stipulant une condition contradictoire avec le but du mariage, p. ex. le non-partage des faveurs maritales (6) ou

crainte qu'inspire un chef injuste, la peur d'un maléfice, etc. J'adopte dans le texte la lecture de Haloûloû et de Mawwâk وفسخ موصى بكتم شهود وان من امراة.

(1) S'agît-il même, d'après certains juristes, de deux jours.

(2) Ce délai est fixé par la coutume et ne comporte pas nécessairement la durée d'une grossesse (Derdir).

(3) Si, bien entendu, le mariage ne s'est pas fait en vertu de droit de contrainte, *djebr*, car alors le châtiment frappe ceux qui ont exercé ce droit.

(4) Une pareille stipulation serait de nature à provoquer une différence, en plus ou en moins, dans le montant de la dot. Si le mariage vient à être consommé, le contrat devient valide. D'autre part, l'intention de faire un contrat perpétuel ne permet pas la confusion avec le mariage à terme ou de jouissance, *nikâh el-mot'a*.

(5) Le droit d'option à exercer séance tenante خيار المجلس peut être valablement stipulé.

(6) Ou encore l'exhérédation réciproque des époux, l'attribution d'une somme fixe représentative de la pension alimentaire, la mise de celle-ci à la charge du père ou d'un tiers, etc.

bien la préférence à accorder (ou à refuser) à la future, car cette condition est non avenue (1).

Est annulé (2), qu'il soit ou non consommé, le mariage à terme (3) ou conclu dans cette forme « je t'épouserai dans un mois » (4).

10. Caractère de l'annulation

P. 83, 2. — L'annulation est une répudiation (virtuelle, que ce mot soit ou non prononcé) quand il s'agit d'un cas doctrinalement controversé (même en dehors de notre école), par exemple quand il y a état pèlerinal (5) ou compensation de dots (6) ou qu'il est procédé à un mariage par les soins d'un esclave ou d'une femme. Les prohibitions qui en découlent résultent tantôt du contrat par lui-même,

(1) Une stipulation ayant trait à un acte dont la non-réalisation est simplement blâmable laisse subsister le contrat, telle par exemple la promesse de ne pas prendre une autre épouse ou une concubine.

(2) Les uns disent avec répudiation, et d'autres, ce qui est l'opinion préférable, sans répudiation.

(3) Appelé aussi « de jouissance » نكاح المتعة, qui peut se présenter sous ces deux formes « j'épouse ta fille pour un délai de... » ou « pour la durée de mon séjour en ce lieu ». Les enfants issus de cette union sont légitimes et la dot (ou fixée ou d'équivalence, car il y a deux opinions), est due, mais les deux pseudo-époux sont châtiés.

(4) Cette dernière forme pourrait constituer une promesse valable, mais ne dispenserait pas, à l'expiration du délai fixé, d'une célébration régulière du mariage.

(5) C'est-à-dire dans la période d'accomplissement du pèlerinage ou de la visite pieuse faite aux lieux sacrés (عمرة), cet état pouvant être celui d'une ou plusieurs des trois parties (le *wali* et les deux futurs).

(6) C'est le *chighâr*, qui a pour forme principale le mariage de chacun de deux hommes avec la fille de l'autre. La prohibition du *chighâr*, dont il sera question plus loin, repose sur un hadith (*Risâla*, II, 37). Cependant le Code hanéfite égyptien (art. 15) en reconnaît la validité. Cf. p. 62.

tantôt du fait qu'il y a eu relations sexuelles (1). Mais le droit d'hériter subsiste (en cas de mort de l'un des pseudo-conjoints avant l'annulation), sauf dans le cas de mariage contracté au cours d'une maladie grave (2).

Mais pour les cas où la non-validité est unanimement reconnue, l'annulation n'a pas le caractère de répudiation, et le droit à hériter n'existe pas : telle l'union avec une cinquième épouse. Il n'y a alors que le fait des relations sexuelles qui produise la prohibition.

Dans le mariage annulé après qu'il a été consommé, la dot convenue est due ou, à défaut, la dot d'équivalence ; mais s'il est annulé avant, rien n'est dû sauf cependant dans le « mariage de deux dirhems » (3), cas où le versement supplémentaire de la moitié de cette somme s'impose. Ces règles s'appliquent au cas de répudiation prononcée par le mari (à la suite d'un mariage dont le caractère vicieux est controversé). La femme qui a procuré des impressions voluptueuses (autres que le coït) doit d'ailleurs être dédommagée (4).

Le tuteur d'un mineur (ayant atteint l'âge de raison) a la faculté de rompre le contrat conclu par son pupille (en dehors de son intervention), et il n'y a alors ni dot à payer

(1) Ainsi le *contrat* auquel a participé quelqu'un en état pèlerinal prohibe l'union ultérieure du pseudo-époux avec la mère, mais non avec la fille de la pseudo-épouse, et les *relations sexuelles*, si elles ont eu lieu, prohibent l'union ultérieure avec la fille de cette femme.

(2) Car la cause d'annulation de ce mariage est basée sur l'introduction d'un héritier. Il en est de même dans le cas de mariage à option, ainsi qu'on l'a vu, puisqu'il est considéré comme inexistant.

(3) C'est-à-dire que quand la dot n'est que de deux dirhems, autrement dit inférieure au minimum légal de trois dirhems, elle doit en tout cas être complétée de manière à parfaire ce minimum. Mais, dit Desouki, tous les juristes ne sont pas de cet avis.

(4) Ce dédommagement est arbitré par l'imâm ou son remplaçant en tenant compte de la situation sociale des deux parties.

ni retraite de continence à respecter (1). Le mineur marié par son tuteur sous de certaines conditions (que peut stipuler un majeur) ou pour lesquelles autorisation lui a été donnée, peut, quand il est devenu pubère et qu'il les désapprouve, répudier sa femme. Mais si, dans ce cas, le paiement de la moitié de la dot est dû, il y a deux dires, qui sont l'un et l'autre mis en pratique. Le dire (2) de l'épouse que son conjoint était pubère lors du contrat fait alors foi (jusqu'à preuve contraire).

Le maître peut rompre, par la voie de la répudiation irrévocable seulement, le mariage (auquel il n'a pas consenti) de son esclave mâle, mais avant de le vendre ou de l'affranchir. Il ne le peut après la vente que si l'esclave lui est rendu à cause de cette tare. (Le mariage étant ainsi rompu) après avoir été consommé, l'épouse a droit à la dot d'un quart de dinar (seulement, et rembourse, éventuellement, ce qu'elle a perçu en plus) (3). Mais l'esclave et l'affranchi contractuel, même n'ayant pas caché leur état à l'épouse, pourront être actionnés par elle pour le surplus de la dot quand le maître ou le prince ne les en ont pas déclarés quittes (4).

Le maître (qui, sans déclarer formellement rompre le

(1) Le tuteur du prodigue سفيه a le même droit. La retraite de viduité serait imposée à la femme, que le mariage ait ou non été consommé, si le mineur décède avant que l'annulation du mariage soit prononcée. Il n'y a pas lieu de payer la dot parce que la femme, par elle-même ou par son tuteur matrimonial, pouvait disposer de sa personne. Mais, ajoute Desouki, certaines autorités décident autrement si l'épouse elle-même est mineure.

(2) S'il est corroboré par serment, ajoute Derdir.

(3) Les esclaves *imparfaits* شائبة (affranchi contractuel, ou posthume, ou à terme, ou partiel) sont, sur ce point, assimilés à l'esclave parfait ou complet.

(4) Peut-être, dit Abd el-Baki, faut-il traiter de même les esclaves imparfaits autres que l'affranchi contractuel.

mariage, a commencé par y faire de l'opposition) peut ensuite le ratifier, mais au bout de peu de temps (deux jours p. ex.) et si, dans son opposition, il ne voulait pas l'annulation ou n'était pas hésitant.

Le tuteur du majeur prodigue, *sefîh*, peut rompre le mariage de son pupille, même après la mort de l'épouse. La mort du pupille rend cette annulation obligatoire (1).

L'affranchi contractuel et l'esclave autorisé à commercer peuvent, même sans l'autorisation du maître, prendre (à leurs frais) une concubine.

L'entretien de l'épouse de l'esclave (2) se prélève, sauf usage contraire, sur des produits autres que ceux du travail personnel ou des gains commerciaux de cet esclave, et il en est de même de la dot. Le maître en autorisant le mariage (3) ne garantit aucune de ces deux choses.

11. Mariage d'un mâle par voie d'autorité ; quid de la dot ?

P. 83, 14. — Le père, le tuteur testamentaire et (à leur défaut) l'autorité peuvent marier d'office le dément qui en éprouve le besoin (4) ainsi que le garçon impubère (5) ; sur l'exercice de ce droit de contrainte à l'égard du prodigue, il y a contestation. S'ils sont sans ressources, la dot qu'ils ont à verser est à la charge du père, même s'ils en

(1) C'est la loi qui impose cette annulation, et exclut ainsi l'épouse de la succession.

(2) C. à d. de l'esclave autorisé à se marier et qui n'est ni affranchi contractuel, ni autorisé à commercer, ni esclave partiel.

(3) Et même en y contraignant.

(4) On attendra, s'il a des intervalles de lucidité, un de ces moments.

(5) Si ce mariage est fait dans son intérêt, qu'il s'agisse p. ex. de lui faire épouser une fille de condition, ou fortunée, ou sa cousine paternelle.

acquièrent ultérieurement, ou à la charge de sa succession s'il vient à mourir ; la stipulation contraire est inefficiente. S'ils ont des ressources, elle est à leur charge sauf convention contraire.

Si le mineur émancipé et le père se rejettent l'un sur l'autre le paîment de la dot, le (mariage non consommé) est annulé sans qu'il y ait paîment de la dot. Si tous les deux prêtent serment, le mariage existe-t-il, ou, s'il y en a un qui refuse de jurer, la dot est-elle à sa charge ? Il y a hésitation (1).

Sont astreints à prêter serment un mineur émancipé, un non-parent, ou une femme (non contraignable) qui,* ayant assisté à un contrat de mariage * (2), nient avoir donné leur assentiment ou leur ordre (pour figurer comme parties au contrat) s'ils ne protestent pas dès qu'ils en ont connaissance. Mais le contrat devient obligatoire si un trop long délai (3) s'est écoulé (4).

12. Reprise totale ou partielle de la dot

P. 83, 19. — Par suite de la répudiation (qui dénoue un mariage non consommé), la moitié (5) de la dot revient au

(1) Si le mariage est consommé, dit Lakhmi, le père prête serment, et le mari doit la dot d'équivalence..., mais si le père refuse, c'est lui qui en devient débiteur.

(2) Cette incise, conservée parce qu'elle provient de la *Modawwana*, est de trop, car il se peut que l'une ou l'autre des trois personnes citées soit absente.

(3) Si l'intéressé est présent, ce délai peut être très court et ne pas s'étendre au delà des congratulations adressées aux nouveaux époux.

(4) Un acte nouveau est cependant nécessaire pour que le mari puisse disposer de sa femme.

(5) Certains ont soutenu que, le contrat transférant la propriété de la dot à l'épousée, cette moitié revient à l'époux, et non à celui qui a fourni ou garanti la dot (Desouki). Ce droit de la caution a pour base

père (qui a garanti la dot à payer par son fils), ou à l'homme riche qui a marié un tiers (et l'a fournie), ou au père qui a marié sa fille (en garantissant la dot) ; mais si le mariage est nul, c'est la totalité. Aucun d'eux n'a de recours contre l'époux à moins d'avoir stipulé en termes exprès qu'il n'était que caution ou à moins qu'il n'y ait eu de garantie donnée (ou de versement effectué) qu'après la passation du contrat.

Si dans ce cas la perception de la dot présente des difficultés (1), la femme peut se refuser à la cohabitation jusqu'à ce que le montant (de la dot fiduciaire) soit fixé et qu'elle en ait perçu la portion exigible ; de son côté, l'époux peut laisser les choses en l'état (2).

Est nul l'engagement de payer une dot consenti au cours d'une maladie (mortelle) en faveur d'un héritier (3), tandis que, provenant d'un père en faveur de celui qui épouse sa fille, il est valable (4).

13. Du mariage assorti

P. 83, 23. — Les époux doivent être assortis au point de

la non-réalisation du contrat en vue duquel l'engagement avait été pris.

(1) C'est-à-dire si le tiers débiteur de la dot n'est pas solvable. Il sera traité plus loin du cas où c'est le mari même qui est débiteur de la dot.

(2) C'est-à-dire répudier sans être tenu à rien si le contrat n'implique pas de recours du tiers contre lui.

(3) Car ce serait dans la réalité un cadeau ou un legs. Il ne faut pas que cet engagement soit pris sous la forme de la *caution*, celle-ci permettant le recours contre le cautionné. Sous forme de caution, il grèvera le tiers disponible de la succession. C'est là la différence technique entre les deux mots حمل et حمالة (Ça'idi, III, 42, l. 25 ; Kharchi, III, 43, l. 14).

(4) Bien entendu, dans les limites du tiers disponible.

vue de la piété et de l'état de santé (1) ; mais à cette égalité la future et son représentant matrimonial peuvent renoncer (d'un commun accord). Le wali qui a consenti à un mariage non assorti et ensuite rompu par une répudiation (irrévocable ou non), ne peut, sans un motif nouveau d'opposition, mettre obstacle au remariage avec le même individu.

La mère (répudiée) peut faire opposition (en justice) au mariage projeté par le père de leur fille commune et ayant de l'aisance avec un individu pauvre qui la recherche (2). Mais on a aussi lu le texte de la *Modawwana* comme refusant ce droit à la mère, et, d'après Ibn el-Kâsim, il n'y a lieu d'appliquer cette décision que quand il y a à craindre un dommage évident. S'il y a ou non accord entre ces deux opinions, cela est l'objet de deux interprétations (3).

L'affranchi, le roturier et celui qui est de condition moindre sont regardés comme assortis (avec, respectivement, une femme d'origine libre, ou noble, ou dont la condition est plus relevée). Pour ce qui a trait à l'esclave (au regard d'une femme libre), il y a deux interprétations.

14. Cas de prohibition au mariage

P. 84, 4. — Est prohibé le mariage avec les ascendants et les descendants (à tout degré), quand même ceux-ci pro-

(1) C'est-à-dire n'être pas atteints d'une défectuosité physique donnant ouverture au droit d'option. La syphilis n'est pas considérée comme telle.

(2) Ou avec un homme qui emmènerait sa femme à la distance de cinq journées de marche.

(3) Il y a là une discussion qui repose sur des questions de grammaire et de lecture d'un texte ; on ne peut, pour s'en rendre compte, que recourir aux commentaires.

viendraient des œuvres (1) d'un homme (en dehors du mariage), ainsi qu'avec les ascendants et descendants du conjoint; — avec les descendants de son auteur immédiat (2); — avec les descendants au premier degré d'un ascendant (médiat) (3); — avec les ascendantes (naturelles ou nourricières) de la femme qu'on a épousée (4); — avec les descendantes de l'épouse qui, même morte et ne fût-ce que par suite d'un simple regard (5), a été cause d'une impression voluptueuse (6).

Toutes ces prohibitions (7) sont les mêmes quand il s'agit d'une femme esclave.

Ces prohibitions résultent du simple fait du contrat, même vicié, si ce caractère défectueux n'est pas admis par la communauté des fidèles (8); s'il est admis, elles résultent d'un rapprochement sexuel (ou de ce qui est considéré comme tel) n'exposant pas à une peine fixée par la loi. Résultent-elles de relations illicites? Il y a controverse.

(1) Contrairement à l'opinion d'Ibn el-Mâdjechoûn.

(2) C'est-à-dire les frères et sœurs, germains, consanguins ou utérins, et leurs descendants.

(3) C'est-à-dire les oncles et tantes paternels ou maternels.

(4) Qu'il y ait eu ou non soit consommation soit impressions voluptueuses.

(5) Regard portant sur des parties cachées du corps autres que le visage et les mains.

(6) La prohibition absolue en ce qui concerne les ascendantes de la femme avec qui il y a eu simple passation de contrat, sans aucuns rapports corporels, est fondée sur le respect que doit la fille à sa mère (Kharchi).

(7) Moins, bien entendu, celle qui résulte de la simple passation du contrat. Naturellement, il s'agit ici de l'esclave dont le maître a fait sa concubine, et non de celle qui est employée comme servante.

(8) مجمع عليه expression qu'il ne faut pas confondre avec متفق عليه celle-ci se disant seulement de l'accord unanime des juristes d'une même école.

Pour le cas où le mari, recherchant des émotions voluptueuses auprès de sa femme, a (sans le savoir) affaire à la fille (ou à la mère) de celle-ci, il y a hésitation.

Quand un fils a l'intention d'épouser une femme ou d'acheter une esclave (destinée à son lit) et contredit son père, qui dit avoir épousé l'une ou possédé l'autre, l'abstention lui est recommandée; mais est-elle obligatoire pour lui quand la chose est de notoriété publique? Il y a deux interprétations.

Il est interdit d'avoir simultanément cinq épouses. L'esclave aussi peut en avoir quatre (1). Il est interdit d'avoir comme épouses ou comme esclaves concubines deux femmes entre qui, l'une ou l'autre étant censée être du sexe masculin, la cohabitation serait défendue. (Le cas se présentant), il y a annulation du mariage de la seconde quand elle reconnaît (ou qu'est prouvé le dire du mari à cet égard) ; sinon, le mari doit prêter serment, vu (qu'il peut devoir verser la moitié de) la dot (2). Cette annulation a lieu sans répudiation (3), de même que s'il y a eu contrat passé dans un même acte avec la mère et la fille, (les deux sœurs, etc.).

(Vis-à-vis de la mère et de la fille ainsi épousées) la prohibition est perpétuelle si le mariage a été consommé, et elles n'ont pas de droit de successibilité, non plus que dans le cas où il y a deux contrats successifs. Si aucun des deux mariages n'a été consommé, l'union (par un nouveau contrat) sera permise avec la mère (et à plus forte raison

(1) Contrairement à l'opinion d'Ibn Wahb, qui ne lui en concède que deux.

(2) Il n'y aurait pas lieu à serment si le mariage a été consommé, puisqu'alors la dot est due intégralement, mais le mariage est néanmoins annulé.

(3) La répudiation n'est pas nécessaire parce qu'il y a unanimité dans les écoles à déclarer nulles les unions de ce genre.

avec la fille). Si (les deux contrats sont successifs et) qu'il meure (avant la consommation) sans qu'on sache laquelle a été épousée la première, l'une et l'autre sont successibles et chacune a droit à la moitié de sa dot ; et de même dans le cas de cinq épouses dont on ignore quelle est la cinquième.

La sœur (et les autres femmes qu'on ne peut avoir à la fois comme épouses ou comme concubines) deviennent licites par suite d'une séparation définitive d'avec la première en date, ou par l'extinction du droit de propriété résultant d'un affranchissement même à terme ou contractuel (ou partiel), ou par le fait de l'avoir mariée dans les conditions qui rendent licite la femme répudiée irrévocablement, ou par sa captivité chez l'ennemi, ou par une fuite qui ne laisse pas d'espoir de la reprendre, ou par la vente qu'il en ferait (même) en tenant cachés les vices secrets de l'esclave (1).

Mais elles ne le deviennent pas par suite (d'une vente ou d'un mariage) viciés et n'ayant pas ultérieurement acquis le caractère obligatoire (2), par suite de l'état de menstruation, de la retraite de vacuité (3) qui suit des relations sexuelles résultant d'une erreur, de l'apostasie (4), de l'état pèlerinal (5), de la répudiation prononcée par

(1) La vente avec option, soit de l'un des contractants, soit d'un tiers, ne produirait pas cet effet ; cela est dit plus bas.

(2) On dit d'une vente originairement viciée qu'elle *passe* فات البيع, c. à d. qu'elle se régularise, qu'elle devient parfaite ou obligatoire (لازم) par suite d'une circonstance ultérieure, telle que la variation des cours du marché, la perte ou la détérioration de la chose, etc. Cf. p. 59.

(3) Le mot *'idda* عدة du texte est employé abusivement pour *istibrá*, ainsi d'ailleurs que cela est permis (Ça'idi et Desouki).

(4) C. à d. de l'apostasie de la concubine, car celle de l'épouse rompt le mariage.

(5) *Ihrâm* ou période pendant laquelle, à partir du moment où sont franchies les limites du territoire sacré, on accomplit le pèlerinage.

assimilation incestueuse, de (la mise en garde de l'esclave vendue, pendant la) période de vacuité (1), de la vente à option, de la vente avec garantie d'une durée de trois jours, de sa mise en service chez un tiers pour la durée d'un an (2), du don qui en est fait à quelqu'un à qui (3) le donateur peut la reprendre (soit sans compensation, soit) même par voie d'achat. La solution contraire (4) intervient dans le cas où il en est fait une libéralité (révocable à l'égard du bénéficiaire) quand il en a été pris possession (par un tiers), et dans le cas de mise en service pour plus (de trois) années.

(L'homme qui a cohabité avec deux parentes au degré prohibé) est mis à l'écart de l'une et de l'autre pour qu'il détermine celle des deux qu'il veut s'interdire ; et s'il conserve la seconde, il la met en attente de vacuité (5).

Si, marié avec une femme, il achète (une esclave qui est parente de celle-ci au degré prohibé), c'est l'épouse qui est licite (et l'esclave ne peut qu'être employée comme domestique). Mais si, étant marié, il cohabite avec l'esclave (parente de sa femme au degré prohibé), ou si, après avoir

(1) Le texte porte seulement cette dernière expression استبراء, mais des commentateurs l'entendent de la مواضعة, qui a le sens technique que j'ai traduit. D'autres l'entendent de *l'istibra* imposé à la suite de relations illicites.

(2) Ou même de deux ou trois ans ; mais il en est autrement quand la mise en service est consentie pour un plus grand nombre d'années, ainsi qu'il est dit plus loin. On voit par Ça'idi (III, 52 ad f.) que la mise en service diffère du *louage des services*.

(3) P. ex. son fils ou son esclave.

(4) Ibn Farhoûn n'admet pas cette solution, vu le caractère révocable de cette libéralité. Pour Khalil, le droit acquis par le tiers transforme la nature qu'avait l'acte à son origine.

(5) Cet *istibrá*, d'une période menstruelle, n'est imposé, s'il garde la première, qu'au cas où il aurait eu des rapports avec elle pendant la séparation ou mise à l'écart.

joui d'une esclave, il épouse une parente de celle-ci au degré prohibé, on procède comme dans le premier cas (1).

15. Prohibition, pour son ex-mari, de la femme répudiée irrévocablement

P. 84, 22. — (Est interdite, même comme concubine, à son ancien époux) la femme répudiée irrévocablement tant qu'un (musulman) pubère ne lui a pas introduit (dans la vulve) une portion de la verge équivalente au gland, dans les conditions légales (2), sans dénégation de l'un ni de l'autre, avec érection, à la suite d'un mariage obligatoire (3), où l'on sait qu'il y a eu isolement des conjoints, et étant requis de la femme seulement qu'elle ait eu conscience de l'acte, eût-elle même eu affaire à un eunuque.

La levée de la prohibition résulte aussi du mariage que conclurait un mari, à la suite d'un serment, avec cette femme ainsi répudiée, bien qu'elle ne soit pas d'un rang comparable à celui de ses propres épouses. Au contraire, la prohibition persiste si le mariage de la femme répudiée est vicié et qu'il ne soit pas validé par le coït (4) ; quand

(1) C. à d. qu'on tient l'époux à l'écart de l'une et de l'autre en attendant qu'il se décide pour l'une d'elles.

(2) En dehors p. ex. des périodes de menstruation, ailleurs que dans une mosquée, sans être dans la direction de la *Kibla*, etc.

(3) Ne serait pas tel le mariage contracté par l'interdit sans l'autorisation de son tuteur.

(4) Il faut encore appliquer la distinction faite entre le mariage dont la nullité est admise par toutes les écoles et dont l'annulation est toujours prononcée, qu'il ait ou non été consommé, et celui qui, son caractère étant controversé, est validé par le fait de la consommation. Le premier coït valide le mariage originairement vicié ; mais c'est le second qui, répondant aux exigences légales, permet au répudiateur de réépouser son ex-femme.

celui-ci a cet effet et qu'il est renouvelé, la prohibition tombe. Mais le premier coït ne suffit-il pas? Il y a hésitation. C'est encore un mariage vicié que celui de l'épouseur complaisant, même ayant l'intention de garder la femme si elle lui plaît ; quant aux intentions de l'époux répudiateur et de l'épouse répudiée, elles sont non avenues.

(Au cas où une femme veut se remarier avec son répudiateur), son allégation qu'elle a contracté un nouveau mariage est acceptée quand elle revient d'un pays éloigné ou quand, étant sur place, elle mérite confiance et que ce second mariage remonte à longtemps (et que, p. ex., les témoins soient morts). Mais, en l'absence des conditions requises dans ce dernier cas, il y a deux dires.

16. Prohibition résultant du droit de propriété

P. 85, 4. — La prohibition résulte encore du droit de propriété (parfait ou imparfait (1), compétant à l'homme ou à la femme), que l'on exerce par soi-même ou par un descendant. Le mariage est annulé, même ce droit de propriété survenant postérieurement, sans répudiation. Cette annulation a donc lieu pour la femme vis-à-vis de son mari, même si elle opère un débours à l'effet de le rendre affranchi *ipso facto* vis-à-vis d'elle-même (2).

Elle n'a pas lieu dans le cas où le maître résilie l'achat que fait de son propre mari une esclave femme dépourvue

(1) C. à d. que les esclaves *imparfaits* (affranchi posthume ou contractuel, etc.) sont, à ce point de vue, traités comme ceux sur qui s'exerce le plein droit de propriété.

(2) Allusion à l'impossibilité de l'existence des rapports de maître à esclave dans de certains cas : ainsi le fils esclave qui, par suite de certaines circonstances, héritage, etc., deviendrait la propriété de son père, est affranchi *ipso facto*.

de l'autorisation de commercer (1), ni si la vente dans l'intention commune (du maître et de l'épouse, soit libre, soit esclave, ou dans l'intention du maître seul) a pour but de dissoudre le mariage, ni si le maître (des deux conjoints esclaves) donne la femme à son mari afin de pouvoir la lui confisquer (2). On a déduit de là que le maître peut contraindre son esclave à accepter le don (provenant d'un tiers).

L'ascendant qui a retiré de la jouissance d'une femme esclave de son descendant en devient propriétaire au prix (qu'elle avait à ce moment) (3). Si l'un et l'autre ont eu des rapports avec elle, elle devient prohibée pour tous les deux, et elle est affranchie (si elle est grosse) au détriment de l'auteur de sa grossesse (4).

L'esclave peut épouser la fille de son maître, ce qui n'est pas bien vu, ou une esclave appartenant à un autre. De même l'homme libre peut, quand il est inapte à procréer, épouser une esclave (5) ; il peut épouser l'esclave de son grand-père, p. ex. (ou d'un autre ascendant) (6). En dehors

(1) Car cette acquisition ne devient valable que par la ratification qu'y peut donner le maître.

(2) Le mari esclave doit donc consentir à cette donation pour qu'elle soit valable. Le mobile auquel peut obéir le maître en procédant à la confiscation sera de supprimer la tare dont est affecté l'esclave à raison de son mariage, ou de pouvoir prendre lui-même cette femme esclave comme concubine.

(3) Si l'ascendant ne peut en payer le prix, elle sera vendue, et le déficit éventuel du prix de vente sera à sa charge. Mais si cette femme a conçu, la vente n'en est plus possible, puisqu'elle devient concubine-mère.

(4) Ça'idi expose, d'après un de ses prédécesseurs, le moyen de déterminer cet auteur.

(5) Puisqu'alors il n'y a pas à redouter l'état de servitude pour les fruits, qui sont invraisemblables, de cette union.

(6) Si cet ascendant lui-même n'est pas esclave, pour la raison qui vient d'être dite.

de ces deux cas, il le peut encore, bien que déjà marié à une femme libre, s'il redoute le libertinage et n'a pas de quoi épouser une femme libre et à exigences raisonnables, même juive ou chrétienne.

17. Rapports domestiques de maitresse et d'esclave

P. 85, 10. — L'esclave qui n'est pas indivis et l'affranchi contractuel peuvent, quand ils sont vilains de figure, voir les cheveux de leur maîtresse (ainsi que les membres dont la vue est permise aux parents au degré prohibé, et se trouver seuls avec elle). Il en est de même pour un eunuque incomplet et vilain appartenant à l'époux. Cela est même permis, d'après Mâlek, à l'eunuque appartenant à un tiers.

18. Coexistence de coépouses libres et esclaves

P. 85, 12. — Quand deux conjoints sont d'origine libre et que la femme apprend après son mariage l'union de son époux avec une esclave (dans les conditions qui viennent d'être dites), elle a le droit d'opter en faveur d'une répudiation unique et irrévocable (1). Il en est de même si le mariage avec l'esclave se surajoute au sien propre (2), ou si (au mariage avec une esclave par elle accepté) une seconde y est ajoutée, ou si, alors qu'elle savait seulement qu'il y en avait une, elle en trouve plusieurs.

(1) Cette dernière épithète est surabondante, puisque cette répudiation équivaut à la rupture du lien conjugal prononcée par justice et ne doit, partant, être faite que par un.

(2) Dans ce cas, elle peut, disent certains, opter entre sa propre répudiation et celle de l'esclave.

19. Vie commune avec une épouse esclave

P. 85, 13. — L'esclave qu'a mariée son maître (et autre que la concubine-mère ou l'affranchie contractuelle) n'habite pas (avec son mari), sauf stipulation ou usage contraires. Le maître (quand elle n'habite pas en dehors de chez lui) peut l'emmener en voyage ; il peut consentir un rabais sur sa dot, jusqu'à la limite d'un quart de dinar, si les dettes par elle contractées (avec autorisation) n'en absorbent pas le montant, empêcher la cohabitation tant qu'il n'a pas perçu la dot, garder celle-ci pour lui, même s'il tue l'esclave (1) ou qu'il la vende au loin, à moins que ce ne soit à un homme méchant (qui empêche la réunion des époux). D'après la *Modawwana* (chapitre des gages) le maître doit consacrer la dot au trousseau de l'esclave ; cela est-il contradictoire, comme le croient la plupart (avec ce qui vient d'être dit, d'après le même ouvrage au chapitre du mariage), ou bien le droit du maître de s'approprier la dot s'applique-t-il seulement à l'esclave qui continue d'habiter chez lui, ou à celle dont il a payé le trousseau de ses deniers ? Il y a là deux interprétations.

Par la vente de son esclave avant la cohabitation, disparaît pour le vendeur le droit d'en refuser la livraison au mari, car il perd son droit de disposer de cette femme (2). De même, l'esclave femme qui a reçu sa liberté à l'effet de contracter tel mariage, n'est pas tenue, une fois affranchie, de le réaliser (3). (Par la vente que consent le maître

(1) Parce que le mobile du meurtre ne peut être le désir de garder la dot.

(2) L'acheteur n'a pas davantage ce droit, puisque ce n'est pas à lui qu'est versée la dot.

(3) Parce que, devenue libre, elle est maîtresse de disposer d'elle-même. Il en est différemment de la promesse de liberté qui lui est

d'une esclave à l'époux de celle-ci avant que le mariage soit consommé) la dot cesse d'être due ; mais en est-il ainsi quand la vente est faite par la justice pour faillite, ou non, dans ce sens que l'époux acheteur n'a pas recours pour le montant de la dot sur le prix de vente (1) ? Il y a deux interprétations. Si la vente a lieu après la consommation du mariage, la dot fait partie des biens de cette esclave (2).

Le mariage conclu simultanément avec une esclave (3) et une femme libre est nul à l'égard de la première seulement, au contraire du mariage simultané avec cinq femmes ou avec deux parentes au degré prohibé (4).

Le mari de l'esclave peut, avec l'assentiment de celle-ci et de son maître, frauder la nature ; le seul assentiment de l'épouse libre suffit pour cela (5).

20. Mariage avec les infidèles

P. 85, 23. — (Est encore prohibée, à titre soit d'épouse soit de concubine) la femme infidèle, à moins, bien que ce

faite si elle se fait musulmane, parce que, explique-t-on, sa conversion est la condition, qu'elle pouvait refuser, de son affranchissement.

(1) Dans cette seconde opinion, les textes de la *Modawwana* et de l'*'Otbiyya* ne sont pas en contradiction. Le recours de l'époux ne pourra s'exercer que contre le failli personnellement, de même que cela a lieu pour une dette postérieure à la faillite.

(2) Le maître pourra donc confisquer la dot dans le cas où il peut agir ainsi à l'égard des autres biens.

(3) Puisque le mariage avec l'esclave n'est admis que sous les conditions indiquées plus haut.

(4) Si l'une et l'autre sont libres ; sinon, et sous les conditions indiquées, le contrat ne serait nul qu'à l'égard de l'esclave.

(5) Mais l'avortement, soit dans les quarante premiers jours soit plus tard, est défendu.

soit blâmable (1), qu'elle ne soit libre et adepte d'une religion révélée, et ce blâme est plus marqué quand la chose se fait en territoire infidèle (2) ; il importe peu, malgré ce qui a été dit, qu'elle soit chrétienne convertie au judaïsme ou inversement (3) ; — à moins encore qu'il ne s'agisse d'esclaves de cette sorte et sur laquelle on exerce le droit de propriété (4).

L'adepte d'une religion révélée, *kitâbi* (uni à une femme libre sa coreligionnaire), voit son mariage avec celle-ci reconnu quand il se fait musulman, mais le mariage des infidèles est nul (5). Il est aussi reconnu à l'égard de l'esclave (juive ou chrétienne), ou de l'esclave idolâtre quand, la liberté lui étant rendue, elle se fait musulmane (ou même juive ou chrétienne) dans un court délai, d'un mois par exemple. Mais en est-il ainsi quand le mari néglige (de renseigner sa conjointe) ou en tout cas ? Il y a deux interprétations. Dans cette période, le mari ne doit pas la pension alimentaire (sauf en cas de grossesse).

(1) Ibn el-Kâsim ne mentionne pas cette réserve, et avec raison, car on lit dans le Koran, V, 7 : « Vous sont permises... les femmes *mohçanât* provenant de ceux qui ont reçu l'Ecriture avant vous » ; le mot « mohçanât » est expliqué dans Beydhawi et Zamakhchari par « libres » ou « chastes, réservées ».

(2) C'est le *dâr el-harb*, le pays de la guerre.

(3) L'épithète de كتابى, adepte de religion révélée, s'applique aux seuls juifs et chrétiens ; tous les autres infidèles sont traités de *madjoûs*, eussent-ils même des livres révélés remontant à Seth, Hénoch, Abraham ou David (Ça'idi). Quant au Koran, XXII, 17, il énumère les chrétiens, les juifs et les *madjoûs*, sans les assimiler.

(4) En termes plus clairs : les seules femmes infidèles et libres avec qui l'on peut contracter mariage sont la juive et la chrétienne ; ce sont aussi les seules de ses esclaves que le maître peut prendre pour concubines.

(5) L'époux n'étant pas musulman, la réunion des autres conditions, *wali*, témoins, dot, etc. ne peut faire de cette union un mariage au regard de la loi musulmane.

Il est encore maintenu quand, la femme se convertissant la première, le mari en fait autant au cours de la période de vacuité (1), même l'ayant répudiée dans cet intervalle (2) ; mais il ne doit pas la pension alimentaire, d'après ce que disent Lakhmi, Ibn Yoûnos et Ibn Rochd (sauf en cas de grossesse).

Le mariage non consommé est rompu sur le champ (quand la femme se convertit la première) (3).

Le mariage est encore reconnu si la conversion des conjoints est simultanée ; mais il faut toujours qu'il n'y ait pas parenté au degré prohibé, que (antérieurement à la conversion) ils n'aient pas été unis avant la fin de la période de continence, et que, s'ils ont contracté une union pour une période préfixe, ils ne veuillent pas la voir finir au terme fixé. Même la répudiation par trois (prononcée par le mari avant sa conversion) serait sans valeur (4) ; mais si la femme avait définitivement échappé à son pouvoir il pourrait la réépouser sans qu'il y ait eu de mariage libérateur contracté avec un autre (5). Quand l'islamisation d'un des époux fait rompre le mariage, cette rupture a lieu sans répudiation ; mais quand l'un d'eux apostasie, il y a répudiation irrévocable, même si c'est le mari qui embrasse la religion de sa femme.

(1) Le mot عدة du texte est employé improprement pour استبراء.

(2) Puisqu'il ne peut y avoir répudiation que par un musulman à la suite d'un mariage valide.

(3) Sans droit à la dot, puisque le mariage est comme inexistant. En cas d'absence du mari ou soi-disant tel, l'autorité s'assure que sa conversion n'a pas été antérieure.

(4) L'auteur répète à peu près ce qu'il a dit plus haut, pour infirmer l'opinion soutenue par Moghîra au sujet de ce mode de divorce.

(5) Il s'agit du mariage que doit contracter la musulmane répudiée définitivement avec un autre homme pour que, ce nouveau mariage étant rompu, elle puisse réépouser son premier répudiateur ; ce dont il est parlé plus haut.

Sur le caractère obligatoire ou non de la répudiation par trois prononcée par un tributaire, alors que les deux parties recourent à notre juridiction, ou si elle n'est valable que dans le cas où elle réunit les conditions de validité exigées par la loi musulmane, ou s'il faut ou non prononcer en tous cas la séparation, il y a des interprétations diverses (1).

(Dans le mariage d'infidèles qui ensuite se convertissent) on admet la validité de la dot viciée (dans sa composition : vin, porc, etc.), quand elle a été perçue, ou la stipulation de l'absence de dot, dans les deux cas si le mariage a été consommé. En dehors de ces hypothèses, on procède comme pour la dot fiduciaire. Mais en est-il ainsi seulement quand l'ancienne religion des néophytes permet ces deux choses ? Il y a deux interprétations.

21. Mariage d'un néophyte

P. 86, 10. — Le musulman néophyte arrête son choix sur quatre de ses femmes, s'il en avait davantage, fussent-elles des dernières épousées (2). Entre deux sœurs (ou parentes au degré prohibé), il choisit l'une ou l'autre, que le mariage ait ou non été consommé. De même pour la mère et la fille s'il n'a eu de rapports avec aucune des deux ; s'il en a eu avec toutes les deux, elles lui sont

(1) La conséquence sera par exemple qu'en déclarant valable cette répudiation par trois, l'infidèle qui se convertira pourra ou non se remarier avec cette femme avec ou sans un mariage de celle-ci avec un autre homme, le *mohallil*. Derdir, dans son *Akrab el-mesâlik*, est peu disposé à traiter cette question : « Avons-nous, dit-il, à nous occuper de ce qu'ont pu faire des infidèles avant leur conversion ? L'épicier songe-t-il à amender ce que le temps a gâté ? »

(2) Aboû Hanifa lui impose de prendre les quatre premières en date.

interdites ; si avec l'une seulement, c'est celle-là qu'il doit éventuellement garder. Son fils non plus que son père ne peuvent (1) épouser celle à qui il a renoncé (2).

Le choix (même sans être explicitement formulé) se déduit de la répudiation, de l'assimilation incestueuse, du serment de continence ou de la cohabitation. La déclaration du mari qu'il annule son mariage avec une telle (3) implique que son choix porte sur une autre. Il ne peut choisir qu'une seule de celles qui sont sœurs (ou qui ne peuvent être simultanément co épouses) et prend le surplus parmi celles (de ses anciennes femmes) qui ne sont pas remariées (4).

Il ne doit aucune portion de dot à celles qu'il n'a pas choisies et avec qui il n'a pas eu de relations (5).

La même immunité existe (pour tout musulman, néophyte ou non) qui, ayant épousé quatre fillettes devenues ensuite sœurs de lait, doit opter en faveur de l'une d'elles (6).

(1) Les uns voient là une défense absolue, d'autres un acte simplement blâmable.

(2) Cela s'entend ou de la mère et de la fille seulement, ou des femmes qu'on ne peut avoir simultanément comme épouses, ou de toutes celles à qui le néophyte a renoncé.

(3) En procédant de la sorte, comme il s'agit d'une union dont l'invalidité est reconnue par toutes les écoles, le mari se soustrait au paiment de la moitié de la dot en cas de mariage non consommé.

(4) Les corrections des commentateurs sont indispensables pour l'intelligence du texte, qui est mal rédigé.

(5) Le mariage en effet est censé n'avoir pas existé. Mais s'il évince la totalité des dix femmes par exemple qu'il avait épousées avant sa conversion mais avec qui il n'avait pas eu de relations, il devra la valeur de deux dots, dont chacune des évincées aura le cinquième.

(6) Il faut, naturellement, que les filles de la mère nourricière ne soient pas au degré prohibé pour cet homme. S'il les répudie avant la consommation du mariage, il doit une demi-dot, dont chacune obtient

Si, avant d'avoir fait son choix (entre les quatre femmes ou davantage qu'il avait avant sa conversion) le néophyte meurt, il doit quatre dots (qui se partagent entre elles). Dans ce cas, le droit à succéder n'existe pas (pour celles qui se sont converties) quand quatre des autres, juives ou chrétiennes (et d'origine libre) n'ont pas embrassé l'islamisme (1), non plus qu'il n'existe quand, y ayant deux épouses, l'une musulmane et l'autre professant une religion révélée, la répudiation a été prononcée contre on ne sait laquelle des deux.

Mais il en est différemment si le mari a prononcé la répudiation non définitive de l'une de ses deux épouses (musulmanes), on ignore laquelle, puis qu'il ait eu des rapports avec l'une d'elles (on sait laquelle), et que la période de retraite ne soit pas écoulée : alors cette dernière femme a droit à l'intégralité de sa dot et aux trois quarts de l'héritage, et l'autre (avec qui le mariage n'a pas été consommé) prend le quart restant et les trois quarts de sà dot (2).

un huitième ; et s'il meurt avant d'avoir choisi, il doit une dot, dont chacune obtient un quart.

(1) Car ce sont ces quatre sur qui aurait pu s'arrêter le choix du défunt, et le droit à succéder ne peut exister que s'il est à l'abri de tout doute.

(2) Elle n'aurait droit qu'à la moitié, le mariage n'ayant pas été consommé ; la compétition avec les autres héritiers porte donc sur l'autre moitié, laquelle est elle-même partagée entre les deux parties, à raison de l'ignorance où l'on est des intentions du mari de répudier l'une plutôt que l'autre de ses femmes. - Si l'on sait laquelle a été répudiée, mais non celle avec qui le mariage a été consommé, la non-répudiée touchera l'intégralité de sa dot, et la répudiée les trois quarts. Si l'on ignore ces circonstances, chaque femme touchera les sept huitièmes de sa dot.

22. Mariage des malades

P. 86, 19. — Le futur ou la future gravement malade (1) ne peut-il se marier, même avec l'autorisation de son héritier, ou n'en sera-t-il empêché que s'il n'en a pas besoin (2) ? Cela est controversé.

La consommation du mariage avec la femme épousée en état de maladie donne à celle-ci droit à la dot convenue (3). Le mari venant à mourir de sa maladie (avant la rupture de ce contrat), c'est la moindre des deux dots, convenue ou d'équivalence, qui est prélevée sur le tiers disponible (4).

On s'empressera d'annuler ce mariage (5), à moins que l'époux malade ne recouvre la santé.

Le mariage du malade avec une chrétienne (ou une juive) ainsi qu'avec une esclave musulmane est interdit (6) par Ibn Mohriz, tandis que, d'après Lakhmi, ce point est controversé.

(1) On assimile au malade l'individu prêt à participer à un combat, le prisonnier qu'on va mettre à mort ou mutiler, la femme grosse de six mois.

(2) C.-à-d. ayant besoin du mariage en lui-même, ou de quelqu'un qui lui donne des soins.

(3) Sa mort ou celle de son mari, survenant avant la rupture du contrat, produit le même effet. Le montant de la dot est prélevé sur le capital (et non sur le tiers disponible).

(4) Dans les limites de ce tiers, qui pourra donc être absorbé tout entier, mais ne sera pas dépassé.

(5) Sans même attendre p. ex. que la période de menstruation ait pris fin.

(6) Le texte porte منع dont les commentaires ne fixent pas ici a valeur exacte. Cela doit s'entendre, semble-t-il, de l'intervention possible des intéressés, c.-à-d., en l'espèce, des héritiers.

23. Du droit d'option

P. 87, 1. — Il y a lieu à option (pour chacun des époux) qui n'a pas eu du fait une connaissance antérieure, ou qui ne l'a pas accepté (1), ou qui n'a pas éprouvé de jouissance voluptueuse, circonstances que le demandeur doit appuyer de son serment, à raison des motifs suivants existant antérieurement au contrat : dartres blanches ou noires (2), défécation pendant l'acte sexuel, lèpre (3) affectant le conjoint personnellement, mais non quand elle affecte un de ses ascendants (4) ; — chez le mari, castration de la verge, castration absolue (ou des testicules), inappétence vénérienne, impuissance ; — chez la femme, excroissance vaginale, imperforation vaginale, puanteur des parties secrètes (5), hernie vaginale, cloaque.

La femme seule a le droit de rescision pour cause de lèpre caractérisée ou de dartre maligne survenues au mari après le contrat (que le mariage ait ou non été con-

(1) Soit explicitement, soit implicitement.

(2) Le texte porte برص *baraç*, affection de la peau qui est décrite dans les commentaires, de Derdir notamment. Le *baraç* blanc est la lèpre blanche primaire, et le *baraç* noir la psoriasis ou lepra Grœcorum (P. de Koning, *Trois traités d'anatomie arabes*, Leide, 1903, pp. 805 et 814).

(3) جذام « lèpre, lepra Arabum, lepra tuberculosa, elephantiasis Grœcorum » (P. de Koning).

(4) L'existence de la lèpre chez un ascendant de l'esclave est une cause de rescision dans la vente, contrat dont les conditions sont plus rigoureuses.

(5) Cette sorte d'option n'est pas reconnue dans les trois autres écoles. Lakhmi va même plus loin que les autres malékites et admet comme cause d'option la puanteur de la bouche ou du nez, ainsi que cela est admis dans la vente d'un esclave.

sommé) (1), mais non pour (un des autres motifs), l'impuissance p. ex.

Le droit d'option est également reconnu à chacun des époux à raison de la folie de l'autre, même à accès mensuel, soit avant soit après la consommation (2). Une attente d'un an est alors imposée, comme pour le cas de dartre ou de lèpre qu'il y a lieu de croire curables (3).

Il résulte encore de l'existence de vices dont l'absence a été stipulée, cela résultât-il de la description faite par le wali (ou en sa présence, ou sur interrogation) lors de la demande en mariage.

Ce droit résulte-t-il de la clause (de style employée par les notaires) de santé (de corps et d'esprit) ? Il y a hésitation (4).

Le droit d'option n'est pas reconnu au mari qui ne trouve pas chez sa femme ce qu'il avait espéré, p. ex. la calvitie, la noirceur de peau bien qu'elle soit issue de blancs, la fétidité de l'haleine, la défloration, à moins qu'il n'ait stipulé qu'elle serait physiquement vierge ; s'il a dit seulement « vierge » (5), il y a hésitation ; — ou à moins que, homme libre, il ne se trouve avoir épousé une esclave, ou, femme libre, un esclave. Au contraire, il n'y a pas lieu à

(1) Après un délai d'un an, ainsi qu'il sera dit plus loin.

(2) Mais il ne faut pas que le demandeur ait connu avant le contrat l'existence de cet état de folie.

(3) Cette curabilité doit s'entendre aussi de la folie, d'après les commentaires. Pour l'esclave homme ou femme, le délai d'un an est réduit de moitié, ainsi qu'on le verra.

(4) Cette stipulation faite verbalement est reconnue efficiente.

(5) Les mots عذراء et بكر, dont j'ai essayé de rendre à peu près la valeur, sont ordinairement synonymes ; mais les juristes emploient le premier pour désigner la fille qui a conservé le signe matériel de la virginité, et le second pour celle qui l'a perdu par suite d'un accident, d'un mariage vicié et non maintenu, ou de relations illicites.

option si, (bien que déçu), un esclave se trouve avoir épousé une esclave, ou un musulman une chrétienne (et réciproquement). Il faut, dans tous ces cas, qu'il n'y ait pas eu fraude des parties.

24. Option retardée

P. 87, 10. — Au mari impuissant il est accordé, quand d'ailleurs il ne souffre pas d'une autre maladie, un délai d'un an (1) qui court à partir du jour du jugement et n'est pas suspendu par la survenance d'une autre maladie. Ce délai est abrégé de moitié pour l'esclave (même imparfait).

L'épouse n'a pas droit, d'après Ibn Rochd (2), à la pension alimentaire pendant cette période.

La déclaration avec serment du mari faite dans ce délai (3) qu'il a accompli l'acte sexuel, fait foi ; mais son refus de serment laisse à la femme la qualité d'épouse (jusqu'à l'expiration du délai). Si alors il persiste dans son refus, c'est la femme qui doit jurer le contraire, faute de quoi elle conserve sa qualité d'épouse (4).

(1) Pour s'assurer si son état est curable et si l'une des quatre saisons de l'année n'exerce pas une action efficace. La durée de ce délai est cependant réduite de moitié pour l'esclave, mais c'est que les prescriptions légales doivent être suivies plutôt que les procédés indiqués par la raison Cependant, d'après Desouki, des jurisconsultes ont préconisé un délai égal en faveur de l'esclave.

(2) Cet auteur refuse la pension alimentaire pour la femme d'un époux dément avec qui elle n'a pas cohabité. C'est donc seulement par analogie que Khalil décide de même pour la femme de l'impuissant.

(3) Et même après (Derdir).

(4) Le texte est peu net et ne marque pas bien la distinction à faire selon que le délai est ou non expiré.

Si le mari n'émet pas cette allégation, il répudie sa femme (avec le consentement de celle-ci). Mais s'il refuse de le faire, est-ce le juge lui-même qui prononce la répudiation contre lui, ou bien, après avoir autorisé la femme à la prononcer, rend-il un jugement conforme ? Il y a deux dires (1).

La femme qui (à la suite de ce délai) a consenti à continuer la vie commune peut toujours y mettre fin sans qu'il faille un délai nouveau (2).

A l'expiration de l'année la femme a droit à l'intégralité de sa dot, ainsi qu'il arrive aussi dans le cas où le mari de conformation défectueuse, عنين, ou eunuque consomme le mariage (auquel l'exercice du droit d'option met fin).

L'impuissant venant à subir la section de la verge au cours de l'année d'attente, faut-il dès ce moment procéder à la répudiation ? Il y a deux dires.

A la femme affectée d'imperforation vaginale (ou autre vice de ce genre) il est accordé pour le traitement un délai dont la durée est appréciée au mieux (par les gens de l'art), mais elle ne peut être contrainte à se faire traiter si le vice est congénital.

On s'assure par la palpation par dessus le vêtement de l'état d'eunuque complet ou incomplet, etc., (qu'affirme la femme et) que nie l'intéressé.

Il est ajouté foi au dire (appuyé par serment) du mari qui nie son impuissance, comme au dire de la femme qui

(1) L'intérêt que présente l'une ou l'autre solution consiste en ce que le juge prononce une répudiation par un et irrévocable, et que la femme *peut* la prononcer à titre définitif. On dit aussi que la répudiation, le mariage n'ayant pas été consommé, est en tout cas définitive, mais qu'il existe une opinion qui dénie au juge le droit de prononcer en ce cas un jugement proprement dit.

(2) A moins qu'elle n'ait déclaré vouloir la continuer toujours.

nie un vice des parties secrètes (1) ou son existence lors du contrat, ou affirme qu'elle était vierge (2). C'est la femme même qui jure, mais si elle est prodigue, *sefîha*, (ou mineure), c'est son père (3).

L'examen par des femmes (à l'effet de constater le vice de conformation) ne peut (être imposé) ; mais le témoignage de deux femmes que produit le mari à ce sujet est accueilli (4).

Si le père, sachant que sa fille n'est plus physiquement vierge (5) sans avoir coïté, a caché ce fait, le mari a, d'après Açbagh, le droit de rescision.

25. Quid de la dot en cas d'option ?

P. 87, 21. — La rescision survenant avant la consommation du mariage (6), la dot n'est pas due, non plus que s'il y a eu tromperie d'un conjoint au sujet de sa qualité

(1) Il s'agit là des vices seulement qui échappent à la vue soit des hommes soit des femmes, selon le cas.

(2) Des femmes l'examinent, et ce n'est que quand la perte de sa virginité paraît récente que son affirmation corroborée par un serment est admise.

(3) Bien que le serment ne puisse servir à revendiquer un bien au profit d'un tiers, le père peut ici l'employer pour se soustraire à la dette qui lui incomberait. De là on conclut que le *wali* proche parent, le frère p. ex., pourra faire de même.

(4) Cela se produira donc le plus souvent quand l'épouse incriminée aura consenti à cette épreuve. En d'autres termes, l'examen auquel auront procédé les deux matrones n'est pas considéré comme devant faire récuser leur témoignage.

(5) Voir ce qui a été dit plus haut, p. 44.

(6) Cela s'entend aussi de la possibilité de consommation, des attouchements voluptueux ou du délai d'attente d'un an en cas d'impuissance du mari.

d'individu libre (ou de sa religion). Survenant après, et à raison d'un vice du mari, ce dernier doit la dot convenue ; à raison d'un vice de la femme, il a recours pour l'intégralité de la dot contre le *wali* qui ne pouvait ignorer ce vice (1), tels (le père), le fils ou le frère (et qui n'était pas absent), sans que la femme ait rien à sa charge (2) ; mais il ne peut réclamer la valeur de l'enfant (né de ses relations avec une esclave que le *wali* aurait faussement donnée comme libre) (3).

Il a recours soit contre le *wali* (proche parent), soit contre la femme lorsque celle-ci était présente au contrat et que tous les deux ont caché le vice ; alors le *wali* qui aura payé exercera son recours contre la femme, ce qui n'a pas lieu dans le cas inverse.

C'est contre elle qu'il a recours pour la dot diminuée d'un quart de dinar (4) si le *wali* est p. ex. un cousin paternel (5) ; mais si ce *wali* connaît le vice de la femme, il est traité comme s'il était un proche parent. Le mari qui prétend ou même (6) qui soupçonne que le *wali* parent

(1) Cela s'entend naturellement d'un vice autre que ceux qui ne sont révélés que par la cohabitation.

(2) Pourvu qu'elle n'ait pas été présente au contrat. Elle n'est alors tenue à rien soit vis-à-vis de son conjoint, soit vis-à-vis du *wali*, dont l'insolvabilité privera le mari de tout recours.

(3) Ce point est traité plus bas et pouvait être omis ici.

(4) Minimum légal de la dot, considéré comme équivalant à l'abandon de son corps par la femme au mari.

(5) C. à d. un parent éloigné qui ne connaît pas ou est censé ne pas connaître le vice de la femme, ou même un proche parent qui est dans le même état d'ignorance.

(6) Le texte ajoute ici, mais à tort, disent les commentaires, « d'après Lakhmi ». L'opinion admise est que le serment de soupçon, c. à d. prêté par celui qui veut se disculper d'un soupçon qui pèse sur lui, peut être déféré, et la conséquence en est que le simple refus du serment de soupçon donne au mari, sans qu'il ait lui-même à jurer, le droit de poursuivre son adversaire.

éloigné était au courant de la situation, lui défère le serment : si son adversaire s'y dérobe, lui-même jure qu'il a été victime d'une fraude, et il exerce alors son recours contre lui. Le mari qui se dérobe aussi au serment, exerce, d'après Lakhmi, son recours contre la femme (1).

Il y a aussi recours du mari contre celui qui, sans être *wali* spécial (2), a induit le mari en erreur et a procédé au contrat, à moins qu'il n'ait déclaré qu'il n'était que *wali* général, ou que (trompant seulement par ses dires) il n'ait pas procédé au contrat.

26. Condition de l'enfant né d'une esclave contre laquelle s'exerce le droit d'option

P. 88, 5. — L'enfant né du mariage d'une esclave avec un homme libre n'est libre que dans le cas où le père a été trompé sur la condition de cette femme (3). (Quand cette erreur est le fait de l'esclave ou de son maître), le mari (qui rescinde cette union) doit la plus faible des deux

(1) Khalil s'est mal exprimé ou a mal compris Lakhmi : « Il aurait dû dire : Si le *wali* parent éloigné prête serment, l'époux a, d'après Lakhmi, recours contre l'épouse. » Mais, continue Derdir, cette opinion est peu fondée, et la règle chez les Malékites est celle-ci : le *wali* parent éloigné ayant juré qu'il n'a pas trompé l'époux, celui-ci est sans recours contre l'épouse, puisqu'il reconnait le *wali* comme auteur de la fraude, aussi bien que contre le *wali* à raison du serment prêté par celui-ci.

(2) C. à d. qualifié par sa proche parenté avec la femme, — en opposition avec le *wali* général, qui n'exerce ces fonctions qu'à raison de l'autorité qu'il détient ou de sa simple qualité de musulman.

(3) La règle est que l'enfant suit la condition de servitude ou de liberté de sa mère. Cette règle souffre deux exceptions, dans le cas ci-dessus et dans celui où l'esclave accouche des œuvres de son maître.

dots, convenue ou d'équivalence (et la dot convenue si, cette femme n'étant pas auteur de l'erreur, il la garde). Il doit aussi la valeur de l'enfant (né de cette union), mais non de ses biens, calculée au jour de la décision judiciaire, à moins toutefois que cette esclave n'appartienne p. ex. à l'ascendant du mari (1), ascendant qui n'a pas de droit de patronage. Il est tenu compte des éventualités possibles (2) dans l'estimation de l'enfant né d'une concubine-mère ou d'une affranchie posthume (qui ont dissimulé leur condition). Toute estimation devient inutile par la mort soit de l'enfant, soit du propriétaire de la mère (survenue antérieurement au jugement).

Si l'enfant périt victime d'un meurtre (avant le jour du jugement), le père doit verser la moindre des deux sommes : valeur de l'enfant (lors du meurtre) ou prix du sang ; — en cas d'avortement (produit par les coups d'un tiers), la moindre des deux valeurs : esclave fourni en remplacement du fœtus ou somme représentative de la dépréciation subie par la mère (3), et de même en cas de blessure de l'enfant (4). Cette valeur, en cas d'insolvabilité ou de mort du père, est recouvrée sur l'enfant (ou ses descendants) ; mais chacun d'eux, s'ils sont plusieurs, ne doit que sa quote-part.

(1) Puisqu'alors, à raison de la parenté, il y a affranchissement *ipso facto*. Le patronage ne peut davantage exister puisque l'enfant est né libre.

(2) La mère n'étant pas dans un état de servitude complète, l'enfant qui survit au propriétaire de sa mère deviendra libre, tandis que si c'est lui-même qui prédécède, il est encore en état de servitude.

(3) Il est dit dans le chapitre « du prix du sang » que l'auteur de l'avortement d'une esclave est débiteur soit du dixième de la valeur de celle-ci, soit de l'équivalent représenté par un esclave mâle ou une fillette de sept ou huit ans.

(4) Le père, en effet, aura pu toucher la somme fixée par le tarif légal ou consentir une transaction.

La valeur de l'enfant d'une affranchie contractuelle (qui a dissimulé sa condition) est consignée chez un tiers et fait retour au père si cette femme peut réaliser son contrat d'affranchissement (1).

Fait foi le dire (sous serment) du mari qu'il a été trompé (sur la condition de l'esclave).

27. Connaissance tardive du motif d'option. Cas particuliers

P. 88, 11. — La connaissance d'un motif d'option acquise (2) après la répudiation faite par le mari ou après la mort de l'un ou des deux conjoints, est tenue pour inexistante.

Le *wali* peut cacher la cécité et autres vices non rédhibitoires de sa pupille (3), et il en doit cacher les actes déshonorants (4).

On doit, d'après Ibn Rochd (5), interdire au lépreux (et

(1) Cette valeur ferait retour au propriétaire de cette esclave en cas de non-réalisation, puisqu'il serait alors démontré qu'elle était esclave lors de son mariage.

(2) Soit par l'un, soit par l'autre époux ; cette opinion est préférable à celle qui veut établir une distinction selon que le vice se rencontre chez l'époux ou chez l'épouse. Il ne pourra donc y avoir lieu à répétition de dot.

(3) A condition que l'intégrité physique n'ait pas été stipulée. La solution est autre dans la vente, mais le mariage est dominé par des sentiments de générosité réciproque.

(4) Tels que le vol, le libertinage, etc. Mais la religion recommandant d'avertir et de conseiller le prochain, le *wali* s'efforcera, par des avertissements imprécis adressés au prétendant, de le détourner de son projet. Cf. p. 7.

(5) Le texte porte الاصح employé à tort, d'après Desouki, pour الاظهر.

au dartreux) la cohabitation avec ses esclaves (et à plus forte raison avec ses femmes).

La femme arabe d'origine libre peut rescinder son mariage avec un affranchi qui s'est dit issu d'une tribu arabe, mais non avec un Arabe (de moindre noblesse). La Koreychide le peut aussi quand elle a épousé un homme qu'elle prenait (à tort) pour son contribule.

28. Option de la femme qui vient a être affranchie

P. 88, 15. — La femme qui était esclave et dont l'affranchissement vient à se parfaire (1) peut, dans le cas seulement où son mari est esclave, se séparer de lui par une répudiation unique, qui alors est définitive, ou (selon d'autres) par une répudiation par deux (2). Si elle prononce cette répudiation avant la consommation du mariage, elle n'a pas droit à (la moitié de) la dot.

Son droit de quitter son mari tombe dans le cas où son maître, après avoir perçu la dot, se trouve insolvable quand l'affranchissement est parfait (3).

Après la consommation, la dot revient à la femme,

(1) Celle, p. ex., qui recouvre sa liberté par portions successives que lui consent son maître, l'affranchie contractuelle qui finit de s'acquitter, etc...

(2) Cela fait allusion à deux lectures qui se retrouvent dans la Modawwana ; mais la répudiation, qu'elle soit par un, ou, comme cela a lieu pour les esclaves, par deux, ne peut être que définitive dans le cas envisagé.

(3) Dans ce cas, l'épouse devenue libre restera donc soumise à l'autorité de son mari esclave. La dot, disent les commentaires, est une dette antérieure à l'affranchissement, et pour s'en libérer, le maître, qui est insolvable, ne pourrait que vendre cette femme, vente qui aurait pour résultat de la priver du droit d'option qu'elle n'acquiert que par l'affranchissement.

(sauf si son maître la lui a confisquée ou s'il l'a stipulé ainsi). La femme y a de même droit quand, ayant été mariée comme esclave avec dot fiduciaire et le mariage n'ayant pas été consommé, elle recouvre sa liberté et qu'elle accepte, à la suite de la fixation du montant de la dot, de demeurer avec son mari (1).

Il est ajouté foi à la simple allégation de cette affranchie, même au bout d'un an, qu'elle n'accepte pas le maintien du mariage, à condition qu'elle ne se soit pas livrée à son mari.

Elle perd son droit d'option quand elle y renonce ou qu'elle se livre à son mari, encore qu'elle ignore (2) l'existence de son droit ou la conséquence légale de son acte. Mais elle le garde si, en se livrant, elle ignorait sa condition d'affranchie.

(Quand elle est dans cette ignorance et que le mariage se consomme), elle a droit à la plus élevée des deux dots, stipulée ou d'équivalence (3).

Son droit d'option tombe également si, avant qu'elle l'ait exercé, son mari la répudie sous la forme irrévocable, mais non sous la forme révocable, ou si lui-même recouvre sa liberté. Mais le retard imposé à la femme pour l'exercice de son droit à raison de son état menstruel ne lui est pas opposable.

Quand cette affranchie, ignorant l'affranchissement de son mari et avant (ou après) qu'il y a eu des relations entre eux, a rompu ce mariage et en a contracté un nou-

(1) En effet, son droit de propriété sur la dot, le montant de celle-ci venant à être déterminé, ne naît qu'après son affranchissement, et son ancien maître ne peut plus arguer d'aucun droit.

(2) Ibn el-Kettân a soutenu le contraire.

(3) Elle était libre au moment de la cohabitation, et comme telle, pouvait avoir des prétentions plus hautes. Elle a d'ailleurs ce droit sans distinguer si elle maintient ou rescinde son union.

veau, elle échappe au premier mari par le fait de relations avec le second.

Lorsque, au moment où elle recouvre sa liberté, le mari la met en demeure (par devant le juge) d'exercer son option, elle a droit à un délai pour réfléchir.

29. De la dot : sa nature et sa composition.

P. 89, 1. — La dot est analogue au prix de vente (1) et peut consister, p. ex., en un esclave qui sera choisi par la future, et non par le futur. Les règles relatives à la responsabilité, aux cas de perte, aux cas où il y a, soit pour le tout, soit pour partie, revendication ou vice rédhibitoire, sont les mêmes que dans la vente (2). Cependant, si la dot consiste en une cruche de vinaigre (que l'on a sous les yeux) et qu'il s'y trouve du vin, la future a droit à une pareille quantité de vinaigre (3).

Elle peut consister en un mobilier, ou en une quantité déterminée d'objets, tels que des chameaux ou des esclaves, ou être déterminée par équivalence (4), tout cela

(1) La dot, désignée par les divers noms صداق, مهر, طول, اجرة, نحلة, représente le prix de l'abandon de sa personne consenti par la femme au mari, et doit, d'une manière générale, réunir les conditions requises dans le prix de la vente, *bey'*. Dans le *bey'*, qui est plutôt un échange, le prix n'est pas nécessairement constitué par une somme d'argent.

(2) L'auteur s'exprime d'une manière trop absolue : la revendication, par exemple, d'un corps certain qui forme l'objet d'une vente entraîne la rescision de celle-ci, alors que la revendication du corps certain qui constitue la dot donne ouverture, non à la rescision du mariage, mais au droit de la femme de réclamer la valeur de cet objet.

(3) Ce qui n'aurait pas lieu s'il s'agissait d'une vente.

(4) C. à d. équivaloir à ce qu'obtient ordinairement une femme de son rang, de sa situation, etc.

s'entendant de la qualité moyenne et au comptant. Mais la désignation de l'espèce des esclaves dont il est question est-elle une condition de validité ? Il y a deux dires. Si le futur a parlé d'esclaves d'une manière générale, la future peut choisir des femmes. La garantie en ce qui les concerne (1) ne court pas contre le mari.

Le versement (total ou partiel) peut en être différé jusqu'à la consommation du mariage si cette date est connue (2), ou jusqu'à la rentrée des fonds nécessaires si d'ailleurs le futur a des biens.

Elle peut consister dans le don d'un esclave fait à un tiers, ou dans l'affranchissement du père de la future p. ex. accompli soit au nom de celle-ci soit au nom du futur (3).

Quand elle consiste en un corps certain, la délivrance en doit nécessairement être faite (4) ; faute de quoi la femme, même affectée d'un vice rédhibitoire (5), peut refuser à son mari l'accès auprès d'elle ou, cet accès ayant eu lieu, refuser l'acte sexuel, ainsi que refuser de l'accom

(1) La garantie des trois عهدة الثلاث incombe à celui qui vend un esclave : elle le rend responsable vis-à-vis de l'acheteur de tout mécompte, même de la mort accidentelle de l'esclave, pendant trois jours. La « garantie de l'année » rend le vendeur responsable pendant un an des cas de dartre, lèpre ou démence seulement (voir dans Khalil, chap. de la vente, section de l'option, notamment pp. 133 et 135 du texte).

(2) Si l'on fixe p. ex. cette date à l'arrivée du printemps, à la crue du Nil, à la cueillette, etc.

(3) Le droit de patronage reviendra alors, selon le cas, tantôt à la première tantôt au second.

(4) Si le corps certain est présent ou considéré comme tel. C'est la *stipulation* d'un délai dans la tradition de la dot qui est interdite, mais la femme peut consentir un délai.

(5) Vice dont le mari, acceptant la situation, ne cherche pas à se prévaloir.

pagner en voyage (1) tant que n'a pas été livré ce qui est exigible. Elle ne le peut plus après accomplissement de l'acte sexuel (2), à moins que la dot, — même, dit Ibn Rochd, sans qu'il y ait eu dol du mari — ne soit revendiquée.

30. Du paîment régulier de la dot résulte le droit a cohabiter

P. 89, 9. — Sitôt que l'un des conjoints a satisfait à son obligation, l'autre est contraint à s'exécuter, si le mari est pubère et la femme en état de cohabiter.

On peut stipuler, — mais au contrat seulement, à peine de nullité — que la cohabitation sera retardée d'un an au maximum, à raison soit des projets d'expatriation du mari (3), soit de la jeunesse de la femme (4).

La cohabitation doit également être retardée quand l'état d'impuberté ou de maladie de la femme s'y oppose (5). Elle l'est encore de la période nécessaire pour établir le trousseau nécessaire à une femme de la condition de la future (6), à moins que le mari n'ait juré de consommer le mariage à une date fixée.

L'état menstruel ne donne pas lieu à délai.

Au mari qui (avant de cohabiter) ne trouve pas de quoi

(1) Même, disent certains, après qu'il y a eu cohabitation.

(2) Il vaut mieux, comme font certains, comprendre « après qu'elle a permis l'acte sexuel », qu'il ait eu lieu ou non.

(3) Ce mot d'expatriation doit s'entendre du fait du mari d'emmener son épouse loin des parents de celle-ci.

(4) Il n'est point ici question du cas où elle ne serait pas nubile, ce dont il sera parlé plus loin.

(5) Sans limitation de durée.

(6) Et il en serait de même pour le mari.

payer la dot, il est accordé pour établir son état de gêne (et après qu'il a fourni une caution personnelle) un délai de trois semaines (1), et ensuite un autre délai, variable d'après les circonstances, lui est donné (pour s'acquitter); il est, dans la pratique, d'un an et un mois. Faut-il accorder ce second délai à celui dont on n'espère pas le retour à une meilleure fortune, comme ont dit 'Iyâd et Matîti, ou ne le faut-il pas? Il y a deux interprétations. La répudiation est alors prononcée (2) contre l'époux qui doit payer la moitié de la dot (3), contrairement à ce qui se passe dans le cas de la répudiation provoquée par l'existence d'un vice rédhibitoire (4).

31. Du paîment intégral de la dot

P. 89, 15. — La totalité de la dot est due par suite : 1° de l'acte sexuel, même accompli dans des conditions interdites (5); 2° de la mort (6) d'un (ou des

(1) Ce délai est divisé en trois périodes de six jours chacune, plus trois jours supplémentaires. Cela s'explique par l'usage général de la tenue de deux marchés par période de six jours, ce qui permet d'espérer que les bénéfices que pourra faire le débiteur lui permettront de s'acquitter. A l'égard de celui qui est manifestement en état de payer, on procède autrement : la dot est prélevée sur ses biens, et il est mis en demeure de consommer le mariage.

(2) Soit directement par le juge, soit par une déclaration de la femme homologuée par le juge.

(3) Bien entendu, la cohabitation n'ayant pas eu lieu.

(4) L'auteur rappelle ici, ce dont il aurait pu se dispenser, ce qu'il a dit plus haut.

(5) P. ex. dans la période menstruelle, au cours de l'état pèlerinal, etc. Les juristes s'occupent aussi des conséquences de la destruction artificielle de l'indice physique de la virginité sans qu'il y ait eu coït.

(6) Peu importe que la mort soit réelle ou légalement présumée ou que la femme se suicide par dégoût de son mari. Mais quand la dot est

deux) conjoints ; 3° de la vie en commun pendant un an (1).

Fait foi l'assertion (sous serment) de la femme, — même, malgré ce que dit Sahnoûn, prodigue, *sefîha*, ou esclave — qu'il y a eu ou non (rapprochement sexuel) au cours du tête à tête qui suit la promenade nuptiale, bien qu'il y eût un obstacle légal (à la cohabitation). Dans le cas de visite d'un conjoint chez l'autre, c'est la parole du visiteur qui fait foi à ce sujet. (Dans ces deux cas) le mari, quand il est seul à reconnaître les relations, est tenu par son aveu lorsque l'épouse est prodigue, *sefîha* (libre, esclave ou impubère). Mais en est-il de même vis-à-vis de l'épouse capable, *rechîda*, lorsque l'époux persiste dans sa déclaration, ou est-ce seulement quand elle revient sur sa dénégation première ? Il y a deux interprétations.

32. Vices de la dot entraînant la viciation du mariage

P. 89, 19. — Le mariage est vicié : 1° Par la constitution d'une dot inférieure à un quart de dinar ou à trois dirhems de bon aloi, ou représentée par un objet estimé moins que l'une de ces valeurs. L'époux doit la parfaire s'il consomme le mariage ; s'il ne le consomme pas, le mariage est annulé dans le cas où il ne la parfait pas (2) ;

2° Par la constitution d'une dot en choses non suscepti-

fiduciaire, la mort survenue avant que le montant en soit déterminé n'entraîne pas l'exigibilité.

(1) Le mari étant pubère et la femme en état de supporter la cohabitation sexuelle, l'un et l'autre reconnaissant d'ailleurs l'inexistence de celle-ci. Certains réduisent ce délai de moitié pour l'esclave, d'après la règle générale concernant ce dernier.

(1) Le mari n'est pas moins tenu à payer la moitié de la dot convenue.

bles (légalement) de propriété (1), p. ex. du vin ou un individu libre (2);

3° Par la stipulation de son inexistence ;

4° Par sa constitution en (choses qui ne sont pas dans le commerce), la renonciation au talion p. ex., ou en (choses éventuelles), un esclave fugitif, une maison appartenant à autrui ou le courtage à toucher sur sa vente ultérieure, en choses dont une partie est payable à une date inconnue (3), ou dans un délai soit indéterminé (4), soit fixé à plus de cinquante ans, ou en un corps certain situé ou existant très loin, en Khorâsân p. ex. par rapport à l'Espagne, mais cela est permis s'il s'agit d'une distance moyenne, en Égypte p. ex. par rapport à Médine. Quand le corps certain n'est pas présent, il ne doit être que très peu éloigné pour que la consommation du mariage antérieurement à la prise de possession puisse être stipulée (5).

(Dans ces mariages originairement viciés, puis validés par la cohabitation), la femme est responsable de la chose qu'elle a reçue (et elle en doit la valeur au mari qui verse la dot d'équivalence) quand cette chose subit des modifications (6).

(1) Il serait mieux de dire « en choses non vendables », pour y comprendre également les peaux provenant des bêtes offertes en sacrifice p. ex.

(2) Mais le mariage sera validé par la consommation, et la dot d'équivalence sera due.

(3) Par exemple, quand je mourrai, quand nous nous séparerons, etc.

(4) Par exemple, quand je voudrai.

(5) Mais il faut de plus que ce corps certain soit ou connu de vue ou décrit avec une précision suffisante.

(6) Le mot فات du texte est employé à propos des ventes viciées pour indiquer la *transformation* survenue dans l'objet de la vente par suite soit des fluctuations de sa valeur marchande, soit à plus forte raison des changements qui se produisent dans son essence ou sa constitution (بدن ou ذات). Cf. p. 29.

5° Quand elle consiste en une chose qui, au su de tous les deux et non de l'un d'eux seulement, a été enlevée par violence ;

6° Quand il y a, dans le même acte, réunion de dot et de vente (ou d'association, etc.), si par exemple le futur ou le père de la future remet une maison (dont une partie forme la dot, le surplus de la valeur devant être versé). Cette réunion de deux contrats est cependant permise au père (comme au futur et au wali) dans le cas où la dot est fiduciaire.

Il est permis d'inclure dans un même contrat (deux ou trois ou quatre femmes) avec fixation de la dot de chacune ou d'une seulement (1). Il en est ainsi quand le futur ne stipule pas qu'il épousera une autre ; mais s'il le stipule le contrat unique est-il permis en tout cas ou seulement si la dot d'équivalence (ou la fiduciaire) est promise à chacune ? Il y a deux dires (2).

L'assignation par contrat unique d'une dot commune (3) à deux femmes ne plaît pas (à Ibn el-Kâsim) ; ce que la majorité entend, non pas comme une simple désapprobation, mais comme une prohibition qui entraîne la rupture du mariage avant qu'il soit consommé, et le paiement de la dot d'équivalence s'il l'a été.

7° (Le mariage est encore vicié, et il est annulé, qu'il y ait ou non eu consommation) quand sa réalisation implique

(1) La dot fixée peut être ou non d'égale importance pour chacune ; de même la dot peut être fixée pour l'une et fiduciaire pour l'autre, ou fiduciaire pour toutes.

(2) La tournure du texte est un peu embarrassée, et j'ai suivi dans la traduction la formule plus nette proposée par un commentateur que cite Desouki. Au lieu de « deux dires » l'auteur, pour rester fidèle à la terminologie qu'il a adoptée, aurait dû employer « hésitation ».

(3) Je suis encore ici les commentaires, car le texte semble dire « l'inclusion de deux femmes dans un même contrat ».

son abrogation, par exemple si l'on constitue en dot l'esclave même qu'on marie (1) ; mais cet esclave, s'il y a eu coït, devient la propriété de sa pseudo-épouse ;

8° Quand la dot est représentée par une demeure que l'on s'engage à fournir (2) ;

9° Quand le futur promet une dot de 1.000, qui, pour le cas où il aurait une autre épouse, serait de 2.000 (3). Mais il est valable de s'engager pour 1000 avec promesse du mari de payer 2000 s'il emmène sa femme hors du pays ou s'il lui donne une co-épouse ; cette promesse, qu'il est blâmable de faire, ne lie pas le mari (à qui il est cependant recommandé de la tenir, mais) le surplus stipulé, s'il refuse de le verser, n'est pas exigible.

Il en est de même (pour le blâme et la non-exigibilité) quand, une fois marié, il promet 1000 à sa femme s'il la tire de son pays, — ou bien quand, avant le contrat et à raison d'une promesse de ce genre, la future a consenti une réduction de 1000. Après le contrat, au contraire, elle peut consentir une réduction en échange de cette promesse quand celle-ci n'est pas faite sous serment (4).

(1) La femme ne peut être propriétaire de son mari, puisque les rapports de maître à esclave d'une part, de mari et de femme d'autre part, sont contradictoires.

(2) Mais dans ce cas la consommation valide le mariage, et la dot d'équivalence est due. Si la demeure et l'emplacement, propriété du futur, sont décrits avec une précision suffisante, cette dot sera valable.

(3) Car il y a là une indétermination, un aléa que chacune des parties peut faire disparaître, le futur en exposant exactement sa situation, et la future en prenant des renseignements.

(4) C'est-à-dire qu'une action en remboursement de la réduction par elle consentie lui sera ouverte contre son mari quand celui-ci viole la simple promesse qu'il a faite ; tandis que s'il y a eu promesse accompagnée de serment, le mari devra seulement exécuter son serment et ne pourra être actionné en remboursement.

33. De la dot par compensation

P. 90, 11. — Il y a encore viciation lorsque l'on dit « Marie-moi ta sœur (ta fille, etc.) moyennant 100, à condition que je te marie ma sœur moyennant 100 », ce qui constitue le pseudo-*chighâr* (1) ou compensation de dots. Il y a *chighâr exprès* si le montant de la dot n'est pas fixé (2), cas où le mariage est annulé même si cette fixation n'a été faite que pour l'une des deux futures (3).

Il y a (viciation et) annulation du mariage, consommé ou non, qui est contracté avec une esclave sous la condition que les enfants à naître seront libres (4).

(1) وجه الشغار ainsi dénommé parce que d'une part il n'est pas véritablement *chighar* puisqu'il existe une dot dont le montant est fixé, mais que d'autre part il l'est à raison de la subordination réciproque des deux contrats. Le pseudo-*chighar* est validé par la consommation, et la plus forte des deux dots, convenue ou d'équivalence, est due. La subordination réciproque est exigée pour qu'il y ait *chighar*, et deux unions ainsi conclues parce qu'elles conviennent à chacun des contractants seraient valables. — Les Hanbalites autorisent le pseudo-*chighâr*, et les Hanéfites admettent le *chighâr* sous ses trois formes (Desouki, II, 192). Cf. p. 20.

(2) Une troisième espèce est le *chighâr composé*, sous la forme « marie-moi ta sœur moyennant cent, à condition que je te marie la mienne sans dot », auquel le texte fait immédiatement allusion.

(3) Dans le *chighâr* soit exprès soit composé, le mariage est annulé ; mais s'il a été consommé la dot d'équivalence est due dans le premier cas, tandis que dans le second, la femme dont la dot a été fixée a droit, comme dans le pseudo-chighâr, à la plus élevée des deux dots, convenue ou d'équivalence, — et celle dont la dot n'a pas été fixée a droit, comme dans le *chighâr* exprès, à la dot d'équivalence.

(4) Il y aurait là une vente de fœtus ou d'enfants non-conçus, ce qui est interdit. Si cependant le mariage est consommé, la dot d'équivalence est due ; en outre, les enfants qui devraient le jour à cette union seront libres, car la loi ne voit pas d'un bon œil l'état de servitude.

Dans les cas de pseudo-*chighâr* (ou de *chighâr* composé), de dot représentée par cent plus du vin (ou autre chose prohibée), ou de dot représentée par cent au comptant plus cent exigibles à (une date indéterminée, telle que) la mort ou la séparation, la créance de la femme porte sur la plus élevée des deux dots : de celle qui est convenue (en choses non-prohibées) et de celle d'équivalence, alors même, quoi qu'en dise Ibn el-Kâsim, que cette dernière serait supérieure au total formé par la réunion des deux fractions (l'une permise, l'autre prohibée) dont il a été convenu.

Pour estimer la dot d'équivalence par comparaison avec la dot conventionnelle, on tient compte (seulement) de la portion de celle-ci, s'il s'en trouve, qui est payable à une date fixée (et non de la portion payable à une date indéterminée) (1).

(Dans les cas de pseudo-*chighâr* et de *chighâr* composé), on interprète aussi la *Modawwana* comme donnant, à la femme à qui une dot déterminée a été assignée et avec qui le mariage a été consommé, droit à la dot d'équivalence (2).

34. Dots dont la nature est controversée

P. 90, 16. — Déclarera-t-on prohibé (3) le mariage dont la dot est représentée par des revenus (momentanés), ou

(1) Exemple : il est stipulé une dot de 300, dont 100 comptant, 100 à un an et 100 à un terme indéterminé. La dot d'équivalence étant estimée valoir 100 comptant et 100 à un an, les deux dots sont égales, et il est payé 100 comptant et 100 à un an ; estimée 150, il est payé 200, c. à d. la dot conventionnelle, moitié comptant et moitié à un an ; estimée 300, il est payé 200 comptant et 100 à un an.

(2) La rédaction du texte laisse à désirer, et la traduction est faite d'après la correction suggérée par les commentaires.

(3) C. à d., et devra-t-on, par suite, annuler ce mariage ?

par l'engagement du mari soit d'enseigner le Koran à sa femme, soit de la mener en pèlerinage — et alors le mari aura recours contre elle pour recouvrer le prix de ses soins donnés jusqu'au moment de l'annulation — ou le dira-t-on seulement blâmable, de même qu'on blâme l'exagération dans la fixation du chiffre de la dot et le retard stipulé pour en opérer le versement? Il y a deux dires.

35. Dot consentie par un intermédiaire et dont le montant est contesté

P. 90, 18. — L'homme qui charge un mandataire de le marier moyennant mille à une femme, déterminée ou non, et qui est marié moyennant deux mille, doit mille s'il consomme le mariage, et le mandataire est débiteur du second mille s'il est prouvé, par son aveu ou par témoins, qu'il a outrepassé son mandat. A défaut (d'aveu ou de preuves) et le mari ayant juré (qu'il a dit mille), la femme défère le serment au mandataire (qui la laisse sans recours s'il jure avoir reçu mandat pour deux mille) (1). Sur le droit du mari de déférer le serment au mandataire quand, par son propre refus de jurer, il se trouve débiteur du deuxième mille, il y a deux dires (2).

Si le mariage n'est pas consommé et que l'un des conjoints accepte le chiffre mis en avant par l'autre, celui-ci

(1) Le mari se refusant à jurer, elle-même prêterait serment sur le chiffre de deux mille, et alors le mari devrait verser le deuxième mille. — Ce passage présente des leçons diverses ; j'ai suivi les explications de Kharchi et de Derdir.

(2) Parce qu'on discute si le serment du mari prouve seulement la sincérité de son allégation, ou s'il anéantit en outre l'allégation du mandataire.

se trouve engagé, exception faite pour le cas où le mandataire se charge du millier discuté (1). Chacun d'eux peut, dans le cas où son aveu a un effet utile (2) et à défaut de preuve, déférer le serment à l'autre. Il ne peut être référé quand il n'y a que simple suspicion (3).

Ibn Yoûnos préfère que le mari jure d'abord n'avoir donné commission que pour mille ; après quoi la femme peut faire annuler le mariage si elle prouve que celui-ci a été conclu moyennant deux mille ; faute de preuves (et faute au mari de prouver que son mandat portait sur mille), on procède comme en cas de désaccord des époux sur le montant de la dot (4).

Si la femme sait (soit lors du contrat, soit après) que le mandataire est en faute, (mais se livre à son mari), c'est mille qui sont dus ; si c'est le mari qui connaît cette faute, il doit deux mille. Quand chacun est au courant de la situation, qu'il sache ou non que l'autre est renseigné, c'est deux mille qui sont dus. Quand le mari est le seul des deux à savoir que sa femme est renseignée, il doit mille ; dans le cas inverse, il doit deux mille.

Le mariage d'une femme non-contraignable (5) con-

(1) Le mari, malgré la générosité de son mandataire, supportera cependant dans une certaine mesure les conséquences de la situation, car vraisemblablement les exigences, quant à la pension alimentaire, d'une femme à plus forte dot, seront plus grandes.

(2) C'est-à-dire quand le conjoint est libre, capable et pubère.

(3) C'est-à-dire quand la femme par exemple ne dit pas savoir ou être sûre qu'il a été question de deux mille.

(4) C'est-à-dire que la femme, assimilée au vendeur, jure la première qu'il s'agissait de deux mille, puis le mari est mis en demeure de jurer qu'il a donné commission pour mille ; s'il jure, mais que la femme n'accepte pas ce chiffre de mille, le mariage est annulé.

(5) Cette épithète est redondante et souligne seulement la qualité de la mandante.

tracté par son mandataire autorisé n'oblige la mandante que si la dot stipulée est d'équivalence (1).

On applique les conventions secrètes (2) relatives à la dot quand elles diffèrent de celles que les parties ont rendues publiques, et la femme qui prétend qu'on est revenu sur les premières défère le serment à son mari, à moins qu'il n'y ait des preuves que les secondes manquent de base. Un mariage (par exemple) étant conclu moyennant trente, dont dix payables comptant et dix à terme sans qu'il soit rien dit des dix autres, cette dernière portion n'est pas due (3).

L'emploi du verbe au prétérit « il a payé telle somme à la femme » implique que celle-ci a touché la somme (4).

36. Dots fiduciaire et arbitrale

P. 91, 8. — Il est permis de se marier fiduciairement et arbitralement (5) ; c'est un contrat conclu sans fixer de dot et sans dire « je donne ».

S'il y a don de la personne même de la femme (que ce soit son fait ou celui du *wali*), cette prétendue cession est

(1) Il sera parlé plus loin du cas de la dot fiduciaire, qui n'est pas à confondre avec celui-ci.

(2) Leur emploi est blâmable, et de là l'expression du texte « on applique, » et non « on peut avoir recours à des conventions, etc. »

(3) Dans la vente, au contraire, cette portion devrait être payée comptant ; mais dans le mariage, il est à supposer que les conventions secrètes n'ont porté que sur un total de vingt.

(4) Allusion à l'emploi du prétérit en arabe. Ce passage suppose, ainsi que l'explique Derdir, qu'il y a eu un acte écrit constatant la convention ; mais nulle part Khalil ne parle en termes exprès d'une pièce écrite.

(5) نكاح التفويض et نكاح التحكيم. Les deux adverbes français indiquent des procédés différents dans la fixation de la dot. Ibn 'Arafa

annulée même avant qu'elle soit consommée (aussi bien qu'après), et il y a là, selon Bâdji, des relations illicites (1).

Dans le mariage fiduciaire, la consommation seule donne à la femme droit à la dot d'équivalence ; la mort et la répudiation sont inefficientes, à moins que le mari n'en ait fixé le montant (inférieur à la dot d'équivalence et) agréé par elle (2). Sa simple affirmation postérieure à l'un ou l'autre de ces événements qu'elle avait donné son agrément, n'est pas admise (3).

C'est à la femme à demander à son mari (avant de s'abandonner à lui) de fixer le montant de la dot.

Que le mariage soit fiduciaire ou arbitral, la femme est engagée quand c'est le montant de la dot d'équivalence qui est soit fixé soit arbitré par le mari (4), mais celui-ci n'est pas tenu (de fixer ce minimum et peut recourir à la répudiation). Mais quand la décision arbitrale, soit de la femme soit d'un tiers, se prononce pour la dot d'équivalence, les conséquences en sont-elles les mêmes ? Ou bien

définit le premier mode de mariage « contrat où il n'y a ni fixation de dot ni stipulation de son inexistence ni remise à un tiers du soin de la fixer ; » et le second, « contrat où le soin d'arbitrer la dot est remis à un tiers, même esclave, ou femme, ou enfant à qui il permis de tester. » (Ça'îdi, III, 111 ; aussi Derdir, *Akrab el-Mesàlik*, I, 235). Khalil ne les distingue pas assez nettement ; cf. ci-dessous.

(1) C'est-à-dire tombant sous le coup de la loi pénale. Ce cas est tout différent du précédent, auquel il est rattaché par l'idée de « donner ». Ibn Habîb regarde cette union comme validée par la consommation et entraînant paîment de la dot d'équivalence.

(2) La moitié lui sera due en cas de répudiation avant tout attouchement voluptueux, et l'intégralité en cas de mort. Dans le mariage arbitral, on se prononce aussi pour la dot d'équivalence.

(3) Il n'est pas donné de raison pour expliquer cette décision, qui paraît peu logique.

(4) On voit par ce passage que ce n'est pas nécessairement un tiers qui est désigné pour arbitrer la dot dans le cas de *Tahkîm*.

cette décision (émanant d'un tiers) lie-t-elle les deux époux ? Ou bien, quand elle la fixe à un taux inférieur, lie-t-elle l'époux seulement, tandis que, la fixant à un taux supérieur, ce serait l'inverse ? Ou encore, faut-il absolument, comme le dit Ibn Rochd, que l'arbitre quelconque (épouse ou autre, arrêtant un taux quelconque) obtienne l'agrément de l'époux ? Il y a des interprétations diverses.

(Dans le mariage fiduciaire comme dans celui où le montant de la dot est fixé) une réduction de la dot d'équivalence peut être consentie, même après la consommation, par la femme émancipée et par le père ayant le droit de contrainte ; elle peut l'être aussi, avant la consommation, par le tuteur testamentaire, mais non par la vierge dépourvue de père et de tuteur.

Quand le mari (avant la consommation et au cours de la maladie dont il meurt), arrête le montant de la dot, cette disposition est assimilée à un legs en faveur d'un héritier (1) ; si la femme est esclave ou tributaire, il y a deux dires (2). Lorsqu'il y a eu cohabitation, la femme libre (3) restitue ce qui dépasse la dot d'équivalence. Au cas où le mari guérit de cette maladie, l'attribution qu'il a faite est valable.

N'est pas valable la remise consentie par la femme (de tout ou partie de sa dot, avant la cohabitation et) avant que le mari en ait fixé le montant, non plus que sa

(1) Autrement dit, sans valeur. L'héritier peut cependant exécuter les intentions de son auteur, mais c'est pure générosité de sa part.

(2) L'un déclare cette disposition valable, et alors le montant de la dot est imputé sur le tiers disponible, l'autre la déclare nulle comme étant faite en vue de la cohabitation, qui ne s'est pas réalisée.

(3) Pour la femme esclave ou titulaire, elle est ou n'est pas traitée comme la femme libre, selon qu'on embrasse l'une ou l'autre des deux opinions auxquelles il vient d'être fait allusion.

renonciation à une condition du contrat avant que cette dernière se réalise (1).

37. Dot d'équivalence. — Erreur de cohabitation

P. 91, 17. — La dot d'équivalence représente ce moyennant quoi un homme tel que le futur peut rechercher la future aux divers points de vue de la religion, de la beauté, de la considération, de la fortune et du pays, ou ce qui ferait rechercher (avec les mêmes qualités) sa sœur germaine ou consanguine, mais non sa mère ou sa tante paternelle (2).

Dans le mariage vicié, la date d'évaluation de ces éléments est celle du rapprochement sexuel (et dans le mariage valide, celle du contrat).

La cohabitation plusieurs fois répétée et ayant pour cause une erreur de la même nature (3) n'entraîne que le paîment d'une seule dot : ainsi celui qui se trompe à l'égard d'une femme qui ignore la situation (4). Si l'erreur est de

(1) Ces deux décisions, en vertu desquelles on ne peut renoncer à un droit à naître, sont contraires à ce qui est généralement admis ; cf. ci-dessous la répudiation révocable. Mais d'autres prétendent que ces décisions sont parfaitement soutenables, puisque c'est sur un contrat existant que viennent se greffer ces renonciations. On peut aussi expliquer, dit Desouki, ces deux dernières lignes ainsi : « Est également valable sa renonciation à une condition, etc. »

(2) A moins que cette dernière ne soit issue de cousins germains, car alors elle fait vraiment partie du clan paternel, puisqu'on ne peut douter que la mère aussi ne soit de bonne famille.

(3) Exemple : un homme qui a trois épouses a trois fois des rapports avec une femme libre qu'il prend successivement pour l'une ou l'autre de ses épouses ; son erreur a toujours pour cause la fausse opinion qu'il use du droit marital. Il en serait autrement si ensuite il croyait user de son droit de propriétaire vis-à-vis de cette femme.

(4) Qui est endormie, par exemple, ou qui croit avoir affaire à son

plusieurs natures, il est dû plusieurs dots, comme il arrive pour cette femme vis-à-vis de qui il s'est rendu coupable de stupre ou vis-à-vis de celle qui est victime de la violence (1).

38. Stipulations permises dans le contrat

P. 91, 20. — On peut librement stipuler que le mari ne portera pas préjudice à sa femme dans la vie commune, qu'il ne l'inquiétera pas à propos de ses vêtements, et autres choses semblables (2). Si le mari s'engageait à ne pas avoir de relations avec une esclave-mère ou une concubine, il serait lié, d'après Ibn el-Kâsim, en ce qui touche celles qui étaient antérieurement dans ces conditions ; mais il ne l'est pas relativement à l'une (ou à l'autre de ces femmes) qui sont actuellement telles, s'il dit « je n'aurai pas de concubine » (3).

La femme acquiert le droit d'option à la suite de la réalisation d'une partie des interdictions stipulées (et reliées entre elles par la conjonction *et*), alors même qu'il n'aurait pas été dit « si le mari fait quelqu'une de ces choses » (4).

mari. Si elle connaît l'erreur, elle est coupable de stupre, tombe sous le coup de la loi pénale et n'a pas de dot à réclamer.

(1) Quand la violence est l'œuvre d'un complice, c'est celui-ci qui doit la dot.

(2) C. à d. tout ce qui n'est pas en opposition avec le but du mariage ou de nature à l'annihiler.

(3) C'est là, dit Desouki, l'opinion de Sahnoun, mais elle est *faible*, et il eût été préférable de la passer sous silence.

(4) D'autres exigent, pour que la femme acquière le droit d'option, l'emploi de la particule disjonctive *ou*.

39. Moment ou la femme acquiert la propriété de la dot

P. 91, 23. — Le seul fait du contrat transfère-t-il sur la tête de la femme la propriété de la moitié de la dot, — et par suite l'accroissement qui peut s'y ajouter, tel que le croît des animaux et les produits, ainsi que la détérioration qu'elle peut subir, sont-ils à l'avantage et au détriment communs, — ou ne la transfère-t-il pas ? Il y a divergence.

La femme qui (répudiée avant la cohabitation) a disposé de la dot en en faisant don ou en affranchissant un esclave (etc.), doit à son ex-mari la moitié (en choses fongibles pareilles ou la moitié) de la valeur de la dot, valeur calculée au jour du don ou de l'affranchissement (1) ; en cas de vente (non-dolosive), elle doit la moitié du prix (2).

Il n'y aura pas alors rescision de l'affranchissement (3), à moins que le mari ne la provoque à raison de l'état de gêne où pourrait être la femme lors de cet acte ; mais si ensuite il la répudie (avant cohabitation), cet esclave est affranchi pour moitié (4) sans intervention judiciaire.

(1) En admettant que le contrat ne soit pas translatif de propriété, augmentation et diminution sont à l'avantage ou au détriment du mari ; s'il répudie sa femme avant la consommation, il est débiteur de la moitié de la dot, celle-ci eût-elle péri. Khalil a cependant eu tort de parler du croît des animaux, que les partisans de l'une et de l'autre thèses déclarent commun aux deux époux.

(2) Cette décision ne se comprend que dans le système d'après lequel le contrat transfère à la femme le droit de propriété sur l'intégralité de la dot.

(3) La loi favorise autant que possible l'acquisition de la liberté, ainsi que la remarque en a été faite déjà.

(4) C'est-à-dire pour la moitié qui représente la moitié de la dot acquise à l'épouse répudiée. La rescision qu'a provoquée le mari n'est pas définitive, ce n'est qu'un رد ايقاف et non un رد ابطال.

40. Répudiation antérieure a la consommation du mariage ; son effet quant a la dot

P. 92, 4. — La répudiation avant la consommation entraîne le partage par moitié de la dot (1) et des accroissements consentis par le mari après le contrat, ainsi que des cadeaux qui auraient été stipulés (2) avant le contrat (et en vue du mariage) en faveur soit de la future soit de son *wali*. C'est à la femme à revendiquer cette moitié contre celui (*wali* ou autre) à qui des avantages ont été consentis.

La responsabilité de la dot (3), quand la perte en est prouvée ou quand elle consiste en objets qui ne peuvent être célés (4), incombe à l'un et à l'autre des conjoints ; en dehors de ces cas, à celui des deux qui en est détenteur.

Ce que la femme achète de son mari (avec l'argent reçu en dot) est partagé en nature (5) ; mais est-ce dans tous les cas, comme le dit la majorité, ou seulement quand elle a, par son achat, cherché à alléger les charges de son mari ? Il y a deux interprétations. Il y a aussi partage en nature des objets de trousseau qu'elle a achetés de la sorte, même d'un autre que son mari (6).

(1) Cette prescription figure en termes exprès dans le Koran, II, 238.

(2) Les cadeaux consacrés par l'usage sont assimilés à ceux qui ont fait l'objet d'une convention expresse.

(3) Il s'agit toujours du cas de répudiation avant consommation.

(4) Par exemple du bétail, des immeubles, des récoltes.

(5) Sauf entente contraire des parties.

(6) On peut aussi comprendre « même avec autre chose que l'argent qui constitue la dot », et Derdir ne donne même que ce dernier sens. semble bien que la phrase entière soit surabondante, car si le par-

L'augment de dot seul est perdu pour la femme (1) par suite de la mort (ou de la faillite) du mari.

Le don postérieur au contrat et antérieur à la consommation se partage-t-il par moitié, ou bien le mari n'y a-t-il aucun droit même s'il n'est pas dénaturé au regard de la femme ? On rapporte sur ce point deux décisions (de Mâlek et d'Ibn el-Kâsim). Mais quand le mariage vicié est annulé avant d'être consommé, — non pas après l'avoir été — le mari reprend à la femme la portion de ce don encore existante en nature (2). Sur l'existence d'une action judiciaire en ce qui a trait aux (menus) cadeaux d'usage (3), il y a deux dires.

D'après Aboû'l-Açbagh ben Sahl, le juge mettra à la charge du mari les frais du banquet nuptial (4), mais non le salaire de la coiffeuse.

Elle a recours contre lui (5) pour la moitié des frais

tage en nature a lieu pour des objets quelconques acquis à l'aide du numéraire constituant la dot, il en doit, *a fortiori*, être de même pour des objets de trousseau.

(1) Quand elle n'en a pas pris possession, ce qui est nécessaire pour la validité du don, auquel l'augment de dot est assimilé.

(2) C. à d. non dénaturée, dans le sens expliqué plus haut. En effet, le mariage, bien que vicié, ayant été consommé, il est raisonnable d'attribuer à la femme le don qui lui a été fait à raison d'une cohabitation prochaine, laquelle a été réalisée.

(3) Il s'agit des cadeaux que fait ordinairement le mari à sa femme, avant que le mariage soit consommé, à l'époque des fêtes, Sacrifices, Rupture du jeûne, etc.

(4) Celui-ci n'étant que « recommandé », il ne pourrait être question d'action en justice à son propos que s'il a fait l'objet d'une stipulation spéciale ou s'il est imposé par la coutume.

(5) Cette décision repose sur l'opinion que le contrat transfère à la femme la propriété de la moitié de la dot. Si l'on admet qu'il est translatif de propriété pour l'intégralité, elle ne peut avoir de recours, car alors c'est le mari qui, au jour de la répudiation, redevient propriétaire de la moitié. Si enfin l'on admet que l'acte n'est pas translatif de pro-

occasionnés par les produits du sol ou l'esclave (qui auraient été constitués en dot) (1). Mais quant au recours pour la moitié du salaire payé à l'effet d'enseigner un métier (2) à l'esclave, il y a deux dires.

41. Frais de transport ; usages de la dot

P. 92, 13. — C'est au wali (3) ou à la femme émancipée qu'incombent, sauf convention contraire (4), les frais de transport (de l'épouse et de son trousseau) au lieu où le mariage doit se consommer.

C'est à la femme qu'incombe l'obligation de fournir son trousseau, en rapport avec sa situation, au moyen de ce qui lui est versé de la dot (5) avant la consommation, et le juge se prononcera en faveur du mari qui la met en demeure de prendre possession de la dot (ou portion de

priété, elle aura recours pour la valeur des frais faits par elle, car elle ne devient propriétaire de la moitié qu'au jour de la répudiation (Ça'idi).

(1) Le texte eût été plus compréhensif et plus concis en disant : « Le recours est ouvert à l'un ou à l'autre des conjoints pour la moitié des frais » ; en effet, ces objets peuvent avoir occasionné des frais au mari qui en serait resté détenteur. — Comparez ci-dessous, p. 79.

(2) Le mot « métier » exclut l'enseignement de quelque science.

(3) Il s'agit ici du tuteur matrimonial pourvu qu'il soit « spécial », et non chargé de cette fonction à titre général, tel un musulman quelconque. Certains entendent cependant ici ce mot, à raison des acceptions diverses qu'il comporte, comme désignant le tuteur chargé de gérer les biens de sa pupille.

(4) Et aussi à moins que l'usage contraire ne soit suivi, comme c'est le cas en Egypte par exemple (Derdir).

(5) Quand elle consiste en numéraire ; il en sera différemment si la dot consiste en immeubles, en esclaves ou en choses fongibles autres que le numéraire, comme aussi dans le cas de convention ou d'usage contraire.

dot) échue. Cependant on (1) peut assigner à la dot (entière ou partielle) un emploi spécial, qui devient obligatoire.

De ce qu'elle a touché la femme ne peut rien distraire pour son entretien, à moins qu'elle ne soit dans le besoin, non plus que pour éteindre ses dettes, à moins qu'il ne s'agisse d'(une somme relativement faible), un dinar par exemple.

Le mari d'une femme morte (avant consommation du mariage) actionné par les héritiers en paîment de la dot (alors qu'un trousseau d'une valeur supérieure à celle-ci avait été stipulé), et qui réclamerait la production de ce trousseau, ne pourrait, selon Mâzeri, y contraindre ses adversaires.

Le père (d'une fille contraignable, ou la future non-contraignable) peuvent, pour se procurer le trousseau, vendre l'esclave, (les denrées, etc.), donnés en dot par le futur (2) ; mais pour ce qui concerne la vente de l'immeuble constitué en dot, il y a deux dires.

Est recevable l'allégation du père exclusivement, émise sous serment et dans l'année (qui suit la consommation), même malgré les dénégations de sa fille, que le trousseau (en totalité ou en partie) a été prêté par lui (3). Elle ne l'est plus au delà d'un an et s'il n'a pas fait attester le prêt. Si la fille (majeure) confirme le dire de son père, elle fait un aveu dont la valeur porte sur le tiers disponible seulement.

La fille a sur son trousseau (même sur la partie payée

(1) C'est-à-dire soit le mari soit le *wali*.

(2) Si cette vente, qui n'est que facultative, n'est pas faite, c'est le mari qui, lors de la consommation, devra fournir les objets de literie et couvertures nécessaires eu égard à leur situation.

(3) Cette question est l'objet de maintes discussions et distinctions.

par son père de ses deniers personnels) un droit exclusif (de celui des héritiers) s'il est transporté dans sa demeure personnelle, ou si le père fait attester ce droit de propriété, ou si, l'ayant acheté à son intention, il le dépose chez un tiers, sa mère à elle par exemple.

Si l'épouse (capable) fait, avant la consommation du mariage, remise à son mari de la dot convenue, ou si une femme donne à un homme (avant ou après le contrat) ce qu'il faut pour lui constituer une dot à elle-même, le donataire est astreint à verser la dot minimum (1). Si c'est après la consommation qu'elle donne tout ou partie de sa dot (2), ou qu'elle en donne une partie avant, ce don est comme inexistant. Exception est faite quand ce don partiel a lieu en vue (3) de prolonger la vie commune (4), comme aussi dans le cas où le mariage vient à être annulé alors qu'une donation avait été consentie par la femme dans le même but (5).

Si une prodigue *sefiha* donne à un homme de quoi se faire épouser, le mariage ainsi contracté est valable (6),

(1) Parce que la femme ne peut livrer son corps pour rien. Mais dans les deux cas, le mari ne devra rien s'il procède à la répudiation : dans le premier, la dot à lui donnée reste sa propriété, dans le second il rend ce qui lui a été donné.

(2) Dans le premier cas, le don n'introduit aucune tare dans la dot ; dans le second, il n'y a plus comme dot autre chose que la portion qui n'a pas été comprise dans le don.

(3) Si dans ce cas le mari prononce la répudiation ou que le mariage soit annulé, la dot est restituée à la femme.

(4) L'effet utile de cette donation sur le maintien du mariage ne peut se prolonger indéfiniment, et on le borne à une durée de deux ou trois ans.

(5) Le texte permet aussi d'appliquer cette décision, ainsi que le font certains, au cas inverse : donation consentie par le mari à sa femme.

(6) Le mari devrait compléter la dot d'équivalence si celle-ci était d'une valeur supérieure à ce que lui a donné la femme incapable.

mais le mari doit lui restituer sur ses deniers personnels l'équivalent (en choses fongibles ou en valeur).

Si la femme (capable) fait don de sa dot à un tiers qui en prend livraison et qu'ensuite elle soit répudiée (avant la consommation), c'est elle que son ex-mari poursuit (en restitution de la moitié de la dot) ; elle-même n'a de recours (pour la moitié) contre le donataire que quand elle a informé celui-ci (lors de la donation) qu'elle lui donnait sa dot (ou qu'il le savait). Mais s'il n'y a pas eu livraison, tant elle que son répudiateur sont contraints à la faire si toutefois elle est solvable au jour de la répudiation (1).

La femme qui (avant la consommation) achète son divorce moyennant par exemple un esclave, ou dix, sans dire « à prendre sur ma dot », n'a pas droit à sa moitié de dot, et la restituerait si elle l'avait perçue (quoi qu'en dise Ibn Habîb). Mais si elle dit simplement « répudie-moi moyennant dix » ou qu'elle y ajoute (2) « à prendre sur ma dot », alors elle a droit à la moitié du surplus.

(D'ailleurs, dans ces hypothèses) s'il y a eu consommation du mariage la dot est acquise à la femme.

42. Dot consistant en un esclave dans le cas de répudiation avant consommation

P. 93, 7. — Le mari (qui répudie avant consommation) a recours contre la femme (pour la moitié de la valeur) de l'esclave que, le sachant devoir être affranchi

(1) Il faut en effet supposer cette solvabilité, puisque le répudiateur a recours contre son ex-épouse pour la moitié de la dot.

(2) Au lieu de اولم تقل du texte, les commentaires disent de lire او قالت.

ipso facto (1), il a constitué en dot (2). Mais cet affranchissement automatique a-t-il lieu seulement vis-à-vis de la femme capable, comme le disent Ibn Yoûnos et 'Iyâd, ou bien en tout cas, (même vis-à-vis d'une incapable et) alors que son *wali* ignore cette conséquence ? Il y a deux interprétations. Si le *wali* (3) connaît la situation, l'affranchissement n'a pas lieu à la charge de la pupille ; mais se fait-il à la charge du *wali* ? Il y a deux dires.

Si l'esclave (constitué en dot et même encore) en possession du mari se rend coupable de dommage, le dernier n'a rien à y voir (4) ; si la femme en fait abandon à la partie lésée, il n'a rien à réclamer (5), sauf dans le cas de dol, car alors il peut, en payant la moitié de la réparation due, devenir copropriétaire (pour moitié) de l'esclave.

Si la femme rachète l'esclave coupable moyennant une indemnité égale ou inférieure au dommage causé, le mari n'en peut réclamer sa moitié qu'en remboursant la moitié de la rançon, même si celle-ci représente plus que la valeur de l'esclave. Mais si la rançon payée est supérieure au dommage causé, on agit comme en cas de dol (6).

(1) C'est-à-dire parent de la future à un degré qui ne permettrait pas à celle-ci d'en devenir propriétaire, autrement dit ascendant, descendant, frère ou sœur.

(2) Des lectures différentes du texte, adoptées par certains, attribuent le recours non au mari mais à la femme, et rapportent « le sachant » à cette dernière.

(3) Le texte ajoute « à l'exclusion de la pupille », mots qui n'ont rien à faire ici, puisque la question est de savoir si le *wali* est ou non renseigné.

(4) Cette décision repose sur le caractère du contrat considéré comme translatif de la propriété de la dot.

(5) Pas même la moitié de la valeur, car ce cas est assimilé à celui de la perte fortuite.

(6) C'est-à-dire que le mari peut fermer les yeux, et alors la chose lui devient étrangère ; ou bien payer la moitié du dommage réellement causé, et ainsi devenir copropriétaire de l'esclave.

La femme a recours contre son mari pour les dépenses d'entretien que lui a occasionnées (sa dot constituée par) un esclave ou des produits du sol (1).

43. Renonciation a une partie de la dot

P. 93, 13. — Il est permis au père (seulement) de la fille contraignable (2) de faire, avant la consommation et après la répudiation, remise de la moitié de la dot. Ibn el-Kâsim dit même que cela se peut avant la répudiation si c'est dans un but utile; mais cette décision est-elle en accord ou en opposition avec la précédente? Il y a deux interprétations.

Ceux qui perçoivent la dot sont le (père ou le maître) ayant droit de contrainte et le tuteur testamentaire (3). Leur allégation (que la dot est égarée ou perdue) fait foi, même en l'absence de témoins, mais le serment leur est déféré. Cependant le mari qui prononce la répudiation (avant la consommation) a recours (pour la moitié lui revenant) sur les biens personnels de la femme qui était solvable lors de la tradition de la dot (4).

Celui qui a qualité pour la percevoir n'est libéré que par

(1) Il s'agit ici du mariage vicié et rompu avant la consommation. Il a été question plus haut du recours pour la moitié seulement de ces frais dans le cas du mariage valide, mais où la répudiation a lieu avant la consommation.

(2) Texte « au père de la vierge », ce que rectifient les commentaires.

(3) Comme aussi le tuteur de la prodigue, *sefîha*; pour la prodigue sans famille, on fait décider par justice les conditions de la dot. Par le mot *waci*, tuteur testamentaire, il faut entendre aussi celui qui n'a que la gestion des biens, ne fût-il même que nommé par le kâdi.

(4) Avec cette restriction que la dot consiste en objets qu'on peut céler et que la preuve de la perte ne soit pas faite.

l'achat du trousseau suivi de la remise, attestee par témoins, qu'il en fait à la femme, ou du dépôt qu'il en opère dans la maison où le mariage sera consommé, ou de l'expédition qu'il en fait à ce même endroit.

En dehors des individus cités, c'est la future même qui perçoit la dot (1).

Si un individu non qualifié perçoit la dot (et que celle-ci se perde), elle a recours soit contre lui, soit contre son mari (2).

Si le père (ou autre individu qualifié), après qu'il a été pris acte de sa perception de la dot, se rétracte (3), l'époux prête serment qu'il s'est acquitté quand la constatation du versement ne remonte par exemple qu'à dix jours.

44. Modes de preuve du mariage

P. 93, 20. — L'existence d'un mariage contesté entre les deux intéressés est établie par témoins, même déclarant le connaître par ouï-dire et savoir (ou non) qu'il y a eu des tambourins et de la fumée (4). Faute de ces deux témoins

(1) Bien entendu, si elle est libre de ses actes ; elle pourra alors déléguer son wali à cet effet. Autrement, c'est le juge qui désignera quelqu'un pour percevoir la dot et en faire l'usage requis.

(2) Le texte permet aussi ce sens « soit elle soit son mari ont recours contre l'intrus », qu'indique Kharchi, mais non Derdir.

(3) Le père soutenant par exemple qu'il n'a fait qu'une reconnaissance de complaisance, croyant ainsi lier celui qui veut devenir son gendre.

(4) Il s'agit là des indices d'après lesquels on peut conclure l'existence du mariage à raison des fêtes qui ont été données et du repas de noces décelé par la fumée des cuisines. L'un ou l'autre seulement de ces indices suffit. Il va de soi que le témoignage de ceux qui ont assisté au contrat lui-même est encore plus probant.

Le texte de Khalil ne parle, ni ici ni ailleurs, d'un acte écrit consta-

la demande de serment n'est pas recevable, alors même que le demandeur produirait un témoin unique (1). Cependant la femme survivante (et de même le mari survivant) peut, en affirmant par serment le dire de cet unique témoin, devenir apte à succéder (2).

(Quand un homme soutenu par un témoin affirme s'être marié antérieurement avec une femme actuellement au pouvoir d') un autre époux, celui-ci est astreint à se séparer d'elle jusqu'à la production du second témoin que le demandeur prétend être peu éloigné ; mais si ce second témoin n'est pas produit (ou qu'il soit éloigné), ni l'un ni l'autre des deux époux n'a à jurer le contraire.

(Quand un homme affirme qu'une femme non mariée est son épouse), celle-ci est astreinte à attendre l'arrivée de témoins qui seraient peu éloignés. Mais ultérieurement il ne serait pas tenu compte des témoins qu'il pourrait fournir quand, alors qu'il prétendait en avoir, le kâdi l'a débouté ; au contraire, il en serait, d'après le sens apparent de la *Modawwana*, tenu compte quand c'est lui-même qui s'est reconnu impuissant à faire la preuve.

tant le mariage, mais cependant les commentaires y font maintes allusions. Il faut d'ailleurs remarquer que la preuve est, fondamentalement, établie par la voie orale : c'est ainsi que le kadi, rendant un jugement qui est couché par écrit, est assisté de deux assesseurs ou témoins de qui « il requiert l'attestation » que sa sentence tranche tels et tels points dans tel sens.

(1) La règle générale est, en effet, que le serment appuyé par le dire conforme d'un seul témoin mâle ou de deux femmes, fait preuve au même titre que la déposition conforme de deux témoins.

(2) Parce que, disent les partisans de cette décision, la question de statut personnel n'est pas tranchée et que, dans ce cas, l'affaire se ramène à une question d'intérêt, où la preuve peut être ainsi faite. Mais d'autres juristes contestent cette manière de voir. Au surplus, la première opinion n'admet pas que ce genre de preuve établisse l'existence de la dot, qui doit rester soumise aux règles qui régissent les actes des gens pendant qu'ils sont en vie.

Celui qui, ayant trois femmes, se prétend (sans pouvoir le prouver) l'époux d'une quatrième, ne peut en épouser une (autre, qui serait ainsi la) cinquième avant d'avoir répudié irrévocablement celle sur qui il élève des prétentions (ou une des autres).

Les dénégations opposées par un homme à une femme qui se prétend (et est reconnue par le juge comme étant) son épouse ne constituent pas une répudiation.

Quand deux hommes, chacun produisant des témoins, revendiquent comme épouse une femme qui nie (ou reconnaît) les prétentions de tous les deux ou de l'un d'eux, les deux contrats sont annulés, comme dans le cas de mariage d'une même femme fait (à des dates inconnues) par deux wali différents.

Y a-t-il successibilité entre deux personnes non étrangères au pays et qui se reconnaissent mutuellement comme époux (sans que la preuve en soit faite)? La reconnaissance comme héritier (de quelqu'un qui n'est ni un descendant ni le conjoint) alors qu'il n'y a pas sur place d'héritier certain, est-elle valable? Il y a divergence. Au contraire, la reconnaissance mutuelle à titre d'époux de deux nouveau-venus fait foi, tout comme l'aveu des deux pères de conjoints impubères (soit morts, soit vivants).

L'existence du mariage entre des nouveau-venus est prouvée encore par ces mots de l'homme « je t'ai épousée » avec réponse de la femme soit par « oui », soit par « tu m'as répudiée » ou « tu m'as divorcée moyennant rançon » — ou par ces mots de l'homme « tu as divorcé contre rançon », « je me déclare incestueux à ton égard », « tu m'es interdite », « tu es répudiée définitivement », servant de réponse au dire de la femme « répudie-moi ». Mais cette preuve n'est pas faite quand le conjoint interpellé ne répond pas ou quand le mari répond par « tu es pour moi comme le dos de ma mère » (1), ou encore quand il reconnaît le mariage tandis qu'elle le nie, puis qu'elle le reconnaît tandis qu'il le nie (2).

45. Contestations sur le montant, la qualité ou la nature de la dot

P. 94, 9. — Quand il y a contestation (3) sur le montant, la qualité ou la nature de la dot, les deux conjoints (s'ils sont capables) jurent (la femme la première), puis le mariage est dissous (par justice) (4). De même que dans la vente (5), il y a lieu de s'en rapporter aux circonstances les plus vraisemblables, de prononcer la dissolution du mariage à la suite des serments contradictoires des deux parties, etc.

Mais quand la contestation surgit après qu'il y a eu consommation du mariage, mort (6) ou répudiation, c'est le dire sous serment du mari (en supposant son allégation

(1) Cette expression est la même, au temps près, qui a été rendue par « je me déclare incestueux à ton égard », mais celle-ci est considérée comme une formule de répudiation, tandis que celle-là peut, à la rigueur, être adressée à toute femme autre qu'une épouse.

(2) En d'autres termes, il faut, de même que dans un contrat entraînant une obligation pécuniaire, simultanéité dans l'expression des volontés, dans la demande et la réponse.

(3) C'est-à-dire avant que le mariage soit consommé ou qu'il y ait eu mort ou répudiation, ce qui ressort de ce qui est dit un peu plus bas.

(4) La dissolution est toujours prononcée, qu'il y ait eu serment ou non, quand la contestation porte sur la nature de la chose constituée en dot, par analogie avec la vente.

(5) Texte de Khalil, p. 139, l. 7 et s.; trad. Seignette, n°s 296-310; trad. Perron, III, pp. 422-429.

(6) C'est-à-dire mort soit de l'un quelconque des conjoints, soit de tous les deux, la contestation ayant alors lieu entre héritiers ou avec des héritiers.

vraisemblable) qui fait foi quant au montant et à la qualité de la dot, alors même qu'il la prétendrait fiduciaire dans un pays où ce mode est en usage. Quand la contestation porte sur la nature de la dot, le mari (après la double prestation ou dénégation de serment) verse la dot d'équivalence, si toutefois elle n'est pas supérieure à ce que réclamait la femme, ni inférieure à ce qu'il offrait. Après quoi (et dans ces divers cas) le mariage est reconnu comme existant.

D'ailleurs la femme prodigue *sefìha* (ou impubère, non plus que le mari incapable ou mineur) ne peuvent agir par eux-mêmes.

Si la femme établissait qu'il y a eu deux dots consenties dans deux actes différents, la répudiation serait censée être intervenue entre ces deux actes, et les deux dots lui seraient dues ; mais c'est à elle à prouver que la répudiation est postérieure à la cohabitation (1).

Quand le mari (propriétaire du père et de la mère de sa femme) dit avoir constitué en dot à celle-ci son père, alors qu'elle soutient qu'il s'est agi de sa mère, tous les deux prêtent serment, (le mariage non consommé est annulé), et le père recouvre la liberté (2). Si le serment (décliné par le mari) n'est prêté que par elle, l'un et l'autre recouvrent leur liberté, et c'est elle qui exerce le droit de patronat sur tous les deux (3).

(1) Si donc le premier mariage n'a pas été consommé, c'est une demi-dot qui sera due de ce chef, et si le second ne l'a pas été non plus, le mari doit deux demi-dots.

(2) Son maître en effet l'a reconnu libre en le donnant à sa propre fille, laquelle ne peut avoir un droit de propriété sur son père, et c'est elle qui exercera le droit de patronat. Mais si la femme décline le serment, son père devient libre à raison de l'aveu sous serment fait par le mari, et le mariage est alors reconnu valable.

(3) Si la contestation s'élevait après la consommation du mariage, un seul des conjoints aurait à jurer, ainsi qu'on l'a vu.

S'il y a contestation sur la perception de la partie échue de la dot, c'est le dire sous serment de la femme qui fait foi avant la consommation ; mais après, c'est le dire sous serment du mari, avec ces restrictions, l'une posée par 'Abd el-Wahhâb, que la dot ne soit pas consignée par écrit, l'autre par Aboû Ishâk Ismâ'îl, que l'usage local n'en postpose pas la perception jusqu'après la consommation (1).

46. Contestations entre époux au sujet des effets mobiliers

P. 94, 18. — En cas de contestation au sujet des objets mobiliers de la maison, la femme prend, moyennant serment, les choses d'un usage habituel et exclusif à son sexe (2) ; autrement, ils reviennent, moyennant serment, au mari.

Le filé revient à la femme, à moins que le mari n'établisse que le lin lui appartient, cas où ils sont reconnus copropriétaires. Si elle tisse une pièce d'étoffe, elle a à prouver, pour la revendiquer, que le filé lui appartient (3).

Si le mari produit des témoins de l'achat opéré par lui d'objets d'un usage habituel et exclusif aux femmes, et qu'en outre il prête serment, il obtient gain de cause.

La réciproque est vraie ; mais faut-il aussi ou non que la femme prête serment ? Il y a deux interprétations de la *Modawwana* (4).

(1) Derdir ajoute deux autres restrictions : que la femme ne détienne pas un nantissement à la charge de son mari, et que celui-ci allègue après la consommation qu'il a opéré le versement antérieurement.

(2) Et dans les limites de la portion perçue de la dot si elle est notoirement pauvre.

(3) Faute à elle de pouvoir faire cette preuve, le mari est déclaré propriétaire, mais il est débiteur du prix du tissage.

(4) Les héritiers des deux parties pourront aussi, éventuellement,

47. Du repas de noces

P. 94, 22. — Il est recommandé (1) de donner un repas de noces un jour (2) après la consommation du mariage.

L'acceptation est canoniquement obligatoire pour celui qui est personnellement invité à y assister, même s'il est en train de jeûner (3), à condition : 1° qu'il n'y assiste personne dont la présence puisse le blesser (au point de vue religieux ou moral) ; 2° qu'il ne s'y trouve rien de réprouvé, p. ex. des tapis (coussins, etc.) (4) de soie ; 3° non plus que des statues placées (en contre-haut) sur une muraille par exemple (5) ; mais des plaisirs permis ne sont pas, d'après le kâdi Aboû Bekr, un empêchement même pour quelqu'un de condition élevée ; 4° qu'il n'y ait pas une trop grande affluence ; 5° qu'on ne lui ferme pas la

être appelés à prêter serment, non pas sur le fait lui-même, mais pour attester qu'ils ne savent pas.

(1) On donne quelquefois, mais à tort, le caractère obligatoire à cette prescription.

(2) Plus exactement, un espace de temps suffisant pour justifier l'ingestion de nourriture.

(3) A moins qu'il ne fasse connaître sa situation au moment où l'invitation lui est adressée et que la réunion ne doive se dissoudre avant le coucher du soleil.

(4) Mais l'usage de tentures de soie, sur lesquelles on ne se repose ni ne s'accoude, est permis.

(5) Les statues représentant des hommes ou des animaux sont interdites quand elles font ombre, sont faites d'une matière durable ou non et qu'il ne leur manque aucun membre, car il sera dit à leurs auteurs lors du jugement dernier : « Animez donc les images que vous avez faites ! » Il est fait exception pour les figures représentant une fillette et destinées à servir de jouets aux petites filles ; la vente et l'achat en sont également permis.

porte (1). Mais est-il obligatoire pour l'invité qui a déjà déjeuné de manger (beaucoup) ? Il y a hésitation.

Il est interdit à celui qui n'est pas invité (qu'il ait ou non déjà mangé) de se présenter au repas sans y être autorisé.

Il est blâmable d'y lancer à la volée des amandes et des sucreries, mais non d'y faire usage du tambour de basque (2) même manié par un homme. Quant au tambourin (3) et à la mandoline (4), ils sont déclarés permis par les uns, réprouvés par d'autres, et une troisième opinion tolère le tambourin seulement. Ibn Kinâna tolère l'usage du flageolet et du cornet.

48. Du partage des faveurs maritales

P. 95, 6. — Le partage égal des nuits est dû par le mari à ses épouses seulement, et même si l'acte sexuel est impossible légalement ou naturellement, p. ex. si l'une d'elles est en état pèlerinal ou sous le coup de l'assimilation incestueuse, ou atteinte d'imperforation vaginale. Mais il ne doit pas un partage égal de ses caresses à moins qu'il ne cherche à faire tort à l'une d'elles, p. ex. en s'abstenant avec elle pour les réserver à une autre.

Le tuteur du dément doit veiller à la tournée de son pupille. Le malade doit également continuer sa tournée ;

(1) Pour délibérer p. ex. sur son admission ; mais la porte peut être tenue fermée si l'on craint l'envahissement des parasites.

(2) Texte غربال, auquel les commentaires donnent pour synonymes دف et طار ; Ibn 'Arafa, qui vivait à Tunis, dit que, dans le pays, on l'appelle بندير.

(3) Texte كبر ; c'est ce qu'on appelle maintenant derbouka دربكة, et autrefois كوبة et قرطبة (Ça'îdi et Desouki).

(4) مزهر instrument à cordes dont les commentaires donnent des descriptions peu précises et peu concordantes.

mais quand il ne le peut plus, il s'installe chez l'une d'elles à son choix.

Le partage est, quand il a été opéré inéquitablement, considéré comme un fait acquis (1) ; (c'est un bénéfice perdu) de même que le service d'un esclave partiellement affranchi et qui s'enfuit (pendant un certain temps).

Il est recommandé de commencer le roulement par la nuit, ainsi que de passer la nuit auprès de sa femme quand on n'en a qu'une.

L'épouse esclave est traitée sur le même pied que la femme libre.

La nouvelle épousée a le droit de se faire attribuer judiciairement les sept premières nuits quand elle est vierge, et les trois premières quand elle est déflorée ; les autres co-épouses sont sans recours (au sujet de ces nuits). La prétention d'obtenir respectivement plus de sept ou de trois nuits est rejetée.

Le mari ne peut pénétrer chez une de ses femmes en dehors de la période qui lui est réservée, que par nécessité.

Il est loisible au mari d'accorder un tour de faveur à l'une de ses femmes avec l'agrément, gratuit ou rétribué, de celle qui est désavantagée, comme à chacun des conjoints de donner quelque chose à l'autre pour obtenir une amélioration ou prolongation de la vie commune (2).

Sont permis l'achat (total ou partiel), par le mari ou la co-épouse, du jour réservé à une autre femme, — les relations sexuelles avec une co-épouse au jour qui n'est pas le sien moyennant le consentement de celle dont c'est le

(1) Quand le mari a passé deux nuits consécutives chez Prima, le droit de Secunda à la seconde de ces nuits est périmé, et il n'y a pas à faire un rappel de ce chef ; de même si le mari a passé à l'étude ou au travail la nuit à laquelle Secunda avait droit.

(2) La rédaction du texte de ce dernier membre de phrase permet un double sens que j'ai tâché de rendre dans la traduction.

jour, — le fait de saluer sur leur porte les co-épouses dont ce n'est pas le tour (et de causer avec elles), ou de passer la nuit chez une autre quand celle dont c'est le tour lui ferme sa porte et qu'il ne peut se loger ailleurs. Avec leur consentement, il peut les installer dans une même maison, mais dans des logements (complets et indépendants) (1) ; — les faire venir, chacune à son tour, dans son logement particulier ; — prolonger les périodes d'un jour et d'une nuit où il y a vie commune ; mais dans ces trois cas, le consentement des intéressées est nécessaire (2).

Il n'est pas permis au mari d'aller au bain avec deux ou plusieurs de ses femmes, non plus que de les réunir dans un même lit, même sans accomplir l'acte sexuel. Si cette réunion quand il s'agit de concubines est interdite ou seulement blâmable, il y a deux dires (3).

Quand une femme fait don de son tour à sa co-épouse, celle-ci ne peut le refuser, mais le mari peut s'y opposer (4); la donataire seule y a droit, au contraire du cas où ce don est fait au mari. La donatrice a d'ailleurs le droit de révocation.

Le mari qui part en voyage choisit pour compagne celle qu'il veut, sauf dans les cas de pèlerinage et d'expédition militaire (5), où il a recours au sort. On interprète aussi la *Modawwana* comme lui donnant le droit de choisir.

(1) Certains admettent même que le consentement des intéressées n'est pas indispensable dans le cas où les logements sont ainsi disposés.

(2) Dans ce passage, le texte emploie indifféremment le duel et le pluriel, afin, disent les commentateurs, de montrer qu'il est bien question de tous les cas, que les épouses soient au nombre de deux ou davantage !

(3) Il y a d'ailleurs unanimité pour reconnaître que, même dans ce cas, l'acte sexuel est interdit.

(4) Quand ce tour est l'objet d'une vente, ce dont il a été question plus haut, on discute si le mari a le droit de s'y opposer.

(5) Le caractère du pèlerinage et les mérites qu'on acquiert en l'accomplissant expliquent le désir également vif de chacune des femmes

49. Querelles entre époux

P. 95, 20. — Le mari dont la femme se montre désobéissante, commence par lui donner des avertissements, puis la repousse de son lit, et enfin lui donne des coups (1) s'il croit que l'effet en puisse être utile. Si les torts sont du côté du mari, le juge (saisi de l'affaire) y met un terme (en recourant progressivement aux mêmes moyens). Il assigne à la femme (2) un logement chez des gens honnêtes (3) si elle n'y habite déjà.

Lorsque néanmoins la question est difficile à trancher (4), le juge dépêche aux conjoints, même le mariage n'ayant pas été consommé, deux arbitres appartenant, si possible, à leurs familles respectives, et qu'il est recommandé de choisir parmi les voisins. Est nulle la décision d'un arbitre qui ne serait pas homme de bien (5), ou qui

d'accompagner le mari qui leur est commun. La participation à une campagne militaire peut fournir une heureuse occasion de cueillir les palmes du martyre.

(1) Ces coups ne doivent pas dépasser les limites d'une correction et ne peuvent être de nature à défigurer ou estropier l'épouse récalcitrante.

(2) C. à d. quand elle ne peut faire la preuve de ses allégations ou que les plaintes sont réciproques.

(3) C. à d. dont le témoignage est valable en justice.

(4) Ce sens est celui qui cadre le mieux avec le contexte et qui est généralement adopté. Mais certains entendent ce passage d'une manière plus générale et comme permettant l'envoi d'arbitres avant même la mise en observation du ménage divisé.

(5) Le texte porte *'adl*, qui a ici une signification spéciale : en effet, le prodigue, *sefîh*, pourrait être l'homme le plus vertueux de son temps, il ne pourrait cependant, dès qu'un tuteur lui est donné, être qualifié de *'adl* (Desouki), non plus que l'enfant, le dément ou l'homme de mauvaise vie *(Mesâlik)*.

serait prodigue (1), ou du sexe féminin, ou non versé dans ces questions.

La répudiation prononcée par ces arbitres a force exécutoire (2) quoique ne plaisant pas aux époux ni à l'autorité, et alors même qu'ils tiendraient leur mission des époux eux-mêmes ; mais elle ne vaut que comme répudiation par un, quoiqu'ils l'aient prononcée par deux ou par trois, et elle vaut encore comme telle quand les arbitres sont en désaccord sur la question si c'est par un, ou par deux, ou par trois.

La femme a le droit de demander la répudiation (par un) à raison des dommages dont elle souffre, alors même que les témoins n'attesteraient pas qu'ils sont réitérés.

Les deux arbitres doivent tâcher de rétablir l'harmonie. S'ils ne le peuvent et que les torts soient du côté de l'époux, ils prononcent la répudiation sans qu'il y ait de compensation (à verser par la femme) ; si les torts sont du côté de celle-ci, ils s'en remettent au mari (qui en est digne) du soin de la bien traiter, ou bien ils prononcent en sa faveur la répudiation avec une compensation laissée à leur appréciation. Dans le cas de torts réciproques, prononcent-ils la répudiation sans imposer de compensation à la femme (3), ou bien, ce que disent la plupart, lui imposent-ils une petite compensation laissée à leur appréciation ? Il y a deux interprétations. Après quoi les arbitres vont trouver le juge, qu'ils mettent au courant de l'affaire, et qui homologue leur décision (4).

(1) *Sefîh*, qui gaspille son bien en fantaisies même non prohibées par la loi (Ça'idi et Derdir) ; cf. p. 10.

(2) En d'autres termes, c'est un pouvoir de décision qui leur est attribué, et ils n'interviennent pas à titre de témoins ou de mandataires, comme l'ont soutenu certains.

(3) Ou, selon le cas, au mari, d'après ce qu'ajoutent Ça'idi et Desouki.

(4) Le juge ne donne aucun avis relativement au fond de l'affaire,

Un arbitre unique réunissant les conditions indiquées peut être désigné par les époux eux-mêmes ; mais leurs tuteurs (quand ils sont sous tutelle) ou le juge le peuvent-ils également ? Il y a hésitation.

Il est loisible aux époux qui ont constitué deux arbitres (1) de se désister tant que ceux-ci n'ont pas parachevé leurs investigations et n'ont pas arrêté leur décision.

Quand les arbitres, d'accord pour prononcer la répudiation, sont en désaccord en ce qui concerne la compensation (2) et que la femme refuse de se charger de celle-ci, il n'y a pas rupture du mariage.

---

les commentaires sont unanimes à le déclarer et à reconnaître que l'expression employée dans le texte pourrait être une cause de doute.

(1) On peut induire de là que l'autorité des arbitres constitués par justice s'impose et que les époux ne peuvent s'y soustraire. Mais Ibn Yoûnos admet que l'accord de ces derniers pour continuer la vie commune est valable.

(2) C. à d. sur le principe même de la compensation à verser, mais non sur sa quotité ou sa nature.

DIVORCE ET RÉPUDIATION

50. Khol' ou divorce avec compensation. Cas de séparation définitive

P. 96, 12. — Le *Khol'*, qui est le divorce consenti avec compensation (1), est permis (qu'il ait lieu avec ou) sans intervention de justice. La compensation peut être fournie par la femme ou par un tiers capable de disposer, mais non par une impubère, une prodigue, *sefîha*, ou une esclave parfaite ou imparfaite (2) ; cas dans lesquels il y a restitution de la somme versée, mais rupture définitive du mariage.

Celui qui a le droit de contrainte (père, tuteur testamentaire à ce qualifié, et maître) peut user du *khol'* pour celle qui est soumise à ce droit, mais le simple tuteur testamentaire ne le peut. Le père le peut-il pour sa fille prodigue ? Il y a divergence.

La compensation peut consister en un aléa, un fœtus à naître p. ex., ou en un objet non qualifié, lequel doit alors être de qualité moyenne, — ou en la décharge de la

(1) Cette définition est incomplète et ne vise que l'un des deux modes de ce genre de divorce, ainsi qu'on le verra plus bas. Nous avons appliqué le mot « divorce » à ce seul mode de rupture du mariage.

(2) Une esclave imparfaite, c. à d. partielle, ou affranchie à terme, etc. Le consentement du maître est nécessaire pour qu'une esclave puisse valablement disposer de son bien. En outre on distingue encore entre les cas où le maître peut ou ne peut pas s'approprier le pécule de l'esclave.

pension alimentaire due pour une grossesse possible (1) — ou en la renonciation de l'épouse à son droit de garde, *had'âna*, sur son jeune enfant (2). Elle peut aussi être combinée avec une opération de vente (3) ; mais s'il s'agit (d'une chose comportant un aléa) telle qu'un esclave fugitif p. ex., elle rembourse ce qu'elle a perçu, mais devient copropriétaire de cet esclave.

La compensation payable à une date inconnue doit être payée sur-le-champ. D'après une autre interprétation de la *Modawwana*, c'est la valeur de cette compensation qui doit être payée immédiatement. La monnaie de mauvais aloi (etc.) versée à titre de compensation, est rendue, sauf stipulation contraire, et la valeur du (corps certain), un esclave p. ex. qui serait revendiqué, est due par la femme. Les choses prohibées, p. ex. le vin et l'objet enlevé par violence, qu'elles constituent la compensation en tout ou en partie, sont répandues ou restituées (à leur vrai maître), sans recours possible du mari. De même (est sans valeur, et le divorce reste acquis) par le fait que la femme (à titre de compensation) lui consent un délai pour le paiement d'une dette dont elle est créancière (4), ou

(1) Et à plus forte raison si la grossesse est manifeste.

(2) On reconnaît unanimement que le père doit être digne d'exercer ce droit. Mais s'il vient à mourir, on se demande si ce droit reviendra à la mère, qui a pu consentir pareille renonciation, ou à l'ayant-droit le plus rapproché.

(3) Exemple : la compensation est représentée par un esclave, mais le mari remettra dix à la femme. Mais si cet esclave est en fuite, et que la moitié de sa valeur représente la compensation, l'autre moitié, dix p. ex., devant être versée à la femme, la compensation est dûment versée, tandis que l'autre moitié ou les dix restants sont l'objet d'une vente viciée ; elle doit donc rembourser au mari les dix reçus, mais recouvre son droit de propriété correspondant sur l'esclave.

(4) Cela constituerait un prêt dont l'intérêt serait représenté par la liberté que reconquiert la femme.

consent à quitter la maison qu'elle habite (pendant la période de retraite) (1), ou que le mari lui impose la perception immédiate de ce qu'elle n'est pas tenue de recevoir (2). Mais en est-il de même ou non quand il s'agit de choses qu'on est tenu de recevoir avant terme (3) ? Il y a deux interprétations.

Dans tous ces cas, la séparation est définitive, et elle l'est encore, même sans compensation, si le mari emploie ce mot (de *khol'*, ou autre analogue) ou le mot *ridj'a* (répudiation révocable).

Elle l'est de même par un don que fait l'épouse (répudiée révocatoirement) au cours de la période de retraite, afin que son mari ne la reprenne pas (4). Elle l'est encore dans les cas où le mari vend ou marie sa femme (5), cas où cependant Lakhmi refuse le caractère obligatoire à la séparation ainsi survenue.

Est encore irrévocable la séparation prononcée par justice (soit directement, soit sur intervention de la femme), sauf si elle a pour cause le serment d'abstention conjugale, *îlâ'*, ou le non-versement de la pension alimentaire.

(1) Le mari doit loger la femme pendant cette période, en vertu d'un ordre divin ; nous dirions que c'est une prescription d'ordre public à laquelle on ne peut déroger.

(2) P. ex. des vivres livrables à terme, le mari se soustrayant ainsi à la responsabilité qui lui incombe.

(3) P. ex. de l'argent, etc., prêté à titre gratuit.

(4) Il y a là, d'après Mâlek, une seconde répudiation définitive, *bâ'ina*, différente de la première.

Cet alinéa et les deux suivants n'ont pas trait au *Khol'*, mais Khalil, toujours soucieux de concision et recourant à un procédé de composition qui lui est familier, rattache à l'irrévocabilité de ce mode de séparation l'exposé de décisions relatives au caractère irrévocable ou révocable de la répudiation proprement dite, du *talâk*.

(5) S'il y est poussé p. ex. par la misère ou par la violence. On y ajoute le cas où le mari assiste sans protester au mariage de sa femme.

N'est pas définitive la répudiation révocable où il est stipulé (par l'un ou l'autre époux) que, faute de compensation, elle perdra son caractère révocable, — ni celle où le mari donne quelque chose à sa femme — ni celle où, à la suite d'une transaction survenue entre eux au cours de leur union, il lui remet quelque chose (1). Mais ce caractère non-définitif est-il absolu (2) ou existe-t-il seulement quand le mari n'a pas eu en vue la séparation définitive ? Il y a deux interprétations de la *Modawwana*.

51. Qui peut prononcer le khol'. Cas divers de successibilité entre époux

P. 97, 3. — Celui qui peut prononcer le divorce avec compensation est l'époux pubère et conscient, fût-il prodigue, *sefîh* (3), ou bien le tuteur d'un impubère, que ce soit le père, le maître ou un autre ; mais le père du prodigue ou le maître du pubère sont sans qualité pour cela.

Ce divorce émanant d'un individu (même gravement) malade est efficient, mais la femme hérite de lui (s'il meurt de cette maladie), tandis qu'il n'hérite pas d'elle (4).

(1) Les époux ont été en contestation pour dix que réclamait la femme, laquelle a transigé pour cinq. La séparation survenant, les cinq qu'elle a abandonnés pour transiger ne peuvent être considérés comme le prix de la dissolution du lien conjugal.

(2) Cette restriction se rapporte à la dernière hypothèse visée, ce qui semble préférable à l'opinion qui la fait porter sur la dernière et l'avant-dernière.

(3) Mais on discute si la compensation peut lui être valablement versée, ou si l'intervention de son tuteur n'est pas nécessaire.

(4) Parce que ce divorce est le fait du mari. Dans ce cas, il n'est dérogé aux règles habituelles qui régissent les droits de la femme que pour ce qui a trait à la succession, et pour déjouer l'intention que

La même règle de successibilité est établie en faveur de la femme qui reçoit ou a reçu de son mari le droit d'option ou de disposition d'elle-même et qui l'exerce au cours de cette maladie (en recourant à une séparation définitive) ; de celle contre qui le mari a prononcé un serment de continence (et dont l'‘*idda* consécutive à une séparation définitive a pris fin au cours de cette maladie) (1), ou contre qui il a prononcé l'anathème pour adultère ; de celle qui, au cours de cette maladie, le rend parjure (2) ; de celle qui, répudiée dans cette même période, se fait musulmane si elle était infidèle, ou recouvre sa liberté si elle était esclave (3) ; de celle qui, ainsi répudiée, s'est remariée, a pu hériter dans les mêmes conditions de plusieurs maris et se trouve même encore en puissance de mari.

Le droit de la femme à hériter dans ces divers cas ne cesse que par le retour du mari malade à une parfaite santé.

Mais si le malade (après avoir prononcé une répudiation révocable) recouvrait la santé, puis que, tombant de nouveau malade, il prononçât une nouvelle répudiation

pourrait avoir le mari malade de lui enlever ses droits successoraux. On assimile à l'individu gravement malade celui qui est en ligne pour prendre part au combat et le prisonnier près d'être mis à mort ou de subir l'amputation d'un membre pour vol, p. ex. Cf. p. 42.

(1) Le texte doit être complété par les mots mis entre parenthèse, car l'*îla* entraîne la répudiation révocable ; cf. la note précédente.

(2) Le mari qui a dit à sa femme « Tu seras répudiée si tu vas chez un tel », devient parjure dès que la femme a commis l'acte défendu, et le reste tant qu'il n'a pas procédé à la répudiation. Les commentaires n'expliquent pas pourquoi la femme hérite à la suite d'un acte qui ne dépendait que d'elle, voir note 4, p. 96.

(3) Parce qu'il y a lieu de croire que cette répudiation *in extremis* a pour but d'exhéréder ces femmes au cas où se produirait la conversion ou l'affranchissement.

(irrévocable ou non), elle n'hériterait que si la période de retraite de la première répudiation n'était pas achevée.

L'aveu de la répudiation fait par le malade (ou la preuve par témoins) équivaut à la répudiation, et la période d'attente commence au jour de l'aveu.

La répudiation établie postérieurement à la mort du mari par témoins, a les mêmes effets que la répudiation prononcée au cours de la dernière maladie (1).

S'il fait constater, pendant qu'il est en voyage (ou autrement), la répudiation, puis qu'à son retour il cohabite avec la répudiée et dénie les témoignages produits, la séparation est prononcée par justice, mais il n'encourt pas la peine du stupre (2).

Si, au cours d'une grave maladie, il répudie définitivement une femme et qu'ensuite il la réépouse avant d'avoir recouvré la santé, les conséquences sont les mêmes que si ce mariage avait lieu avec une autre femme (3).

Le don compensatoire versé par la femme atteinte mortellement n'est pas permis (4); mais doit-il être restitué intégralement, — ou seulement dans la mesure où il dépasse la part héréditaire du mari calculée au jour de la mort de la femme, et alors avec mise sous séquestre jusqu'à ce jour ? Il y a deux interprétations.

(1) La femme héritera de la manière qu'il vient d'être dit, mais la période de retraite ne part que du jour du décès.

(2) Car le mariage est censé exister tant que le juge n'a pas prononcé la séparation : la période de retraite a donc pour point de départ la date du jugement, et la cohabitation antérieure à la décision judiciaire n'a pas le caractère du stupre.

(3) Le mariage, consommé ou non, est rompu, et la femme a droit à la moindre des deux dots, convenue ou d'équivalence, à prélever sur le tiers disponible ; son droit dans la succession lui est d'ailleurs assuré par son premier mariage, celui-ci ayant été rompu au cours d'une maladie mortelle.

(4) Ce qui d'ailleurs n'empêche pas que la rupture du lien conjugal soit acquise.

52. Don compensatoire consenti par mandataire. Cas où il est restitué

P. 97, 12. — Quand le mandataire du mari a consenti un don compensatoire inférieur au taux qui lui avait été fixé, cette convention n'est pas obligatoire (1) ; et quand le mari, s'adressant ou au mandataire ou à la femme, n'a rien fixé, il doit jurer qu'il avait en vue un don d'équivalence.

Quand le mandataire de la femme dépasse le chiffre qui lui a été fixé (ou le don d'équivalence s'il ne lui a rien été fixé), c'est à lui qu'incombe le surplus (2).

Le mari doit restituer le don compensatoire (3) : 1° quand ses torts vis-à-vis de sa femme sont établis par commune renommée, ou par serment de l'épouse appuyé par le témoignage d'un homme ou de deux femmes. La renonciation qu'elle a faite de se prévaloir des témoignages concernant les torts dont elle était victime, ne préjudicie même pas à son droit, d'après Ibn Rochd ;

2° Quand, lors de ce *khol'*, la femme était déjà répudiée, non pas à titre révocable, mais à titre définitif ;

3° Quand le mariage est d'une nature telle qu'il est annulé sans répudiation (4) ;

(1) Mais elle le deviendrait si le mandataire ou la femme complétait la somme demandée ; au contraire de la dot, où le mandataire, même payant de ses deniers ce qu'il a promis au delà de la somme pour laquelle il pouvait conclure, ne lie pas le futur.

(2) Mais le contrat a pris le caractère obligatoire, et le mariage est rompu.

(3) Ou ce qui en tient lieu, p. ex. la prise à charge par la femme de son entretien de grossesse, etc.

(4) Il s'agit de mariages tels que l'unanimité des quatre Écoles les déclare nuls, p. ex. avec une cinquième femme, avec une parente au

4° Quand le mari est atteint d'un vice rédhibitoire donnant à la femme le droit d'option (1);

5° Quand il a dit : « si je te divorce par *khol'*, tu seras répudiée par trois » (2), à la différence du cas où il n'a pas dit « par trois », cas où il est tenu (au moins) à la répudiation par deux (3).

53. Ce que peut être le don compensatoire

P. 97, 17. — Comme don compensatoire, la femme peut s'engager à entretenir, pendant la durée de l'allaitement, l'enfant qu'elle porte dans son sein, et alors le mari ne doit pas l'entretien de grossesse (4). Est sans valeur l'engagement qu'elle prendrait ou consentirait d'entretenir (en outre ou seulement) son mari ou un tiers (pendant cette période) ou d'entretenir son enfant après le sevrage (5); et de même, la mort du nourrisson (ne permet pas au mari de rien réclamer). Mais si la femme

degré prohibé, etc. Ils sont mis en opposition avec ceux dont l'invalidité est l'objet de controverses entre les juristes.

(1) Si la femme est atteinte d'un vice rédhibitoire il n'y a pas lieu à restitution, car le mari aurait pu ne pas exercer son droit d'option. Cf. aussi plus haut.

(2) Parce que dans ce cas la condition et ce qui en dépend sont réalisés simultanément.

(3) C. à d. l'une à raison du *khol'*, l'autre à raison du rapport de subordination qu'il a établi entre les deux modes de séparation.

(4) Cette opinion de Mâlek n'est pas celle, plus logique, d'Ibn el Kâsim et d'autres, qui voient deux dettes différentes dans l'entretien de grossesse et celui de la période d'allaitement, et qui, de la renonciation à la seconde, ne concluent pas qu'elle entraîne la renonciation à la première.

(5) C'est là l'opinion de Mâlek transmise par Ibn el-Kâsim; mais la grande majorité, on pourrait dire la totalité des juristes postérieurs, reconnaissent que des stipulations de ce genre lient la femme.

meurt ou que son lait tarisse, ou qu'elle accouche de jumeaux, les dépenses d'entretien sont à sa charge (ou à celle de ses héritiers).

Sont à la charge du mari les frais (de recherche et) d'entretien de l'esclave ou de l'animal fugitif (constituant le don compensatoire) sauf convention contraire (1). Il en est autrement de l'entretien de l'esclave dont le fœtus est assigné comme don compensatoire, et l'enfant n'est qu'après sa naissance à la charge du mari. D'ailleurs aucun des deux époux ne peut séparer la mère de son enfant (2).

A qui incombent les frais de culture et d'arrosage de produits agricoles dont la maturation n'a pas commencé ? Il y a deux dires.

Le don (de certaines choses, si cela est d'usage) suffit pour indiquer le divorce (3).

Quand le mari dit que le divorce dépend de la remise ou du paiement à lui fait de telle chose, cela ne signifie pas, sauf circonstances contraires, que cet acte doive se faire séance tenante (4).

S'il est question d'un versement de mille (pièces de monnaie ou têtes de bétail), cela s'entend nécessairement de (la monnaie ou du bétail) le plus courant dans le pays.

(1) Le mari, en effet, en a acquis la propriété dès l'instant où est conclu le contrat de divorce.

(2) C. à d. que, dans ce cas, il ne suffit pas de la réunion matérielle de la mère et de l'enfant, mais qu'ils doivent appartenir à un même propriétaire.

(3) Ainsi, quand une femme, tirant son bracelet, le remet à son mari, qui ensuite la laisse sortir sans y mettre opposition ; quand, lui donnant quelque chose, elle creuse un trou que le mari comble avec de la terre ; quand le mari coupe une corde qu'ils tiennent l'un et l'autre, cas où il y a répudiation révocable si elle ne donne rien à son mari.

(4) Mais il ne faut pas non plus que la femme réalise la condition au bout d'un trop long temps. Certains exigent aussi qu'elle ait accepté la proposition du mari.

54. Formules diverses du khol'

P. 97, 23. — La séparation définitive revêt le caractère obligatoire :

1° Quand le mari dit « si tu me donnes mille, je me sépare *ou* je me séparerai de toi » et que les circonstances impliquent qu'il s'engage, ou quand, n'ayant fait en parlant ainsi qu'une simple promesse, il a mis sa femme dans l'embarras (1) ;

2° Quand elle dit « Répudie-moi par trois moyennant mille » et qu'il la répudie par un, — et réciproquement (lui la répudiant par trois quand elle n'a demandé que par un) ;

3° Quand, elle ayant dit « Renonce définitivement à moi moyennant mille » ou « répudie-moi d'une demi-répudiation (moyennant mille) » ou « au cours de tout ce mois (moyennant mille) », le mari accède à sa demande ;

4° Quand, le mari ayant dit « Tu seras répudiée demain moyennant mille », elle accepte sur-le-champ (2) ;

5° Ou quand il a dit « Moyennant cette étoffe de Hérat » alors (qu'il s'est trompé et) qu'elle est en réalité de Merv (3) ;

6° Ou encore « moyennant ce que tu as dans la main »

(1) En la poussant p. ex. à vendre sa maison, ses troupeaux, etc., pour se procurer la somme nécessaire. Ce sont les circonstances, les expressions employées, etc., qui permettront de distinguer s'il y a eu engagement formel du mari ou une simple promesse dont la réalisation ne peut être exigée.

(2) Elle doit les mille promis, mais la séparation est définitive, car le but qu'elle poursuivait est reconnu par la loi. Cependant, d'après la *Modawwana*, elle ne doit les mille que si elle est répudiée par trois.

(3) Il en serait autrement si, sans indiquer l'étoffe qu'il a qualifiée erronément, il disait « moyennant une pièce d'étoffe de Hérat ».

et que ce soit un objet ayant une valeur même faible ; Ibn 'Abd es-Selâm admet même que cet objet peut être sans valeur.

Mais il n'y a pas séparation définitive :

1° Quand la femme offre comme don compensatoire quelque chose sur quoi elle n'a pas une apparence de droit (1) ;

2° Quand, le mari ayant dit « Donne-moi de quoi acheter ton divorce », elle offre un objet sans valeur (ou inférieur au don compensatoire d'équivalence) ;

3° Quand il dit « Je te répudie par trois moyennant mille », et qu'elle accepte une répudiation par un moyennant le tiers de mille.

55. Modes de preuve du khol'

P. 98, 6. — Si le mari prétend qu'il y a divorce avec don compensatoire (et qu'elle nie celui-ci), ou s'ils sont en désaccord sur le montant ou la nature de ce don, la femme prête serment, et elle est séparée définitivement (2).

S'ils ne sont pas d'accord sur la question si la séparation est par un ou par trois, c'est le dire du mari qui fait foi (3). Il en est de même quand il prétend que l'esclave était

(1) Étant entendu qu'elle est de mauvaise foi, et alors même que le véritable propriétaire donnerait son consentement. Si elle promet un objet indéterminé et qu'il soit revendiqué, elle livrera le pareil; si elle est de bonne foi et promet p. ex. un objet qu'elle croit lui revenir par succession et qui est ensuite revendiqué, elle en doit la valeur.

(2) Sans rien verser dans le premier cas, et en versant ce qu'elle a affirmé par serment dans les deux autres cas. Si elle décline le serment, c'est au mari à jurer, et ses conclusions lui sont adjugées.

(3) Avec serment, disent les uns, sans serment, d'après d'autres.

mort (1) ou atteint d'un vice rédhibitoire avant le divorce ; mais s'il est établi que cette mort est postérieure, la femme n'encourt pas de responsabilité (2).

56. De la répudiation ; moment où elle peut se faire

P. 99, 9. — La répudiation *sonnite* ou traditionnelle (3) se fait par un, dans une période intermenstruelle au cours de laquelle le mari n'a pas eu de rapports avec sa femme, et en dehors de la période de retraite, *'idda*, (consécutive à une répudiation antérieure).

En dehors de ces conditions, c'est la répudiation *innovée*, qui est blâmable lorsqu'elle a lieu (par exemple) dans une période autre que celle des menstrues (ou des lochies), mais sans que le mari soit contraint à reprendre sa femme, non plus qu'il ne l'est quand la répudiation survient avant que la femme ait procédé à la lotion purificatoire subséquente ou à la lustration pulvérale dans les cas où celle-ci est autorisée (4).

Survenant pendant la période menstruelle, cette répu-

(1) Il s'agit de l'esclave non fugitif, mais absent lors du divorce et constituant le don compensatoire.

(2) Dans la vente, au contraire, la responsabilité n'incombe à l'acheteur qu'après qu'il a pris livraison de l'objet vendu.

(3) Ce qui veut dire, non pas recommandée par la tradition, *Sonna*, mais réunissant les conditions exigées par la tradition ; de là le nom qu'on lui donne, par opposition avec la répudiation *innovée* ou moderne. Elle est d'ailleurs autorisée par le Koran, du moins le prétend-on en s'appuyant sur une citation incomplète de la Sourate II, 237 : « Il n'y a pas de mal (*ou* de charge) pour vous si vous répudiez les femmes ». On rapporte cependant que le Prophète a dit : « D'entre les choses permises, la répudiation, même par un, est la plus odieuse à Allâh ».

(4) C.-à-d. quand cette lustration, faute d'eau ou pour raison de santé, peut remplacer la lotion purificatrice où l'eau est employée.

diation est interdite, mais cependant lie le mari (1), qui alors est forcé, jusqu'à l'achèvement de la période de retraite, de reprendre sa femme, lors même, d'après Ibn Yoûnos, que l'écoulement sanguin reparaît à un moment tel qu'il doit être considéré comme faisant partie d'une même période menstruelle. Mais, d'après Bâdji, il n'y est pas contraint.

(Cette contrainte s'exerce par le juge, qui procède ainsi :) en cas de refus, des menaces lui sont d'abord adressées, après quoi on l'emprisonne et enfin on lui inflige un châtiment corporel, le tout en une même séance ; si tout cela reste inutile, c'est le juge qui exerce pour lui le droit de reprise, et la reprise ainsi exercée rend licite la cohabitation des époux et réinstaure leur droit de successibilité réciproque.

Ce qu'il y a de mieux à faire (2), c'est que le mari (qui persiste dans son intention de répudiation) garde sa femme jusqu'à ce que soient passées une période intermenstruelle, une période menstruelle et une seconde période intermenstruelle (avant de renouveler la formule répudiaire).

Cette interdiction de répudier pendant la période menstruelle provient-elle de ce que cet acte, intervenant à cette époque, prolongerait la durée de la retraite légale, puisqu'en effet la *Modawwana* permet de répudier la femme enceinte et celle qui, le mariage n'ayant pas été consommé, se trouve, dans cette période ? Ou bien est-ce une pratique pieuse, — puisque le divorce par rachat, *khol'*, est aussi

(1) Alors même qu'il n'y aurait pas eu intention arrêtée de sa part, si p. ex. il a annoncé une répudiation subordonnée à une condition à réaliser en dehors de la période menstruelle, et que la femme accomplisse la condition pendant cette période.

(2) Dans tous les cas, que la reprise soit volontaire ou forcée. Cependant Lakâni n'admet cette recommandation que dans le cas de reprise forcée.

interdit dans cette période, puisque le consentement de la femme ne peut rendre valable la répudiation alors prononcée, et puisque le mari, même sans que la femme recoure à la justice, est contraint à la reprendre ? Il y a divergence.

Le dire de la femme qu'elle est en état menstruel fait foi ; cependant Ibn Yoûnos exige l'introduction dans la vulve d'un chiffon qui est examiné par des femmes. Au contraire, c'est le dire du mari qui fait foi (1) quand elle est, lors de la comparution en justice, dans une période intermenstruelle.

La rupture du mariage dont la nullité (est unanimement reconnue en droit) est prononcée sur-le-champ, même pendant la période menstruelle ; et de même de la répudiation à l'encontre de celui qui a prononcé le serment de continence (échéant dans cette période), lequel est alors contraint de reprendre sa femme (2). On attend, au contraire, la fin de cette période pour la rupture provoquée par un vice rédhibitoire, ou dépendant de la volonté du tuteur, ou provoquée par l'impossibilité de subvenir à l'entretien de la femme, — comme aussi pour déclarer anathème.

57. Répudiation par trois

P. 98, 20. — La répudiation par trois est parfaite si le mari dit « Tu es répudiée de la pire répudiation » ou autre tournure analogue ; ou encore « Tu es répudiée par trois selon le mode traditionnel » quand le mariage est consommé, tandis que s'il ne l'est pas, cela ne vaut que

(1) Dans ce cas comme dans le précédent, on discute si ce dire doit ou non être corroboré par serment.

(2) La répudiation est imposée en vertu du Koran (II, 227) ; « S'ils ont la ferme intention de répudier », et la reprise l'est en vertu de la *Sonna* ; voir p. 104, n. 3, et 105, 3ᵉ alinéa.

comme répudiation par un (1). Elle vaut comme étant par un s'il dit « De la meilleure répudiation, *ou* d'une répudiation unique et importante, *ou* d'une répudiation unique et mauvaise, *ou* d'une répudiation unique et grande comme un palais » (2).

Elle vaut comme répudiation par trois, que le mariage ait été consommé ou non, quand il dit : « Je te répudie par trois d'après le mode innové, *ou*, en partie d'après le mode innové et en partie d'après le mode traditionnel ».

58. Éléments nécessaires a la validité de la répudiation

P. 99, 1. — Les éléments dont la réunion est nécessaire pour qu'il y ait répudiation (3) sont : quelqu'un qui le réalise (4), l'intention, l'existence du lien conjugal, et l'expression de la volonté.

A) *Qui peut la prononcer*

N'est valable que la répudiation prononcée par un musulman pubère et conscient de ses actes, fût-il même ivre par suite de l'absorption de boissons interdites (5) ; mais, dans ce dernier cas, la répudiation n'est-elle valable

(1) D'après d'autres, on ne fait pas cette distinction entre la consommation et la non-consommation, et cette répudiation est toujours regardée comme étant par trois.

(2) Le tout sous la réserve que l'intention du mari ne soit pas de répudier par plus que par un.

(3) C.-à-d. répudiation traditionnelle ou innovée, avec ou sans don compensatoire.

(4) Ce sera un homme le plus souvent, c.-à-d. le mari ou son délégué ; mais ce peut être aussi la femme elle-même, si p. ex. le juge lui en confère le pouvoir ou qu'elle ait le droit d'opter.

(5) On peut aussi expliquer : « fût-il en état d'ivresse malgré l'interdiction dont celle-ci est l'objet ».

que s'il n'a pas perdu la raison ou l'est-elle toujours ? Il y a hésitation.

La répudiation et la vente émanant d'un intrus sont traitées de la même manière (1).

B) *Intention du mari ; cas de contrainte*

La répudiation, même prononcée par plaisanterie, lie le mari (2). Il n'en est pas de même si la langue lui a fourché et tant que l'affaire n'est pas portée en justice (3), s'il a répété sans la comprendre une formule répudiaire qui lui a été soufflée, s'il l'a prononcée dans une période de délire provenant de maladie, s'il a interpellé sa femme nommée Répudiée *(Tâlik)* en l'appelant par son nom, — et il peut soutenir, si elle se nomme Târik, qu'il a dit par erreur Tâlik — ou si, appelant Hafça (pour la répudier), Omara lui répond, et qu'il répudie celle-ci croyant parler à Hafça, car alors c'est Hafça qui est répudiée ; et elles le sont toutes les deux s'il y a des témoins (ou aveu du mari et que l'affaire soit portée en justice) (4).

La répudiation est encore nulle si elle est le résultat de la contrainte, quand bien même il s'agirait d'une contrainte légale (5), par exemple quand il y a estimation de

(1) La ratification de l'intéressé les rend valables ; mais les effets de la répudiation ne courent que du jour où elle est ratifiée, tandis que ceux de la vente rétroagissent au jour où elle a eu lieu.

(2) Cette décision repose sur un hadith : « Il y a trois cas où la plaisanterie est prise au sérieux : le mariage, la répudiation et le droit de reprendre la femme (*ou, d'après une autre version*, et l'affranchissement) ».

(3) Il devrait alors faire la preuve que l'expression a trahi sa pensée.

(4) Les commentaires établissent des distinctions selon que, dans ces cas, l'affaire est appréciée doctrinalement ou tranchée judiciairement.

(5) Si p. ex. le mari a juré de répudier sa femme si elle sort, et que

sa part de propriété sur un esclave (1) ou quand le mari a été contraint de réaliser un acte (auquel il avait subordonné la réalisation de la répudiation). Mais si le mari néglige d'employer dans la formule répudiaire qui lui est imposée des expressions qu'il savait être à double sens, la contrainte est réputée inexistante.

La contrainte résulte de la crainte d'une vive douleur, telle que la mort, des coups, la prison, la mise aux fers ou aux entraves, un coup donné en public sur la nuque à un homme de cœur (2), la mort de son enfant, un dommage dans ses biens, mais il y a hésitation sur la question si ce dommage doit être important. La menace de tuer un étranger (même un parent autre qu'un descendant ou un ascendant) ne constitue pas la contrainte, mais il est ordonné (comme étant un acte recommandable) de jurer (par la répudiation) pour le sauver.

La contrainte résulte des mêmes motifs dans les cas d'affranchissement, de mariage, d'aveu, de serment et autres analogues. Mais pour les cas d'apostasie, d'injures dirigées contre le Prophète et de diffamation à l'égard d'un musulman, la seule crainte de la mort constitue la contrainte. De même, celle-ci n'est regardée comme existant à l'égard d'une femme que quand elle ne trouve de quoi ne pas mourir de faim que chez celui à qui elle se prostitue. Dans ces divers cas, il vaut mieux, cependant, affronter la mort.

celle-ci soit appelée par le kadi à prêter serment dans la mosquée, etc., Khalil adopte l'opinion de Moghira, qui est en contradiction avec ce qu'enseigne la *Modawwana*.

(1) Le mari a juré qu'il répudierait sa femme s'il vendait son droit partiel de propriété sur tel esclave ; puis son copropriétaire affranchit dans la mesure de son droit cet esclave. Or, la valeur du droit du mari est estimée et mise à la charge du manumisseur. (Voir la trad. Perron, VI, 138 et s. ; Khalil, texte, p. 216, l. 15 et s.).

(2) C'est l'équivalent de notre soufflet.

Il n'est pas permis, sous l'empire de la contrainte, de tuer ou de mutiler un musulman, non plus que de violer une femme (libre ou mariée).

Sur le caractère obligatoire d'un acte de piété (1) dont l'accomplissement a été imposé par un serment arraché par la contrainte, il y a deux opinions. Il y en a deux aussi sur la ratification librement consentie d'un acte tel que la répudiation (et autres de ce genre) accompli par contrainte (2) ; mais le mieux est d'en admettre la validation (3).

c) *Existence du lien conjugal*

La possibilité de répudier consiste dans la possession, même suspensive, par le mari du lien conjugal antérieurement à la répudiation, par exemple si, en faisant sa demande en mariage, il dit à une femme qui lui est encore étrangère : « elle sera répudiée », ou bien : « elle sera répudiée si elle entre dans telle maison », et que, dans son intention, cela s'applique à l'époque qui suivra son mariage avec elle. Elle se trouve alors répudiée sitôt accomplie la condition ou du mariage ou de l'entrée dans la maison, et a droit à la moitié de la dot (4), sauf cepen-

(1) S'il s'agit d'un acte coupable ou simplement permis, on admet unanimement qu'il n'a pas de caractère obligatoire.

(2) Mais on est unanime à reconnaître que le mariage contracté par contrainte doit être dissous.

(3) Ce qui entraîne cette conséquence, que les prescriptions relatives à la répudiation et à la retraite légale courent du jour de l'accomplissement, et non de la ratification, à condition que le mari n'ait pas conservé toute liberté avec la femme après que la contrainte s'est exercée.

(4) Dans le second cas, elle a droit à l'intégralité de la dot si la condition se réalise après la consommation du mariage.

dant, d'après l'opinion la plus juste, quand le mariage a été répété plus de trois fois (1).

Si le mariage était consommé, le mari ne devrait que la dot convenue (ou la dot d'équivalence) (2), de même que dans le cas où il cohabiterait sans savoir qu'il est en état de parjure (par suite de la réalisation, qu'il ignore, de la condition).

De même, (la répudiation lie celui qui la prononce) quand, tout en la faisant porter sur toute une race ou une provenance ou une période qui ne dépassera pas la durée probable de sa propre vie, il laisse en dehors beaucoup (de femmes ou de temps (3) ; mais cette répudiation ne s'applique pas à ses épouses actuelles, à moins qu'il ne reconvole, après une séparation définitive, avec celle qui appartient à l'une des catégories désignées.

Cependant, le mariage avec la femme (qui ne lui était rien et dont l'homme a promis que, s'il l'épousait, elle serait répudiée) est permis (4).

Le mariage avec des esclaves est permis à celui qui

(1) Dans l'hypothèse que voici : le mari a dit : « Tu seras répudiée *toutes les fois* que je t'épouserai », et par trois fois il a épousé, et par suite répudié par trois fois, chaque fois entraînant la dette d'une demi-dot ; s'il la réépouse une quatrième fois, il ne doit plus la demi-dot, d'après Toûnisi et 'Abd el-Hamid, car ce mariage est vicié. Mais elle serait due de nouveau si ce quatrième mariage a lieu après que cette femme s'est mariée avec un autre homme.

(2) Contrairement à l'opinion qui lui impose dans ce cas une dot et demie.

(3) P. ex., « je répudierai toute femme de Roum, *ou* toute femme de Médine, *ou* d'ici à deux ans ». La durée probable de la vie est estimée, selon les auteurs et les cas, à 70, ou 75, ou 80, ou 90 ans.

(4) Et comme suite à ce mariage, la répudiation aura lieu aussitôt. Mais l'effet utile de cet acte sera de permettre à ce mari, dont l'engagement de répudiation est ainsi accompli, de réépouser ensuite cette femme, ou bien après qu'elle aura eu un autre mari si la répudiation est par trois, ou sans qu'elle se soit remariée si la répudiation est par un.

s'est engagé à répudier toute femme libre dont il deviendrait l'époux.

Le serment de répudier toute Egyptienne s'applique à celle dont le père (seulement) est Egyptien, et à l'allogène qui a pris les mœurs égyptiennes ; le serment portant sur Miçr s'applique au pays de ce nom (1) si l'on en a eu l'intention, ou, autrement, au district (s'étendant à trois milles) pour lequel l'assistance à la prière du vendredi (à Kâhira) est obligatoire.

Celui qui jure de ne pas se marier dans tel pays peut cependant y faire une promesse de mariage.

N'est pas lié celui dont le serment s'applique à toutes les femmes ou n'en exclut qu'un petit nombre, p. ex. « Sera répudiée toute femme que j'épouserai autrement qu'avec une dot fiduciaire », ou « toute femme autre que de telle bourgade » bourgade qui serait sans importance, ou « toute femme que je n'aurai pas vue » quand il perd la vue, — ou celui qui jure de répudier toute vierge quelconque après avoir juré de répudier toute femme déflorée, et réciproquement (2), — ou celui qui redoute, avant l'expiration du délai (jusqu'où il vivra apparemment) pendant lequel il a juré de répudier, de tomber dans le péché de fornication, alors qu'il ne peut prendre de concubine (3) — ou celui qui jure de répudier la dernière femme qu'il épousera (4) : dans ce dernier cas, d'après Ibn el-Mawwâz et Sahnoûn, il est tenu à l'écart de sa

(1) Qui s'étend d'Alexandrie à Oswân ou Syène : mais il semble préférable, continuent les commentaires, de restreindre ce mot au canton de Kâhira.

(2) Mais celui de ces serments qui a été prononcé le premier doit être respecté.

(3) A plus forte raison ne serait-il pas lié s'il avait fixé un délai tel qu'il n'en verra vraisemblablement pas la fin.

(4) Cela équivaudrait au serment de répudier n'importe quelle femme,

première femme jusqu'à ce que son mariage avec une seconde (rende licite la cohabitation avec la première), et ainsi de suite, de sorte qu'il est à l'égard de la première comme s'il avait prêté le serment de continence (1) ; mais Lakhmi n'admet cette solution que pour les femmes autres que la première (2).

Quand à la suite du serment « Si je n'épouse pas une Médinoise, la femme que j'épouserai sera répudiée », ou épouse une non-Médinoise, la répudiation résulte de l'acte même du mariage ; mais on interprète aussi la *Modawwana* comme s'appliquant au cas où le mariage avec la non-Médinoise précède celui qui est fait avec la Médinoise (3).

C'est au moment où le mari exerce son droit de répudiation que la valeur en est appréciée (4). Par suite, l'accomplissement par la femme, alors qu'elle est répudiée définitivement, de l'acte qui devait entraîner sa répudiation, ne produit aucun effet (5) ; mais s'il reconvole avec

puisque la mort seule du jurant établira quelle est la dernière de ses femmes.

(1) En conséquence, la première femme prétendant que la non-cohabitation est un acte de mauvais gré de son mari qui pourrait épouser une seconde femme, le juge saisi de l'affaire assignera, comme pour le serment de continence, un délai qui part du jour où l'action est intentée.

(2) C. à d. qu'à l'égard de celle-ci le serment est inopérant.

(3) Cette différence s'explique par le fait que les uns donnent au *si* une valeur absolue, et font de ce serment l'équivalent de « toute femme non-Médinoise... », tandis que d'autres laissent au *si* sa valeur conditionnelle.

(4) Ainsi l'esclave qui s'engage, si telle condition se réalise, à répudier par trois, le fera valablement s'il a recouvré sa liberté lors de la réalisation de la condition, bien qu'il n'eût pu le faire s'il n'était, dans l'intervalle, devenu libre.

(5) Bien que le texte ne parle que d'un acte de la femme, il va de soi que si l'acte dont il s'agit doit avoir le mari pour auteur, la conséquence de son accomplissement est la même.

elle et qu'elle accomplisse (ou ait accompli) cet acte dans la période fixée par lui et alors qu'il exerçait encore quelque chose de l'autorité maritale (1), il doit tenir son serment (2).

Les conséquences sont les mêmes dans le cas de serment par assimilation incestueuse. Au contraire, le serment par lequel le mari s'engage vis-à-vis de sa femme (à répudier toute autre femme qu'il épouserait) est valable pour la durée de la présente union et pour les unions subséquentes qu'il pourrait recontracter avec elle (3). S'il la répudie et en épouse une seconde, puis réépouse la première, la nouvelle venue se trouve répudiée, et il ne peut prétendre, même en arguant de son intention, qu'il n'a pas fait tort à la bénéficiaire du serment, car celui-ci avait pour but de ne pas réunir deux coépouses. Mais en est-il ainsi parce que le serment prêté était conforme à l'intention de la bénéficiaire ou parce que les témoins (appelés en justice) se prononceraient contre le mari ? Il y a deux interprétations.

(Le serment de répudier toute femme) pendant que vivra une telle (épouse ou autre) vaut pour la vie de celle-ci, à moins que l'intention du jurant n'ait été « tant qu'une telle (mon épouse) sera soumise à mon autorité maritale ».

Si un mari esclave fait dépendre la répudiation par trois d'(un fait tel que) l'entrée de sa femme dans tel endroit et que cette entrée ait lieu après que lui-même a recouvré

(1) C. à d. quand elle n'a pas été répudiée par trois. Les Chaféites, au contraire, n'admettent pas cette renaissance ou prolongation de l'autorité maritale.

(2) Le texte dit : « Il est en état de rupture de serment », c. à d. aussi longtemps qu'il ne prononce pas la répudiation ; en d'autres termes, il doit prononcer la répudiation qui dépendait d'une condition suspensive.

(3) Cette décision n'est pas généralement suivie, et Derdir la qualifie de *faible*.

sa liberté, cette répudiation est dûment valide (1) ; s'il a parlé de la répudiation par deux, il ne peut plus disposer que d'une répudiation par un, et il en est de même quand, dans les mêmes conditions (2), il a parlé de la répudiation par un.

Est irréalisable l'engagement du mari de répudier, lorsque son père mourra, l'épouse qui est une esclave appartenant à ce père (3).

D) *Formules de répudiation*

P. 100, 14. — Les formules explicites de répudiation sont : « Je répudie, — je suis libéré de toi, — tu es libérée de moi, — tu es rendue répudiée, — la répudiation m'oblige », à la différence de « tu es débarrassée » (4). L'emploi de l'une des cinq premières entraîne la répudiation par un, à moins que l'intention du mari ne soit de la faire par plus d'un. Il en est de même de (la formule métaphorique) *i'taddi* (5) ; mais quand le mari nie avoir songé à répudier et que les circonstances établissent qu'il était question de compter, son dire (corroboré par serment) fait

(1) On a vu plus haut qu'il est tenu compte de la capacité du mari au moment où se réalise la condition qu'il a mise à sa répudiation, et non au moment où il l'exprime.

(2) C. à d. quand il recouvre sa liberté après avoir fait dépendre la répudiation par un de la réalisation de tel événement.

(3) Le père étant musulman, le fils hérite de lui soit en totalité soit en partie, et par suite le mariage qu'il a contracté avec cette esclave se trouve rompu : il n'y a donc pas lieu à répudiation.

(4) Il est peu facile de faire sentir dans la traduction des nuances qui, dans le texte, dépendent de la valeur grammaticale ou lexicographique des dérivés d'une même racine. La sixième formule, si elle est prononcée avec l'intention conforme, est également regardée comme répudiaire.

(5) Ce mot a le double sens « fais le compte » ou « sois en attente légale », et de là vient l'explication donnée par le texte.

foi. Il fait foi encore quand, sa femme étant attachée et lui demandant de la délivrer (il répond « Tu es libérée »); mais s'il la délivre sans qu'elle le lui demande (et qu'il lui adresse ces mêmes mots), il y a deux interprétations.

La répudiation par trois résulte des formules : « Tu es retranchée, — tu as la bride sur le cou, — tu es répudiée d'une fois et définitivement » (cette dernière n'étant par trois que si le mariage est consommé), ainsi que de celles-ci, quand elles sont prononcées dans cette intention : « Je te laisse le chemin libre, — rentre chez toi » (qui ne valent que par un, sauf intention contraire, si le mariage n'est pas consommé).

Elle est encore par trois, sauf intention contraire, quand le mariage n'est pas consommé, par suite de ces mots (1) : « Tu es pour moi comme un cadavre *ou* comme du sang — je te donne *ou* je te rends à ta famille — tu m'es interdite *ou* l'épouse vers qui je me tournerai m'est interdite — tu es libre — tu es séparée définitivement, *ou* je suis libre — je suis séparé définitivement. » Si ensuite il veut réépouser cette femme, il doit prêter serment au sujet de l'intention qu'il avait eue.

Sa bonne foi est admise quand il nie avoir eu l'intention de répudier et que les circonstances en témoignent (2).

Il y a répudiation par trois quand il dit : « Je n'ai pas d'autorité maritale sur toi » alors qu'il n'y a pas rachat (3),

(1) Si le mariage est consommé, la répudiation est par trois sans qu'il y ait à tenir compte de l'intention.

(2) Cette disposition s'applique à la série des diverses formules énumérées en dernier lieu ; mais, d'après la *Modawwana*, à celles seulement où sont employés les mots « libre, indemne *ou* séparée », et qui sont équivoques par elles-mêmes.

(3) Ces derniers mots ont été replacés à la place que leur assignent les commentaires : en effet, il y a alors *khol'*, et la répudiation est par un et définitive. Pour cette formule « je n'ai pas d'autorité, etc. »,

ou quand elle lui achète (non pas la séparation, mais) l'autorité maritale.

Il y a répudiation par trois, sauf intention contraire, quand, le mariage ayant ou non été consommé, il dit : « Je te laisse le chemin libre », et répudiation par un quand il dit : « Je me sépare de toi. »

C'est l'intention du mari qui décide, (que le mariage ait ou non été consommé), de l'existence même de la répudiation et de son caractère simple ou multiple, dans les formules : « Va-t-en — retire-toi — je ne t'ai point épousée — tu es libre — tu es affranchie — rejoins ta famille — tu n'es pas une femme pour moi, » ou quand, répondant à la demande s'il est marié, il répond négativement. Cependant l'expression « Tu n'es pas une femme pour moi si telle chose se passe » est une répudiation par trois.

Les expressions « Il n'y a pas de mariage entre toi et moi — je n'ai pas de droit de propriété sur toi — je n'ai aucune direction à t'imposer » sont sans conséquence si elles constituent de simples reproches ; autrement elles valent comme répudiation (par trois ou) définitive (1).

La femme devient-elle interdite (2) par les expressions : « Ma face est interdite à la tienne — ma face sur la tienne est interdite — ma manière de vivre est interdite, » ou bien sont-elles sans conséquence, de même que le sont les tournures suivantes employées par le mari, s'adressant à sa femme : « O interdite — le licite est interdit — quelque chose de licite m'est interdit — tout ce que je possède

il n'est tenu compte de l'intention du mari qu'à l'égard de la femme avec qui le mariage n'est pas consommé.

(1) Bien que notre texte ne fasse pas de distinction, certains prétendent que, quand le mariage n'a pas été consommé, il faut tenir compte de l'intention du mari.

(2) C. à d. y a-t-il répudiation par trois, de sorte que le remariage avec elle ne devient licite qu'après qu'elle a eu un autre époux ?

8

[*mais sans qu'il y veuille comprendre sa femme*] est interdit » ? Il y a deux dires.

Les expressions « Tu es libérée de moi — tu es affranchie — il n'y a entre toi et moi ni licite ni illicite » imposent au mari l'obligation de jurer qu'il n'a pas voulu par là la répudiation ; mais s'il décline le serment, c'est d'après son intention qu'elle est déclarée simple ou multiple.

Dans tous ces cas (1), il lui est infligé un châtiment (laissé à l'appréciation du juge).

Il n'est pas tenu compte de l'intention du mari quant au caractère simple ou multiple de la répudiation (laquelle est alors déclarée par trois) lorsqu'il nie avoir songé à répudier en répondant : « Tu es séparée définitivement — tu es indemne — tu es libérée — tu es séparée radicalement » à sa femme lui disant : Je voudrais que Dieu me sépare de ta compagnie ».

Quand le mari en disant : « Donne-moi de l'eau à boire » ou toute autre parole (2) a pour but la répudiation, celle-ci est acquise (3), au contraire du cas où, voulant prononcer une formule répudiaire, il a dit par erreur : « Donne-moi de l'eau » (ou quelque autre phrase), — ou de celui où, voulant répudier par trois d'un seul coup, il dit : « Tu es répudiée » sans y rien ajouter.

Les épithètes de mère, de sœur, etc., adressées à l'épouse sont des mots sans aucune conséquence.

La répudiation résulte encore d'une indication de nature à la faire comprendre, du simple fait de charger un

(1) Cela se rapporte aux cas énumérés depuis l'alinéa : c'est l'intention du mari qui décide, etc.

(2) Aucun acte ne pourrait produire le même effet, à moins qu'il n'ait une valeur symbolique consacrée par l'usage.

(3) Parce que, dit-on, ces paroles constituent autant de métonymies voilées !

messager de la transmettre, du fait qu'elle est mise par écrit lorsqu'il y a résolution arrêtée, ou, lorsque cette rédaction n'est qu'un projet, du fait qu'elle arrive à la femme (1). Mais quand l'expression de la volonté de répudier est restée intime, il y a divergence.

La formule de répudiation, quand elle est répétée et que chacune des répétitions est reliée à la précédente par l'une des particules *et*, *puis*, *ensuite*, vaut comme étant par trois quand le mariage a été consommé (ou non). Il en est de même et en tout cas (2) par l'emploi d'une seule formule avec addition des mots « deux répudiations en outre ».

La formule trois fois répétée, mais sans emploi de l'une des particules citées, est une répudiation par trois à l'égard de la femme avec qui le mariage a été consommé, comme aussi, quand la répétition s'est faite tout d'une haleine, à l'égard de celle avec qui il n'y a pas eu cohabitation, mais il faut dans les deux cas qu'il n'y ait pas eu simplement intention corroborative. Cette intention pour être valable ne doit pas porter sur une répudiation subordonnée à l'accomplissement de plusieurs actes (3).

A la suite d'une répudiation (révocable, après cohabitation, et pendant la période d'attente), le mari interrogé sur ce qu'il a fait et répondant « ma femme est répudiée », y a-t-il là, quand son intention n'a pas été de donner un simple renseignement, une répudiation simple ou par deux ? Il y a deux dires.

La répudiation par un résulte des formules : « Tu es

(1) Par suite p. ex. d'un hasard ou d'une indiscrétion.

(2) Sans distinguer si le mariage a ou non été consommé.

(3) Ainsi la femme parlant à Zeyd et entrant dans telle maison alors que le mari a dit : « Tu es répudiée si tu parles à Zeyd ; tu es répudiée si tu entres dans telle maison » encourt deux répudiations, et le mari ne peut prétendre qu'il n'avait songé qu'à une seule.

répudiée d'une demi-répudiation — de la moitié de deux répudiations — de deux moitiés d'une répudiation — d'une moitié et d'un tiers de répudiation — d'une répudiation multipliée par un — chaque fois que tu feras telle chose » et que ce fait se répète — « tu es répudiée à toujours (1) ».

La répudiation par deux résulte des formules : « Tu es répudiée d'un quart de répudiation et d'une moitié de répudiation (2) — d'une répudiation multipliée par deux — de la répudiation (3) dans son intégralité moins sa moitié » ; et de même quand un homme dit « si je t'épouse tu es répudiée », puis qu'il dise à propos du lieu d'origine de cette même femme « toute femme de ce lieu que j'épouserai sera répudiée ».

La répudiation par trois résulte des formules : « Tu es répudiée d'une répudiation intégrale moins une demi-répudiation (4) — de deux répudiations multipliées par deux — toutes les fois que tu seras menstruée — toutes les fois que, *ou* aussi souvent que, *ou* à chaque fois que je te répudierai, *ou* que ma répudiation t'atteindra, tu seras répudiée », quand il y a après cela une répudiation unique ; — « si je te répudie tu es d'avance répudiée par trois ».

Il y a répudiation par un pour chacune des quatre femmes à qui le mari dit « Il y a pour vous toutes une répudiation » (ou deux, ou trois ou quatre, mais) pas plus

(1) Cette dernière formule est, préférablement, regardée comme étant par trois.

(2) Cette manière de dire implique deux fractions dont chacune, faisant partie d'une unité différente, est comptée comme un entier, à la différence de la formule presque analogue qui ne compte que pour un.

(3) Le mot *talâk* du texte est ici mis en opposition avec *talka* pris comme nom d'unité.

(4) La répudiation intégrale est par trois, qui, diminués d'une moitié, représentent deux et demi ; or le demi compte pour un entier.

de quatre (1). D'après Sahnoûn, le fait d'associer les quatre femmes dans une répudiation par trois équivaut à cette dernière vis-à-vis de chacune d'elles (2).

Quand le mari (de trois femmes, après avoir répudié la première par trois, dit à la seconde) « Tu es copartageante d'une répudiée par trois », et à la troisième : « Tu es copartageante des deux autres », la seconde est répudiée par deux, la première et la troisième par trois.

Celui qui fractionne la répudiation subit un châtiment (à l'estimation du juge), de même que celui qui répudie une portion (même non-indivise), une main par exemple.

Elle résulte, d'après l'opinion la meilleure, des mots : « Ta chevelure est répudiée — ta parole est répudiée », mais non de « Ta toux, *ou* ton crachat, *ou* tes pleurs sont répudiés (3) ».

L'addition d'une exception à l'aide d'une particule restrictive est valable si elle fait corps avec la formule et n'en épuise pas l'effet (4). Il y a donc répudiation par deux si l'on dit « Je répudie par trois moins un moins trois » (5) ou bien « Je répudie par trois, *ou* d'une façon définitive,

(1) La fraction compte pour l'entier, et par suite il y a une répudiation pour chaque femme, de même que si le mari dit « cinq répudiations, *ou* neuf répudiations », chacune serait répudiée ou par deux ou par trois.

(2) Cette décision de Sahnoûn est regardée par les uns comme conforme à la précédente, et par d'autres comme lui étant opposée.

(3) En d'autres termes, le crachat, etc., sont séparés de la femme, n'en font plus partie intégrante ; au contraire, la salive, tant qu'elle n'est pas expulsée sous forme de crachat, fait partie de sa personne, et la répudiation de la salive entraînerait celle de la femme.

(4) Ainsi, « je te répudie par trois moins trois » équivaut à la répudiation par trois, parce qu'il n'est pas tenu compte de la restriction, qui épuise la valeur de la formule prononcée.

(5) Le « moins trois » épuiserait la valeur de « par trois » ; on ne tient donc compte que du « moins un ».

moins deux moins un » (1); et il y a répudiation par un si l'on dit « Je répudie par un et par deux moins deux » s'il y a intention de soustraire deux du tout; et faute d'intention ou avec l'intention de soustraire deux de un ou de deux, la répudiation est par trois (2). Mais faut-il ou non tenir compte d'une exception dépassant trois ? Il y a deux dires.

59. Répudiation conditionnelle

P. 102, 11. — La répudiation est parfaite sur-le-champ si elle est subordonnée à la réalisation d'un fait passé et que n'admet pas la raison, l'usage ordinaire ou la loi (3), ou même qui est licite, par exemple « je jure par la répudiation que, si tu étais venu, je t'aurais payé » — ou d'un fait futur certain (4) que, vraisemblablement et selon l'usage, l'un et l'autre époux verront s'accomplir, par exemple « dans un an, *ou* le jour de ma mort, *ou* si je ne touche pas le ciel, *ou* si cette pierre n'en est pas une » — ou à cause de son caractère de plaisanterie, par exemple « tu es répudiée hier » (5) — ou subordonnée à l'accom-

(1) Le raisonnement est celui-ci : l'exception apportée à une affirmation est une négation, et l'exception apportée à une négation est une affirmation; or 3 — 2 = 1; puis de 2 dont on tire 1, il reste encore 1, c. à d. 1 + 1 = 2.

(2) Car alors l'exception a épuisé le nombre exprimé.

(3) Exemples : « Je jure par la répudiation que si Zeyd était venu hier j'aurais tué son père défunt, *ou*, je l'aurais élevé au ciel, *ou* je l'aurais tué ».

(4) Il vaudrait mieux dire « d'un fait futur que vraisemblablement... ou d'un fait certain » (Ça'idi).

(5) Cette règle est ici déplacée, puisqu'il est question de l'effet de certaines conditions auxquelles le mari veut subordonner la répudiation; voir p. 108.

plissement d'un fait dont on ne peut s'abstenir, par exemple « si je me lève *ou* si tu te lèves » (1), ou qui est de règle, par exemple « si tu es menstruée » — ou d'un fait contingent et canoniquement obligatoire, par exemple « si je prie (*ou* si tu pries) » — ou d'un fait invérifiable sur-le-champ, par exemple « si tu es grosse d'un garçon, *ou* si tu ne l'es pas, s'il y a deux amandes dans cette coque, si un tel est au paradis, si tu es enceinte *ou* ou si tu ne l'es pas ». La femme est réputée n'être pas enceinte quand le serment est prononcé au cours d'une période intermenstruelle où il n'y a pas eu de rapports sexuels, et même, d'après Lakhmi, quand il y en a eu mais en fraudant la nature (2).

De même la répudiation est parfaite à la suite du serment subordonné à une condition qu'il nous est impossible de connaître, p. ex. « si c'est la volonté de Dieu, *ou* des anges, *ou* des génies », — ou quand le mari rapporte cette volonté au fait à la réalisation duquel la répudiation est subordonnée (3), au contraire du cas où il subordonne ce seul fait à son bon vouloir (4).

Elle est parfaite s'il dit « S'il ne pleut pas demain », et non si aucune limite de temps n'est fixée (ou que cette limite soit trop éloignée), ni non plus si son serment a

(1) Bien entendu, si cette condition est énoncée d'une façon absolue, et non restreinte à une période limitée.

(2) Cette phrase n'est pas autre chose qu'une parenthèse, dont le but est d'indiquer si le mari a fait un serment dit *de piété*, sous la forme « si tu es enceinte » ou *de parjure*, sous la forme « si tu n'es pas enceinte ». Le premier n'entraine pas la répudiation, à la différence du second.

(3) Exemple : « Tu seras répudiée si j'entre dans telle maison si Dieu le veut ».

(4) Exemple : « Tu seras répudiée si, etc., à moins que je n'en juge autrement ».

trait à ce qui se produit ordinairement de sorte qu'un délai s'impose (1). Mais y a-t-il lieu (en dehors de ce dernier cas) d'accorder un délai, comme le croient la plupart, dans le serment *de piété,* ou bien la répudiation est-elle immédiatement parfaite, comme dans le serment *de parjure?* Il y a deux interprétations (2).

Elle est encore parfaite si elle est subordonnée à l'accomplissement d'un acte prohibé, p. ex. « Si je ne commets pas un stupre », à moins que cet acte ne soit antérieur à la décision judiciaire la consacrant (3), — ou subordonnée à une chose qui ne peut être connue ni dans sa forme actuelle ni dans son résultat ultérieur (4), cas où cependant on fait confiance au mari si la connaissance actuelle, par lui alléguée, est possible (5) : par suite, deux maris s'engageant à répudier leurs deux femmes respectives, l'un si tel oiseau est un corbeau et l'autre dans le cas contraire, et leurs serments à ce sujet étant inconciliables, c'est la femme de celui qui ne se déclare pas absolument sûr du fait qui se trouve répudiée (6).

(1) Exemple : telle forme de nuage se montrant et la pluie en étant la suite ordinaire, il peut dire valablement : « Tu seras répudiée s'il ne pleut pas demain ».

(2) C.-à-d. en dehors du cas où il est permis de prévoir la pluie, faut-il consentir un délai quand il y a serment *de piété*, sous la forme « tu es répudiée s'il pleut avant un mois d'ici » ou la répudiation est-elle immédiate comme dans le cas de serment *de parjure*, sous la forme « s'il ne pleut pas demain » ?

(3) L'acte coupable ayant été commis avant la comparution en justice, le serment ne lie pas celui qui l'a prononcé, mais il doit satisfaire à l'expiation.

(4) Répétition de la condition indiquée plus haut « si c'est la volonté de Dieu, etc. ».

(5) Si p. ex. il affirme par serment avoir aperçu le croissant le trentième jour du mois alors que le ciel est nuageux.

(6) De même que chacune des deux sera répudiée si chaque mari se tient ferme dans son affirmation.

60. Répudiation conditionnelle inefficiente

P. 103, 2. — Le mari n'est pas parjure (1) s'il subordonne la répudiation à un fait futur irréalisable, p. ex. « si je touche le ciel, *ou* si cette pierre le veut » (2), — ou à la volonté d'un tiers de qui l'on ne peut connaître la décision (3) — ou à l'arrivée d'une date que les conjoints ou l'un d'eux ne verront vraisemblablement pas — ou quand il dit : « Je t'ai répudiée alors que j'étais impubère », ou bien : « Tu seras répudiée quand *ou* lorsque je mourrai, *ou* si je meurs » (4), à moins que par *si* (*quand* ou *lorsque*) il ne veuille nier qu'il ne mourra pas (soit jamais, soit de la maladie dont il souffre) (5) — ou quand il dit (sachant que sa femme n'est pas enceinte) « si tu accouches d'une fille (ou d'un garçon) » ou « quand tu seras grosse », à moins cependant qu'il n'ait cohabité même une fois avec elle, fût-ce avant son serment de répudiation, — et il en est de même dans la formule « Si tu es grosse et que tu accouches ».

(1) Et par suite la répudiation n'est pas prononcée à son encontre ; cela, quand le serment de répudiation est énoncé dans la forme *de piété* « si je touche le ciel » ; sous la forme « si je ne touche pas le ciel », il y a répudiation, ainsi qu'on l'a vu.

(2) D'autres disent qu'il y a répudiation, car elle est prononcée sous forme de plaisanterie.

(3) Exemple : « Si Zeyd le veut », alors que Zeyd est mort ou qu'il vient à mourir avant de s'être prononcé. Il n'y a donc pas confusion à faire avec « Si Dieu le veut ».

(4) La formule « Tu seras répudiée le jour de ma mort » équivaut à un mariage à terme, et par suite la répudiation est prononcée par justice. Dans les formules ici citées, la répudiation proviendrait d'un mort, et partant est inexistante.

(5) Il y a donc répudiation, car c'est comme s'il disait « Tu es répudiée, ou je ne mourrai pas ».

Il n'y a pas non plus (parjure, et partant répudiation) quand celle-ci est subordonnée à l'existence d'un fait possible et autre que ceux qui arrivent généralement: *A*) Ce fait étant exprimé sous une forme affirmative, p. ex. « Le jour de l'arrivée de Zeyd », on attend cette date, et la journée dans le courant de laquelle Zeyd arrive est comptée comme un jour plein (1). Les tournures « A moins que Zeyd ne veuille pas » et « Si Zeyd le veut » ont une valeur égale, à la différence de « A moins qu'il ne me plaise pas (*ou* si cela me plaît) »; et il en est de même pour leur emploi dans les cas de vœu ou d'affranchissement. *B*) Ce fait étant exprimé sous une forme négative et sans fixation de délai, p. ex. « Si je n'arrive pas » (2), la vie commune avec la femme est interdite au mari, à moins qu'il n'ait dit « Si je ne l'engrosse pas, *ou* si je ne cohabite pas avec elle ». Mais cette interdiction de cohabitation a-t-elle lieu en tout cas, ou seulement (quand le fait visé ne s'accomplit qu'à une époque déterminée) quand il a dit p. ex. « Si je ne vais pas cette année (3) en pèlerinage » alors que la date du pèlerinage n'est pas arrivée? Il y a deux interprétations.

61. Répudiation conditionnelle immédiatement efficiente

P. 103, 11. — Cependant la répudiation est immédiate (et prononcée par justice) contre celui qui dit « (Tu es

(1) La conséquence en sera que si ce jour-là la femme est menstruée, la répudiation sera retardée; de même pour le point de départ de la période de retraite, pour la successibilité, etc.

(2) Il serait préférable de dire : « Si je ne fais pas ».

(3) Il vaut mieux supprimer ces deux mots, qui ne figurent d'ailleurs pas dans le texte de la *Modawwana*.

répudiée) si je ne te répudie pas » en s'exprimant d'une manière absolue ou en fixant un délai — ou encore « Si je ne te répudie pas définitivement le premier du mois, tu le seras le premier du mois, *ou bien*, c'est dès à présent (1) ». Elle a lieu (dans ce dernier cas) immédiatement quand même le moment qui lui a été fixé serait passé. De la même manière, quand on dit « Tu es répudiée aujourd'hui si je parle demain à un tel », et que la conversation a lieu, (la répudiation part du jour où la condition est réalisée) (2).

Le mari ayant dit « Si je ne te répudie pas par un dans un mois, tu l'es dès à présent par trois » et prononçant avant l'expiration de ce délai la répudiation par un, celle-ci le dégage ; mais s'il ne le fait pas, il sera prévenu en ces termes : « Ou bien répudie par un dès à présent, ou bien la répudiation deviendra définitive ».

Quand la condition suspensive du serment (de répudiation ou d'affranchissement) est exprimée sous forme *de piété* (3) et est constituée par un acte d'autrui, la règle est la même que pour l'acte du mari (4). Mais quand elle est sous forme *de parjure* (5) en est-il de même, ou bien le délai du serment de continence ne lui est-il pas concédé,

(1) On arriverait ainsi à contracter le mariage dit *de jouissance* ou à terme.

(2) En d'autres termes, le mot « aujourd'hui » est une superfétation dont il n'est pas tenu compte.

(3) Exemple : « Si un tel entre dans la maison, *ou* si tu entres dans la maison ».

(4) C.-à-d. que le mari peut cohabiter avec sa femme, et que le maître peut vendre son esclave. Si le serment est sous forme *de piété avec délai*, p. ex. : « Si un tel n'entre pas dans la maison d'ici un mois », la cohabitation est permise, mais la vente de l'esclave interdite.

(5) Exemple : « Tu es répudiée, *ou* libre, si un tel n'entre pas dans la maison ».

mais seulement un délai (laissé à l'appréciation du juge)? Il y a deux dires.

Le mari qui, après avoir avoué un acte (ou un fait quelconque) jure ensuite (par la répudiation) qu'il n'a pas agi ou parlé ainsi, est cru quand il prête serment (par Dieu devant le kâdi) (1). Au contraire, il ne l'est pas quand son aveu (même faux) est postérieur à son serment (par la répudiation), et celle-ci est prononcée aussitôt contre lui si la femme entend son aveu et que la répudiation dont il s'agit soit définitive ; elle ne doit plus s'abandonner à lui ni se parer à son intention, à moins qu'elle n'obéisse à la contrainte ; elle a même à chercher à racheter sa liberté (par tous les moyens). Mais peut-elle le tuer quand il veut lui faire violence ? Il y a deux dires.

62. Répudiation sous condition douteuse

P. 103, 19. — Le mari doit (2) se séparer de sa femme quand (il subordonne la répudiation à une condition dont l'existence est invérifiable), p. ex. « si tu m'as aimé, *ou* si tu me hais » ; mais est-ce en tous cas, ou seulement si sa réponse le met en état de parjure, de sorte qu'alors la justice intervienne (3)? La *Modawwana* fournit des arguments aux deux interprétations.

(1) Cela veut dire que la femme ne pourra faire prononcer la répudiation par justice ; mais quant au fait lui-même, le mari est tenu par son aveu et sera traité en conséquence, subira p. ex. la peine légale s'il a avoué avoir bu du vin.

(2) Pour les uns, c'est une prescription canonique, et pour d'autres c'est seulement recommandé ; mais il n'y a pas intervention de justice.

(3) Exemples du premier cas : « Je ne t'aime pas, *ou* je ne te hais pas » ; du second : « Oui, je t'aime ».

Il doit encore le faire pour accomplir des serments sur la nature desquels il est dans le doute (1).

Au contraire, il n'a pas à le faire quand il doute s'il a ou non répudié (2), à moins que, étant sain d'esprit, il ne fasse reposer son doute sur un indice sérieux, p. ex. quand (ayant juré par l'entrée de Zeyd dans telle maison) il voit entrer quelqu'un, mais doute si c'est Zeyd. Mais y a-t-il alors lieu à contrainte par justice ? Il y a deux interprétations.

Quand il a répudié Hind, l'une de ses deux femmes, et qu'il lui vient un doute (3), — ou quand il a dit : « L'une de vous deux est répudiée (4) » — ou encore quand il dit à l'une : « C'est toi qui es répudiée », puis à l'autre : « Ou plutôt c'est toi », dans les trois cas, l'une et l'autre sont répudiées.

Quand il dit à l'une des deux : « C'est toi, Hind, qui es répudiée », puis à la seconde : « Ou plutôt, Selma, c'est toi », il peut opter entre l'une ou l'autre. Quand il dit à l'une des deux : « C'est toi (Hind) qui es répudiée », et à l'autre : « Mais non pas toi (Selma) », Hind est répudiée, à moins cependant que le « non pas toi » ne soit une rétractation s'adressant à Hind.

(1) Allusion à la *Modaouwana*, qui dit : « Celui qui ne sait s'il a juré quelque chose par la répudiation, l'affranchissement, le pèlerinage ou l'aumône, a à répudier ses femmes, à affranchir son esclave, à aller à pied à la Mekke et à faire aumône du tiers de son bien ».

(2) Ce qui s'applique aux divers cas où il doute : s'il a ou non répudié, s'il a ou non juré et est parjure, si le tiers a ou non accompli l'acte dont dépend la répudiation. En cas d'affranchissement, au contraire, l'esclave bénéficie du doute, car la loi favorise la mise en liberté, tandis qu'elle voit d'un mauvais œil la répudiation.

(3) C. à d. si c'est bien elle qu'il a répudiée, ou si la répudiation prononcée suspensivement s'appliquait à Hind ou à sa compagne.

(4) Peu importe qu'il ait ou non songé à Hind, ou qu'ensuite la mémoire lui fasse défaut.

Quand il doute s'il a répudié par un, par deux ou par trois, cette femme ne redeviendra licite pour lui qu'après son mariage avec un autre homme. Quand il se rappelle la nature de la répudiation (et reprend cette femme) au cours de la période de retraite (1), son dire sera accepté. Mais quand (toujours sous l'empire du doute) il la réépouse après un autre, puis qu'il la répudie de nouveau, elle ne redeviendra licite pour lui que sous la même condition (de mariage avec un autre et ainsi de suite), à moins qu'il ne prononce une répudiation définitive (2).

Si (par exemple) un amphitryon jure (par la répudiation ou autrement) que Zeyd sera du nombre des convives et que Zeyd jure le contraire, c'est le premier qui sera déclaré parjure (3).

Quand la répudiation (est subordonnée à une condition dépendant elle-même d'une autre, p. ex.) : « Si tu entres dans cette maison et que tu parles à Zeyd », elle n'existe que par la réalisation de l'une et de l'autre conditions.

63. Valeur a accorder aux témoignages

P. 104, 7. — L'élément commun à deux témoignages non-identiques est seul retenu pour faire preuve, si un témoin dit que la répudiation a été exprimée par « interdite », et l'autre par « d'une manière définitive » ; — si, d'après l'un, la condition suspensive de l'entrée en tel

(1) Et de même quand, après l'*idda*, il la reprend en concluant avec elle un nouveau contrat.

(2) C'est ce qu'on appelle la question rotatoire المسئلة الدولابية

(3) Il a, en effet, juré une chose dont il n'est pas le maître. C'est Zeyd qui sera déclaré parjure s'il se rend de son gré à l'invitation ; s'il y est amené de force, ni l'un ni l'autre ne seront coupables.

lieu a été proférée en ramadhân, d'après l'autre en dhoû'lhiddja ; — si, la condition suspensive étant la même, l'un dit que l'entrée a eu lieu en tel mois, et l'autre dans tel autre mois ; — si, la conversation avec un tel constituant la condition suspensive, l'un dit que la conversation a eu lieu au marché, et l'autre à la mosquée ; — si la répudiation, d'après l'un, a eu lieu tel jour à Miçr et, d'après l'autre, tel autre jour à la Mekke. Il en est de même quand l'un affirme qu'il y a eu répudiation par un, et l'autre par plus d'un : le mari doit alors jurer qu'il n'a pas répudié par plus d'un, faute de quoi il est emprisonné jusqu'à ce qu'il jure (1).

Au contraire, il n'est pas tenu compte de l'élément commun se rapportant à deux actes (de nature différente) (2), ou à un acte et à un dire, p. ex., l'un attestant que la répudiation était subordonnée à l'entrée dans tel lieu, et l'autre, que cette entrée a eu lieu.

Quand deux témoins attestent qu'il y a eu répudiation par un mari (qui le nie) d'une de ses femmes, dont ils ne se rappellent pas le nom, leur témoignage est inopérant, mais le mari doit jurer qu'il n'en a répudié aucune.

Quand trois témoins attestent par serment (qu'il y a eu répudiation sous condition et que celle-ci est réalisée, mais chacun indiquant une condition différente) et que le mari refuse de jurer le contraire, il y a répudiation par trois (3).

(1) Si l'emprisonnement se prolonge trop, on s'en remet à la bonne foi du mari, qui n'est considéré alors que comme ayant répudié par un.

(2) Exemple : l'un atteste que la répudiation était subordonnée à l'entrée dans telle maison et que cette entrée a eu lieu : l'autre, au fait d'employer telle monture, emploi qui a eu lieu.

(3) Khalil eût mieux fait de ne pas relater cette dernière décision, qui n'est pas d'accord avec ce qu'il a dit un peu plus haut. D'après

64. Droit de répudiation consenti a l'épouse

P. 104, 14. — Le mari qui confie à sa femme le mandat de prononcer la répudiation peut le révoquer s'il ne résulte pas d'un autre droit à elle reconnu (1). Il ne le peut quand il lui consent le droit d'option ou remet (à elle ou à un tiers) le droit de disposer de sa personne, et dans ces deux cas les conjoints sont séparés jusqu'à ce qu'elle décide. La femme alors, même son mari lui ayant accordé un délai d'un an par exemple, est mise sous séquestre dès que le juge est informé, et elle doit se prononcer sans délai, faute de quoi l'autorité annule le droit que lui a consenti son mari (2).

On applique la réponse qu'elle fait en termes explicites pour accepter ou refuser la répudiation (soit en paroles, soit en acte), quand par exemple elle se livre (ou offre de se livrer) volontairement aux caresses de son mari, quand elle laisse expirer le délai qui lui a été fixé pour opter (ou disposer de sa personne), quand le mari, après une séparation définitive, la reprend (3). Le fait par la femme d'emporter ses effets ou de se livrer à quelque acte analogue indique-t-il ou non la répudiation ? Il y a hésitation.

Est acceptée l'explication qu'elle donne des réponses

la dernière opinion de Mâlek, qui est celle que l'on suit, le mari qui consent à jurer sort indemne ; mais s'il s'y refuse, il est emprisonné, puis, l'emprisonnement se prolongeant, on s'en remet à sa bonne foi, etc.

(1) Exemple : « Tu auras le droit de rompre le mariage si je te donne une coépouse », peu importe que cela soit dit dans le contrat ou plus tard, car il n'y a pas là un mandat proprement dit.

(2) Parce qu'il est d'ordre divin (nous dirions d'ordre public) que l'existence du lien conjugal ne soit pas laissée dans le doute.

(3) C.-à-d. la réépouse ; alors, en effet, le consentement de la femme a dû être donné, puisqu'il ne s'agit pas de la répudiation révocable,

par elle faites (aux offres d'option ou de disposition de sa personne) sous les formes « J'accepte — j'accepte mon affaire — j'accepte ce que tu me remets » comme signifiant soit le refus de ces offres, soit la répudiation, soit l'intention de garder le droit de réflexion.

Vis-à-vis de la femme à qui il a donné le droit d'option et avec qui il n'a pas cohabité, comme vis-à-vis de celle à qui il a donné le droit de disposer de sa personne, qu'il y ait eu ou non cohabitation, le mari peut ne pas accepter la répudiation : 1° quand elle est autrement que par un ; 2° qu'il a eu celle-ci dans l'intention (1) ; 3° qu'il proteste aussitôt qu'il est informé ; 4° qu'il confirme cette intention par un serment prêté sur-le-champ quand il y a eu cohabitation (2) ou, à défaut de celle-ci, au moment où il veut reconvoler avec cette femme ; 5° qu'il n'a pas dit à trois reprises, autrement qu'avec une simple intention corroborative « Ton affaire est dans tes mains » ; — et la même valeur corroborative est reconnue à la formule de répudiation renouvelée tout d'une haleine par la femme (qui n'a pas cohabité) — 6° que ce droit d'opter ou de disposer de sa personne n'est pas stipulé dans le contrat au profit de la femme (3).

ridj'a, cas où la femme, conservant provisoirement la qualité d'épouse, garde le droit d'option.

(1) Il eût été préférable de dire : « qu'il a eu dans l'intention une répudiation autre que celle qu'a prononcée la femme. »

(2) Afin de conserver ainsi le droit de reprendre sa femme et d'assurer l'existence provisoire du mariage, ce qui donne droit à la pension alimentaire, etc.

(3) Il n'y a pas, dans ce cas de stipulation au contrat, à distinguer si le mariage a ou non été consommé ; mais quand il l'a été et que la femme laisse cependant subsister quelque chose de l'autorité maritale (c. à d., semble-t-il, si la répudiation est par un ou par deux), le mari peut exercer le droit de reprise, *ridj'a*, ce qui n'est cependant pas admis par Sahnoûn.

Mais ce (droit d'option ou de libre disposition de sa personne) étant (écrit) tel quel (par le notaire), doit-il ou non être considéré comme une condition ? Il y a deux dires (1).

Le mari qui a concédé ce droit (2) et qui (après que la femme en a usé) prétend d'abord n'avoir pas songé à la répudiation, puis déclare qu'il s'agit de la répudiation par un, est cru (quand il confirme son dire par serment) ; mais cette décision d'Ibn el-Kâsim est combattue par Açbagh.

Quand il a concédé le droit d'option (seulement, mais) sans restriction, et qu'il y a eu cohabitation, il ne peut se soustraire à la répudiation par trois.

Quand ayant le droit d'option et après cohabitation, elle dit « Je libère ma personne » et que, interrogée sur-le-champ ou peu après (3), elle répond avoir voulu la répudiation par trois, celle-ci s'impose, — tandis qu'elle peut être déniée par le mari dans le cas où elle a reçu la libre disposition de sa personne. Quand, ayant le droit d'option (et après cohabitation), elle répond avoir voulu la répudiation par un, cette réponse est inopérante (et son droit d'option disparaît) (4). Mais quand, dans ces hypothèses,

(1) Ce sont les commentaires qui expliquent le texte comme faisant allusion à une pièce écrite. — Khalil aurait dû, pour respecter sa terminologie, écrire « il y a hésitation ».

(2) Avant la consommation du mariage dans le cas d'option ; avant ou après, dans le cas de libre disposition, par la femme, de sa personne.

(3) Certains étendent ce délai jusqu'à deux mois.

(4) S'il n'y a pas eu cohabitation, au contraire, l'option exercée sous forme de répudiation par un sera valable. La différence entre le droit d'option (*takhyîr*) et celui de libre disposition de sa personne (*temlîk*) provient de ce que, dans le premier cas, le mari a voulu remettre à sa femme le droit de prononcer seulement une répudiation complète et anéantissant toute autorité maritale.

son intention n'a pas été de répudier par trois plutôt que par un, faut-il l'entendre comme se rapportant au premier mode ou au second ? Il y a deux interprétations.

Il y a lieu aussi, d'après Ibn Rochd, d'interroger la femme sur son intention quand elle a dit « Je choisis la répudiation (1) ».

La concession du droit d'option constitue-t-elle un acte permis (ou blâmable) ? Il y a deux dires.

Le mari doit prêter serment (qu'il songeait à la répudiation par un, alors que la femme a répudié par trois) en lui disant : « Choisis dans un (2) », de même que quand il a dit : « Choisis entre libérer ta personne par une répudiation par un (et rester) ». Mais il n'a pas à jurer s'il a dit : « Choisis une répudiation ».

La répudiation par un prononcée par la femme à qui il a été dit : « Choisis deux répudiations *ou* entre deux répudiations » est inopérante (mais elle conserve le droit d'option qu'elle a reçu). A la suite de la formule « Choisis d'entre deux répudiations », elle ne peut la prononcer que par un.

Le droit d'option concédé sans restriction de nombre est perdu pour la femme qui prononce sa répudiation autrement que par trois ; de même aussi s'il lui a été dit : « Libère ta personne par trois ».

Quand elle a reçu le droit d'option (ou de libre disposition de sa personne) et qu'elle subordonne la répudia-

(1) Khalil a répété ici, à tort, la formule « Je libère ma personne » ci-dessus, au lieu de « Je choisis la répudiation ». Les mots « la répudiation » sont par eux-mêmes amphibologiques ; la présence de l'article pourrait faire croire qu'il s'agit de la forme traditionnelle ou *sonnique*, qui n'est que par un, ainsi qu'on l'a vu.

(2) L'expression arabe pourrait, à la rigueur, s'entendre dans ces deux sens : choisis, si tu le veux, une répudiation par un, — ou, choisis de prononcer en une seule fois une répudiation définitive.

tion à une condition telle que l'entrée du mari chez une coépouse, elle est mise en demeure de se prononcer immédiatement (1).

Mâlek, changeant d'opinion, revint ensuite à celle-ci, que, quand l'un ou l'autre de ces droits lui sont concédés sans restriction, elle les conserve tant qu'elle n'est pas mise en demeure ou n'a pas accepté la cohabitation, ainsi qu'il arrive quand le mari a dit : « Choisis à l'époque que tu voudras ». Mais Ibn el-Kâsim admet que la femme (qui ne se prononce pas séance tenante) est déchue de son droit (2).

La concession par le mari du droit d'option avec addition de « si tu veux *ou* quand tu voudras, *in chi'ti, idha chi'ti* » équivaut-elle à « à l'époque que tu voudras » (3), ou est-elle regardée comme consentie sans restriction ? Il y a hésitation sur ce point, de même que sur le cas où l'option est consentie à la femme absente, qui ne l'apprend que plus tard (4).

Si le mari précise quelque modalité (de temps, de lieu, etc.), elle est regardée comme obligatoire.

Si la femme fait une réponse (dont les termes sont inconciliables), par exemple « Je me choisis, moi et mon mari » ou « je choisis mon mari et moi », c'est le premier terme énoncé qui marque sa décision.

(1) Mais le mari peut cependant accepter cette condition. Quant à lui, au contraire, il peut répudier sous condition suspensive, distinction qu'on tâche d'expliquer de diverses manières, en disant par exemple que Dieu lui-même a conféré au mari le droit de répudier.

(2) C'est cette dernière opinion qui est suivie dans la pratique, et Khalîl eût mieux fait de se borner à la rapporter. On ajoute d'ailleurs que Mâlek y revint plus tard et la professait encore à sa mort.

(3) Cas où la femme, même ne s'étant pas prononcée séance tenante, conserve son droit tant qu'elle n'est pas mise en demeure de se prononcer ou n'a pas consenti la cohabitation.

(4) C'est-à-dire que, dans ce cas, on met en avant les deux décisions de Mâlek et d'Ibn el-Kâsim rapportées plus haut.

65. Droit de répudiation consenti conditionnellement a l'épouse.

P. 105, 14. — Dans les deux cas (de concession à la femme du droit d'option ou de libre disposition de sa personne), on applique les règles selon lesquelles, d'après la nature de la condition suspensive, la répudiation est estimée parfaite immédiatement ou non (1).

Quand le mari, ayant subordonné l'un ou l'autre droit à son absence pendant un mois, revient avant l'expiration de ce délai et à l'insu de sa femme, qui (a prononcé la répudiation et) s'est remariée, c'est le même cas que celui des deux tuteurs matrimoniaux (2). Quand il l'a subordonné à la présence d'un tiers, la femme qui a ignoré cette présence n'est pas dépouillée de son droit d'option (eût-elle même accepté les caresses maritales).

La femme impubère, quand elle a le discernement, exerce valablement le droit que lui a reconnu son mari ; mais en est-il de même quand, ayant le discernement, elle n'est pas encore apte à la cohabitation ? Il y a deux dires.

66. Droit de répudiation consenti a un tiers

P. 105, 17. — Le mari peut confier l'exercice de ce droit (3) à une personne autre que la femme ; mais peut-il révoquer le mandataire qui a pour mission de transmettre

(1) Voir plus haut, p. 22.

(2) C'est-à-dire que le second mari, quand il est de bonne foi et a eu des privautés avec sa femme, reste dûment marié ; voir plus haut, p. 17.

(3) Sous les trois formes : mandat, option, libre disposition de sa personne.

à cette dernière le droit d'option ou de libre disposition de sa personne (1)? Il y a deux dires.

Ce tiers a pour mission de veiller aux intérêts de la femme, et il agit comme elle-même. Pour recevoir cette délégation, il doit être sur place ou n'être qu'à une faible distance, de deux journées de marche par exemple. S'il est plus éloigné, elle doit veiller à ses propres intérêts.

Les pouvoirs du tiers cessent si elle se livre à son mari (2) ou si, présent quand il a reçu ce mandat, il s'absente sans en faire attester le maintien. Mais quand cette attestation a eu lieu, son droit reste-t-il entre ses mains ou passe-t-il entre les mains de la femme ? Il y a deux dires.

Quand le mari donne pouvoir conjointement à deux individus, un seul d'entre eux ne peut prononcer la répudiation, mais il en est autrement s'il s'agit de deux messagers (3).

67. Droit du mari de reprendre la femme qu'il a répudiée.

P. 105, 21. — Le droit de retour (4) peut être exercé

(1) J'ai suivi l'interprétation de Derdîr, qui reproche à Kharachi d'avoir déclaré ce passage incorrect.

(2) D'après les uns, au su et avec le consentement du tiers mandataire; d'après d'autres, même à son insu.

(3) On sait d'autre part que la répudiation existe indépendamment de sa transmission par messagers, qu'il y en ait un ou plusieurs.

(4) On pourrait dire aussi, droit de reprise, *ridj'a*. Le verbe qui indique proprement le fait de reprendre la femme non-répudiée définitivement est *irtadja'a;* mais le verbe *râdja'a* est aussi employé abusivement dans ce sens, bien qu'il indique proprement le remariage, avec nouveau contrat et libre consentement de la femme, de deux ex-époux

par celui qui a la capacité requise pour le mariage, même s'il se trouve par exemple en état pèlerinal (1) ou si, étant esclave, il n'est pas autorisé par son maître, — à l'égard d'une femme répudiée non-définitivement, au cours de la période de retraite consécutive à un mariage valide (2) et où la cohabitation avait un caractère licite (3) — en employant une formule (explicite ou une formule qui, si elle est ambiguë) est accompagnée de l'intention, par exemple : « Je reviens et je la reprends », ou seulement en en ayant l'intention, dit Ibn Rochd (4), qui a été contredit par Ibn Bechîr. Le prononcé de la formule par plaisanterie (et sans intention) entraîne les conséquences extérieures du retour, qui n'existe véritablement pas (5).

qui s'étaient séparés définitivement ; il existe même un *hadith* où l'on relève cet emploi défectueux de *rádja'a*.

(1) L'état pèlerinal de la femme n'est pas davantage un obstacle à l'exercice du droit de retour. De même encore le fait du mari d'être dangereusement malade, puisqu'il n'introduit ainsi aucun nouvel héritier pour le cas où il mourrait.

(2) Il faut ajouter « et obligatoire », ce qui ressort d'ailleurs de ce qui suit immédiatement : ainsi l'esclave ou le prodigue qui se sont mariés sans autorisation, ne peuvent valablement exercer le droit de retour.

(3) Ce qui exclut les relations consommées en état de jeûne, ou en état pèlerinal, ou pendant la période menstruelle.

(4) Cette intention ou *parole intérieure*, plus précise que le simple projet, *kaçd*, est valable en conscience, c. à d. vis-à-vis du Créateur. Le mari pourra donc, même après la période de retraite, reprendre la vie conjugale, il devra entretenir sa femme et héritera d'elle, mais si l'affaire est portée en justice, le juge ne sanctionnera pas cette situation.

(5) En d'autres termes, le mari est alors forcé d'entretenir sa femme, mais en conscience il ne doit rien et ne doit pas avoir de relations avec elle. Dans le mariage, au contraire, l'intention de s'unir n'est pas regardée comme indispensable, et le fait des relations sexuelles, est, malgré l'absence de cette intention, regardé comme coraniquement licite.

Le retour ne résulte pas du prononcé, dépourvu de l'intention nécessaire, de paroles ambiguës, telles que « J'ai ramené le licite » ou « J'ai enlevé la prohibition », non plus que, en l'absence de cette intention, d'un acte tel que les relations sexuelles, lesquelles n'entraînent pas le paiement d'une dot (1). Quand la période de retraite est écoulée, ces relations s'étant poursuivies (ou non), la répudiation que vient à prononcer le mari est, d'après Ibn Abd es-Selâm, dûment valable (2).

Le droit de retour ne peut être exercé s'il n'est pas connu que les époux ont été en tête à tête, quand même l'un et l'autre auraient, antérieurement à la répudiation (3), reconnu qu'ils ont cohabité ; mais ils sont soumis aux (autres conséquences de) leur aveu (4) (tant que dure la période de retraite).

Ces deux décisions sont de même applicables quand il prétend avoir exercé le droit de retour après l'expiration du délai de retraite, lorsque (dans ce cas comme dans celui de l'alinéa précédent) tous les deux maintiennent qu'ils ont cohabité (5), au dire d'un juriste Karawite.

La femme qui reconnaît (la cohabitation dans le premier cas, le fait du retour dans le second) a donc droit à l'entretien, mais ne sera pas déclarée répudiée (dans le

(1) D'après certains, une dot est alors due.

(2) Cette décision se déduit de l'opinion d'Ibn Wahb, que la reprise des relations sexuelles indique l'existence du retour. On discute en outre si cette nouvelle répudiation est elle-même révocable ou non.

(3) Et, à plus forte raison, après. La répudiation prononcée avant qu'il y ait eu cohabitation est, en effet, définitive. La possibilité matérielle du rapprochement sexuel est en outre exigée, mais serait cependant établie par un état visible de grossesse.

(4) Le mari doit donc compléter la dot et fournir à la femme le logement et l'entretien ; il ne peut épouser les ascendantes ou descendantes de celle-ci, etc.

(5) Mais si l'un d'eux se dédit, il échappe aux suites de son aveu.

second cas), si elle veut se prévaloir du droit que lui confère la cohabitation (1). Quant au mari, il a le droit de la contraindre à consentir un nouveau contrat de mariage moyennant un quart de dinar (2).

Le droit de retour n'existe pas si le mari seul prétend qu'il y eu relations sexuelles au cours d'une visite (3), tandis que son dire est admis pour le tête à tête destiné à la consommation du mariage.

Ce droit, quand l'exercice n'en est pas parfait sur-le-champ, par exemple sous la forme « Je te reprendrai demain », est-il définitivement perdu, ou n'est-il que provisoirement épuisé ? Il y a deux interprétations.

Il ne peut s'exercer dans le cas où le mari (ayant juré qu'il y aura répudiation si la femme entre en tel lieu) et étant près de s'absenter, déclare qu'il la reprendra si elle viole cette défense (4).

C'est de la même manière qu'une esclave actuellement mariée à un esclave ne peut s'engager, pour le cas où elle-même serait affranchie, soit à maintenir cette union soit à la rompre. Au contraire, la femme bénéficiaire d'une stipulation du contrat est liée par sa promesse de

(1) C. à d. le droit au retour ; or elle n'est pas épouse aux yeux de la loi, et d'autre part elle n'use pas du droit de revenir sur ce qu'elle a reconnu.

(2) C'est un mariage de pure forme, puisque ce n'est qu'en conscience ou à raison de ses devoirs envers Dieu qu'il ne peut considérer cette femme comme étant la sienne.

(3) Il s'agirait d'une visite rendue après le contrat et avant que la mariée soit conduite à son époux à l'effet de consommer le mariage. Certains veulent aussi distinguer si la visite est reçue par la femme ou faite par elle. Mais l'opinion dominante est qu'il n'y pas lieu de faire de distinction quelconque, et en outre que le fait de relations doit être avoué par chacun des époux.

(4) En effet, la reprise ou retour ne peut avoir lieu que quand il y a eu répudiation et avec l'*intention* nécessaire.

(maintenir ou de) rompre le mariage si la condition est réalisée (1).

68. Comment s'exerce le droit de retour

P. 106, 11. — Le retour est dûment valable : 1° quand des témoins établissent la reconnaissance faite par le mari de relations sexuelles au cours de la période de retraite (et accompagnées de l'intention requise) ; 2° ou le fait que, dans cette même période, il s'est occupé des affaires de la femme et a passé les nuits dans la même demeure (2) ; — 3° quand (voulant reprendre sa femme et celle-ci alléguant pour s'y soustraire) qu'elle est dans sa troisième période menstruelle, il prouve, par ce qu'elle-même a avoué antérieurement, qu'elle se contredit ; 4° quand, alors qu'il a fait attester qu'il la reprend et qu'elle a à ce moment gardé le silence, elle prétend ensuite que la période de retraite était écoulée lors de la reprise ; 5° quand (il a prétendu sans preuve après la période de retraite l'avoir reprise dans ce délai, et qu'elle, s'étant remariée) accouche avant l'expiration du sixième mois : elle est alors rendue à son premier mari par application du droit de retour, mais elle ne devient pas éventuellement interdite au second (3).

(1) Exemple : le futur reconnaît à la femme le droit d'option s'il donne à celle-ci une coépouse ; la femme peut déclarer le sens dans lequel, éventuellement, elle optera, car elle use ainsi, dit-on, d'un droit immédiatement acquis et consistant dans l'abandon par le mari d'une de ses prérogatives. Mais ces deux solutions différentes de cas analogues ne sont pas admises par tout le monde (Desouki).

(2) Certains entendent aussi ce passage comme n'impliquant que la preuve de l'un *ou* de l'autre de ces deux faits.

(3) La période de retraite étant passée quand ce mariage a eu lieu,

La femme qui n'apprend la reprise dont elle a été l'objet qu'après l'achèvement de la période de retraite et qui s'est remariée, ou, s'il s'agit d'une esclave, qui a cohabité avec son maître, est dans la situation de celle qui a été mariée par deux tuteurs matrimoniaux (1).

69. État de la femme soumise au droit de retour

P. 106, 15. — La femme sous le coup du droit de retour est dans les conditions d'une épouse ordinaire (2), sous les réserves qu'il est interdit au mari de retirer d'elle des impressions voluptueuses, de pénétrer chez elle et de manger avec elle.

Autant que possible il est ajouté foi à sa simple affirmation, sans serment, pour ce qui a trait à l'achèvement de la période de retraite par menstruations (3), ou par accouchement ; on recourra (au besoin) à l'avis des femmes. Le démenti qu'elle pourrait à ce propos se donner à elle-même, même en invoquant le témoignage oculaire

c'est seulement une femme encore mariée qu'a épousée le second mari, lequel pourra valablement reconvoler avec elle quand elle sera devenue libre par veuvage ou répudiation. Quant aux six mois dont il est question et qui constituent la période minimum de gestation, ils ont pour point de départ la consommation du mariage par le second mari. Il faut d'ailleurs, pour attribuer la paternité au répudiateur, que le nouveau-né n'ait pas l'apparence d'un fœtus de six mois.

(1) Voir p. 17 : elle échappe à l'autorité de son répudiateur lorsque le second mari, ou le maître de l'esclave, ne connaissant pas l'état réel des choses, a eu des privautés avec elle.

(2) C. à d. qu'elle a droit à la pension alimentaire, à la succession, etc.

(3) Il sera question plus loin du mot du texte قرء qui est rendu ici par *menstruations*.

d'autres femmes (1), ne lui servirait de rien, non plus que si (après avoir annoncé qu'elle était dans sa troisième période menstruelle), elle ajoutait que le flux sanguin avait bien commencé mais s'était arrêté (2).

Le répudiateur venant à mourir au bout d'un an par exemple (3) et la répudiée alléguant qu'elle n'a été menstruée qu'une fois (4), ce dire ne fait foi, quand elle n'est ni malade ni en train d'allaiter, que quand (du vivant de son mari) elle a fait connaître qu'elle souffrait d'aménorrhée (5). Elle a à corroborer son dire par serment si la mort survient au bout de six mois p. ex. (ou avant une année), mais non si elle survient dans les quatre mois et dix jours (6).

70. Constatation de l'exercice du droit de retour. Don de consolation.

P. 106, 21. — Il est recommandé de faire attester que le droit de reprise est exercé, et la répudiée qui, à défaut

(1) Le déplacement que j'ai fait subir au membre de phrase « même en invoquant ... » est indiqué par les commentaires.

(2) La décision indiquée par les mots « non plus que si... » a été empruntée par l'auteur à Ibn el-Hâdjib. D'après Ibn 'Arafa, l'école malékite admet unanimement qu'il y a lieu de s'en rapporter au dire de la femme.

(3) Ces deux derniers mots ne figurent pas dans les sources primitives, et Khalîl eût mieux fait de ne pas les ajouter.

(4) Plus exactement, « qu'elle n'a pas vu l'achèvement de sa période de retraite par l'apparition de trois époques périodiques ».

(5) On dit aussi « d'aménorrhées répétées ».

(6) En termes plus concis : « elle ne prête serment que quand la mort survient moins d'un an après la répudiation ». La conséquence du non-achèvement de l'*idda* est que la répudiée, étant toujours épouse, hérite de son mari.

de cette attestation, refuse de se livrer, agit sagement. Le témoignage fourni par le maître (d'une esclave, ou par le *wali*) compte pour rien.

Il est également recommandé (1) au répudiateur de faire un don de consolation proportionné à son propre état de fortune, qu'il remet (sur-le-champ à la femme répudiée définitivement, et) après la période de retraite (2) à celle qui est répudiée révocatoirement ou à ses héritiers.

Il est versé également (à la femme ou à ses héritiers) dans tous les cas de répudiation (définitive) survenant à la suite d'un mariage obligatoire (3).

Mais il ne l'est pas dans le cas de mariage vicié (4), non plus que dans ceux d'anathème ou d'existence d'un (plein) droit de propriété de l'un des conjoints sur l'autre, — ou de divorce obtenu par rachat, *khol'*, — ou de répudiation prononcée après fixation de la dot par le mari, mais avant la consommation (5) — ou de répudiation provenant de la femme qui fait usage de son droit d'option soit parce

(1) D'après d'autres, c'est une prescription d'ordre canonique, *wâdjib* ; cette différence tient à la manière dont on peut interpréter le Koran, II, 237.

(2) Ce don étant destiné à compenser dans une certaine mesure le chagrin que peut éprouver la répudiée, qui peut espérer que la rupture n'est pas définitive tant que dure la période d'*idda*, on en conclut qu'il n'y a pas à le verser si la répudiée meurt avant l'achèvement de l'*idda*. Si c'est le mari qui prédécède, la solution relative à cette dette variera selon qu'on voit dans ce don un simple adoucissement à la séparation ou un acte de piété.

(3) Un mariage peut être régulier (*çahîh*) sans être obligatoire (*lâzim*), tel celui qui est contracté avec une femme atteinte d'un vice rédhibitoire : alors la répudiation n'entraîne pas le don de consolation.

(4) On excepte cependant le cas de viciation pour parenté de lait, sans qu'il soit expliqué pourquoi.

(5) Alors, en effet, la femme touche la moitié de la dot fixée ; si le montant de la dot n'avait pas été arrêté, elle aurait droit au don de consolation.

qu'elle est affranchie soit parce que son mari est atteint d'un vice rédhibitoire — ni quand elle use du droit que lui a concédé son mari soit d'opter soit de disposer de sa personne (1).

71. Serment de continence, *îlâ* ; définition et formules

P. 107, 4. — Le serment de continence, *îlâ*, est celui que prête (2) un musulman pubère et conscient, dont la capacité de cohabitation est concevable, encore qu'il soit malade (3), de s'abstenir, même sous condition, de relations sexuelles avec sa femme, — alors que celle-ci n'allaite pas, mais même étant répudiée révocatoirement — et cela pour une durée de plus de quatre mois, ou, quand le mari est esclave, de plus de deux mois (4). Cette période n'est pas prorogée en faveur de l'esclave qui recouvre sa liberté postérieurement au prononcé du serment.

Exemples de formules : « Je jure par Dieu que je ne te reprendrai pas » (paroles proférées dans le cas de répudiation révocable) ; — Je jure par Dieu de n'avoir de relations avec toi que sur ta demande, *ou* que quand tu viendras me trouver ; — « Je jure de ne pas me rencontrer avec toi, *ou* de ne pas me purifier d'une souillure sperma-

(1) Dans ces deux derniers cas, Lakhmi accorde le don de consolation.

(2) Soit par Dieu ou l'un de ses attributs, soit par l'affranchissement ou la répudiation, etc., soit sous forme de vœu.

(3) Il ne pourrait jurer de s'abstenir pendant la durée de sa maladie ; si cependant le serment du malade était fait dans une intention nocive, la répudiation serait prononcée contre lui.

(4) On sait que la règle générale est que, pour l'esclave, les délais, châtiments, etc., sont réduits de moitié. — Les Hanéfites n'exigent, pour qu'il y ait *ila*, qu'une durée de quatre mois juste ; cela tient à la différence d'interprétation du Koran, II, 226.

tique provoquée par toi » ; — « Je jure de ne pas cohabiter avec toi tant que je n'aurai pas quitté ce pays » à condition toutefois que le déplacement du jurant lui soit difficile, ou bien « de ne pas cohabiter dans cette maison » alors qu'il n'est pas convenable qu'elle (ou lui) en sorte dans ce but ; — « Je jure que, si je ne cohabite pas avec toi, tu seras répudiée (1) » — « Je jure que, si je cohabite avec toi, tu seras répudiée », et il doit alors, en complétant l'acte sexuel, avoir l'intention d'exercer le droit de reprise, s'agît-il même d'une femme avec qui le mariage n'avait pas été consommé (2).

Dans la formule « Si je cohabite avec toi tu seras répudiée par trois » faut-il (ne pas voir un serment d'*ilâ* et) prononcer la répudiation sur le champ, comme le disent Ibn el-Kâsim et Sahnoûn, ou bien (la regarder comme *ilâ* et) accorder le délai d'usage (3) ? On trouve les deux dires dans la *Modawwana*. Mais d'après l'un et l'autre le mari ne peut exercer le droit de cohabitation, non plus que dans le cas d'assimilation incestueuse.

Le serment de continence proféré par un infidèle, même se convertissant ensuite, est sans valeur, à moins que les deux parties ne se fassent juger par nous.

(1) Il faut donc que la cohabitation n'ait pas lieu. Mais, au contraire, on n'admet pas alors qu'il y ait *ila*, car le délai fixé au mari dans le cas d'*ila* ne lui est pas concédé, et la répudiation est prononcée contre lui à raison du préjudice dont la femme est victime.

(2) S'il s'abstient de cohabiter par crainte de donner lieu à la répudiation, il est en *ila*, et un délai lui est imparti pendant lequel il peut cohabiter ; s'il continue de s'abstenir pendant ce délai, la répudiation est, à l'expiration de ce délai, prononcée contre lui pour *ila*. Si au contraire il cohabite, son acte à peine commencé entraîne la répudiation par lui prononcée conditionnellement ; il doit donc, pour éviter un acte sacrilège, le terminer avec l'intention indiquée.

(3) Il se pourrait, disent les partisans de la deuxième solution, que la femme acceptât de vivre auprès de son mari sans partager son lit.

Il ne résulte pas des formules : « Par Dieu, je te bouderai, *ou* je ne te parlerai plus » (1), — ou encore « Je ne cohabiterai plus avec toi de nuit » ou « je ne cohabiterai plus avec toi de jour ».

Selon l'opinion la plus vraie, (il n'y a pas d'*ìlâ* et) c'est le juge qui apprécie et prononce la répudiation, même sans accorder aucun délai, quand le mari jure de frauder la nature avec sa femme, ou de ne pas passer la nuit avec elle, ou quand, par la suspension des relations sexuelles, même à raison de son éloignement (2), il lui fait tort (3), ou quand il s'adonne indéfiniment aux exercices spirituels (4).

Il n'y a pas *ìlâ* quand l'accomplissement du serment ne peut (tant il est vague) être imposé par jugement, p. ex. « (Je jure que si je cohabite avec toi) tout esclave que j'achèterai deviendra libre », — ou quand le jurant spécifie le lieu de provenance de l'esclave dont il n'est pas encore propriétaire (5) — ou quand il jure de ne cohabiter en une

(1) Par la mise en pratique de ces serments, il peut y avoir pour la femme un préjudice qui l'autorise à demander au juge une répudiation qui sera prononcée sans délai. Ils ne constitueront l'*ila* que s'il y a en outre absence de relations sexuelles.

(2) La durée minimum de l'absence doit être d'un an ; certains disent même trois ans. On dit qu'Omar ben 'Abd el-Aziz, à la suite des réclamations dont il fut saisi par les femmes de guerriers qui étaient en Khorâsân, fit savoir à ces derniers qu'ils eussent à revenir ou à appeler leurs femmes auprès d'eux ou à les répudier. Il doit d'ailleurs être adressé un message au mari absent, si la chose est possible, pour l'informer de la situation, et la femme doit se déclarer près d'engager des relations adultères. Il faut, d'autre part, supposer que, dans ce cas, la pension alimentaire est servie.

(3) Il importe peu que le préjudice soit voulu ou non, il suffit que la femme ait à en souffrir.

(4) Cela s'entend du jeûne observé dans le jour pendant que la nuit est consacrée à la prière (*Akrab el-Mesalik*).

(5) Exemple : « Si je cohabite, je jure que tout esclave de Syrie qui

année que deux fois (1) — ou quand il jure de ne cohabiter qu'une fois dans l'année (car il n'y aura *îlâ* que), si, après l'accomplissement de cet acte, ce qui reste à courir de l'année comporte le délai d'*îlâ* — ou quand il jure de s'abstenir juste quatre mois — ou qu'il jure que l'acte sexuel entraînera pour lui le jeûne durant ces quatre mois ; (il n'a pas à jeûner s'il s'abstient), mais au cas contraire il doit jeûner jusqu'à la fin de cette période.

72. Point de départ du délai de continence

P. 107, 18. — Le délai de continence (de quatre ou de deux mois, que s'est imposé le mari) part du jour du serment annonçant explicitement la durée de la cessation des relations sexuelles (2) ; il part du jour * de l'instance et * (3) de la décision judiciaire quand les termes du serment peuvent comporter une durée moindre (ou supérieure) (4) ou quand le serment est de parjure (5).

Mais celui qui a procédé par assimilation incestueuse (6)

deviendra ma propriété sera remis en liberté ». Au contraire, il y a *ila* s'il a à ce moment un esclave de Syrie.

(1) Ces deux actes, réalisés juste à la fin des quatrième et huitième mois, ne laissent plus subsister de l'année qu'une portion inférieure aux quatre mois et une fraction qui constituent la durée minimum nécessaire pour qu'il y ait *îla*.

(2) On doit se garder de confondre le délai d'*ila* avec celui qui est imparti ensuite par le juge au mari.

(3) Ces trois mots sont inutiles, ainsi que Derdir le fait remarquer avec raison.

(4) Exemple : « Jusqu'à l'arrivée de Zeyd ».

(5) Exemple : « Tu es répudiée si je n'entre pas dans la maison ».

(6) C.-à-d. qui a prononcé le *dihâr*, constitué par ces mots : « Tu es pour moi comme le dos de ma mère ».

et qui, se refusant à l'expiation alors qu'il peut l'accomplir (se trouve ainsi en *ilâ*), est-il traité comme dans le premier des deux cas précédents, ce que dit Berâdhi'i dans l'Abrégé de la *Modawwana* — ou comme dans le second, ce que dit Ibn Yoûnos — ou le délai court-il du jour (du refus d'expiation) qui établit nettement le préjudice, ainsi qu'on a interprété la *Modawwana* ? Il y a des opinions diverses. La situation est la même pour l'esclave (qui a procédé par assimilation incestueuse et qui, alors que la reprise de la cohabitation ne lui est possible qu'en faisant) le jeûne expiatoire, s'y refuse, ou qu'il est empêché par un motif légitime (1) de jeûner.

73. Comment on se dégage de ce serment

P. 108, 1. — Celui qui a ainsi juré (de ne pas cohabiter sous peine) d'affranchir tel esclave est délié de ce serment quand il perd son droit de propriété sur cet esclave (2), mais son obligation renaît si ce droit est recouvré par lui autrement que par voie d'héritage. Il renaît de même, dans le cas d'une répudiation qui n'est pas parfaite (3), à l'égard de la femme dont la répudiation est le résultat du serment prononcé, mais non à l'égard de celle dont la cohabitation devait entraîner la répudiation de l'autre (4).

(1) P. ex. son maître s'y opposant parce que cela gênerait le service ou diminuerait le produit de son industrie.

(2) Si donc il continue de s'abstenir, il porte préjudice à sa femme, qui pourra faire prononcer la répudiation sans délai.

(3) C.-à-d. celle qui n'est pas par trois, ou celle qui, étant faite à titre révocable, n'est pas devenue définitive par l'achèvement de la période d'attente.

(4) Exemple : « Si je cohabite avec Zeyneb, Hind sera répudiée » ; en s'abstenant de Zeyneb, le mari est en *ilâ* ; mais en répudiant Hind par

On s'en dégage encore en accomplissant immédiatement ce qu'on devrait faire en cas de parjure (1) ou en procédant à l'expiation du serment quand il est expiable (2).

En dehors de ces trois cas, la femme, ou son maître quand elle est esclave (3), et à condition que la cohabitation avec elle soit possible (4), a le droit, après l'expiration du délai, de réclamer en justice le retour à cohabitation, *fey'a*, qui est constitué par l'introduction, lorsqu'elle est licite (5), du gland dans les parties génitales, avec défloration s'il s'agit d'une vierge, lors même qu'il y aurait démence (6).

Le mari n'est pas dégagé de son serment de continence par un coït accompli entre les cuisses (7), et il est en état

un, il n'est plus en *ilá* vis-à-vis de Zeyneb après l'achèvement de la période d'attente. S'il reprend Hind, il sera en *ilá* à l'égard de Zeyneb. S'il réépouse Hind après que la répudiation est devenue définitive et qu'elle-même a eu un autre mari, son serment n'a plus de valeur à l'égard de Zeyneb. Quant à Zeyneb, même répudiée par trois puis réépousée, l'*ilâ* continuera de subsister vis-à-vis d'elle. Mais cette différence des situations de Hind et de Zeyneb n'est pas admise par la *Modawwana*.

(1) Exemple : « Je jure qu'en cas de cohabitation avec toi, Hind sera répudiée » : la répudiation de Hind, sitôt faite, dégage l'auteur du serment.

(2) Il est expiable quand il est prononcé sous les formes « je jure par Dieu de ne pas cohabiter » ou « si je cohabite, je m'engage à un vœu ».

(3) On reconnaît aussi ce droit à l'esclave elle-même. Le maître peut agir lorsqu'il a un droit de propriété sur l'enfant dont il peut espérer la naissance à la suite du retour à cohabitation.

(4) Elle peut ne pas l'être par suite d'impuberté, de malconformation, de maladie, d'état menstruel ou d'état pèlerinal.

(5) En dehors, par exemple, de la période menstruelle et de l'état pèlerinal.

(6) La démence s'entendant du mari seulement d'après les uns, du mari ou de la femme d'après d'autres.

(7) Peu importe que ce soit avant ou après la citation en justice ('Abd el-Bâki).

de parjure (parjure qui doit être expié), à moins que l'abstention visée dans son serment n'ait été différente de celle du coït normal.

Quand (il est ainsi cité et qu') il répond négativement, la répudiation est aussitôt prononcée contre lui (1) ; si, sans refuser (il se borne à une promesse), il est mis à l'épreuve trois fois (avant que cette mesure soit prise). Si, à la suite de cette épreuve, il affirme avoir cohabité, son dire (confirmé par serment) fera foi ; mais à défaut (de cette affirmation ou du serment), la répudiation lui est ordonnée, et au besoin prononcée contre lui (par l'autorité).

La reprise de cohabitation par le malade ou le prisonnier (2) s'opère par l'un des trois modes qui dégagent du serment de continence (3). Mais leur seule promesse de cohabiter est suffisante quand le serment par eux prononcé est tel qu'il ne puisse être expié avant que le parjure existe, p. ex. s'il s'agit d'une répudiation révocable atteignant la femme objet du serment de continence ou une autre (4), ou d'un jeûne à accomplir à une date qui n'est pas encore arrivée, ou de l'affranchissement d'un esclave indéterminé (5).

(A l'expiration du délai d'*ilâ*) un messager est adressé

(1) Soit que le mari la prononce lui-même, soit que, s'il refuse d'obéir à l'injonction qui est adressée, le juge — ou, à son défaut, l'assemblée des gens de bien de la localité — la déclare acquise.

(2) De même que par ceux qui se trouvent dans l'impossibilité de procéder à l'acte sexuel, à raison p. ex. de leur trop grand éloignement.

(3) Voir p. 150.

(4) Exemple : « Si je cohabite avec toi tu es répudiée par un », ou « si je cohabite avec toi, ma femme Hind est répudiée par un ».

(5) Jeûne ou affranchissement accomplis préventivement seraient sans effet utile.

(par la femme et à ses frais) au mari absent, fût-ce à deux mois de marche.

Elle a toujours le droit de revenir sur la renonciation par elle consentie à réclamer son droit à la cohabitation.

La reprise de sa femme par le mari est pleinement valable s'il s'est dégagé de son serment d'*îlâ* (1) ; faute de quoi elle est sans aucune valeur.

Quand il a dit à ses deux femmes : « Si je cohabite avec l'une, l'autre sera répudiée » et qu'il refuse de reprendre la cohabitation, le juge prononce la répudiation de l'une d'elles (2).

La *Modawwana* dit qu'il y a *îlâ* quand le mari dit : « Par Dieu, je ne cohabiterai pas avec une telle, si Dieu le veut ». Cela a été rapporté au cas où la femme assigne son mari sans accepter le dire de celui-ci (que cette restriction était une simple formule pieuse) ; à quoi l'on a objecté (ce qu'a dit aussi Mâlek) que le mari qui a juré de ne pas cohabiter est cru s'il affirme avoir expié ce serment, malgré l'allégation de sa femme que cette expiation s'appliquait à un autre serment. Mais la différence entre les deux cas réside en ce que, dans le second, il y a eu sacrifice d'argent, tandis que dans le premier la restriction peut s'expliquer autrement que par l'idée de se dégager du serment.

74. Serment par assimilation incestueuse, *dihâr*

P. 108, 17. — Le *dihâr*, ou serment par assimilation

(1) Le seul consentement de la femme produit le même effet, d'après certains ; mais cela n'est pas admis par Sahnoûn.

(2) Soit en recourant au sort, soit en forçant le mari à choisir, selon des opinions diverses. Mais, d'après Ibn 'Arafa, quand le mari ne se prononce pas, les deux femme sont déclarées répudiées, à moins qu'elles n'acceptent la situation telle quelle.

incestueuse (1), consiste dans l'assimilation que fait un musulman pubère et conscient (2) de la totalité ou d'une partie de la femme avec qui les relations sexuelles lui sont permises (3) au dos ou à une partie d'une femme qui est pour lui prohibée.

Son existence est subordonnée à la réalisation d'une chose dont il l'aurait fait dépendre : telle serait p. ex. la volonté de la femme, cas où celle-ci peut disposer de ce droit aussi longtemps qu'elle n'en a pas fait usage. Si l'existence en est subordonnée à un fait dont la réalisation est certaine, il devient immédiatement exécutoire ; limitée à une certaine période, il est indéfiniment valable (4) ; subordonnée au fait que lui mari ne prendra pas une autre femme, il ne prendra naissance que quand il y aura lieu de désespérer que ce second mariage se fasse (5) ou que le mari aura arrêté de ne pas le faire.

(1) La formule fondamentale consiste dans les mots « Tu es pour moi comme le dos de ma mère », ce qui se rattache, dit-on, à ce que les Ançâr, par pudeur, n'approchaient leurs femmes que par derrière. Les Mohâdjir les approchaient cependant par devant, et une discussion surgie à ce propos fut, d'après certains, l'occasion de la révélation du Koran, II, 223 : « Vos femmes sont votre champ ; labourez-le comme vous voulez ». Le *dihâr* était d'abord regardé comme une répudiation définitive ; le caractère en fut changé à la suite d'une plainte adressée au Prophète, et la Sourate LVIII, complétée par un hadith, en permit l'expiation.

(2) L'homme seul, mari ou maître d'une esclave, mais même en état d'ivresse, peut recourir à cette formule et lui donner sa valeur. L'infidèle qui l'emploierait ne peut se pourvoir devant la justice musulmane.

(3) Bien entendu il ne s'agit pas ici de celle vis-à-vis de qui il y aurait prohibition temporaire, provenant p. ex. de l'état menstruel ou pèlerinal de l'épouse ou de la concubine ; voir plus bas.

(4) C. à d. tant qu'il n'y a eu expiation. Nous avons vu les mêmes décisions pour la répudiation prononcée sous condition, p. 122.

(5) P. ex. par suite de la mort de la femme visée ou de la décrépitude du mari.

N'est pas valable l'expiation anticipée d'un *dihâr* prononcé conditionnellement et qui n'est pas encore devenu obligatoire (1).

Est valable le *dihâr* prononcé contre une femme répudiée révocatoirement, contre une affranchie posthume (2), contre une femme momentanément prohibée (3), par un païen néophyte contre sa femme convertie peu après lui (4), contre celle qui est atteinte de coarctation vaginale (ou de vices analogues) (5). Il n'est pas valable contre une affranchie contractuelle, alors même, dit Ibn el-Kâsim, qu'elle serait impuissante à se libérer complètement (6).

Mais est-il valable quand il émane (d'un individu inca-

(1) Cela ne s'applique qu'au cas où le serment est sous forme de *piété* ; mais sous forme de *parjure*, l'expiation peut se faire anticipativement. On lit dans Chernoubi (ad *Risâla*, 125) : Le serment *de piété* se fait en jurant par Dieu « si je fais, *ou* je ne ferai pas »; le serment *de parjure* sous la forme « je ferai, *ou* si je ne fais pas », car le jurant reste, jusqu'à ce qu'il fasse, en état de piété dans le premier cas, en état de parjure dans le second cas. En outre, il est encore *de piété* sous la forme « si je ne fais pas dans tel délai », car le jurant reste *en piété* tant que le délai n'est pas expiré. — Ces explications ne figurent ni dans le *Ta'rîfât* ni dans le dictionnaire technique de Calcutta.

(2) Et de même contre une concubine-mère, parce qu'avec elles la cohabitation est permise ; au contraire, et par ce motif, il ne peut y avoir *dihâr* à l'égard de l'affranchie partielle, de l'affranchie à terme, de l'esclave possédée indivisément.

(3) Par suite de son état menstruel ou pèlerinal, etc.

(4) Dans ce cas, le mariage antérieur à la conversion est considéré comme subsistant si l'intervalle qui sépare la conversion de la femme de celle du mari ne dépasse pas un mois.

(5) D'où l'on conclut, mais non unanimement, que le vieillard décrépit, l'eunuque et l'impuissant peuvent aussi prononcer ce serment.

(6) Ne pouvant faire face aux versements auxquels elle s'est engagée, elle redevient la chose de son maître, mais c'est, d'après cette opinion, à raison d'un droit de propriété nouveau.

pable de l'acte sexuel proprement dit), d'un eunuque par exemple ? Il y a deux interprétations (1).

75. Formules de l'assimilation incestueuse

P. 108, 22. — La formule du *dihâr* est explicite s'il y est fait mention du *dos* d'une femme avec qui le mariage est interdit à toujours (2), ou (implicite (3) si la mention porte sur) un membre de cette femme ou le dos d'un mâle, et la formule explicite ne peut être regardée comme constituant une forme de répudiation (4).

Celui qui a employé une formule explicite et qui établit par témoins (5) que son intention était seulement de répudier, sera-t-il tenu à la fois à la répudiation et au *dihâr ?* En est-il ainsi pour la formule « Tu es prohibée

(1) Cf. note 5, p. prec.

(2) Par raison de parenté naturelle, ou de parenté de lait, ou d'alliance; certains y ajoutent la femme anathématisée et celle qui a été épousée pendant qu'elle était en *idda*.

(3) Ce mot doit être ajouté au texte, les commentaires le disent expressément.

(4) En vertu d'une règle maintes fois invoquée, que l'expression explicite relative à une matière déterminée ne peut s'entendre comme expression figurée portant sur une autre matière, tandis que la réciproque n'est pas vraie.

(5) C. à d. en justice; et par suite l'aveu entraînera les mêmes conséquences. Dans ce cas comme dans bien d'autres, on met en regard les décisions du mufti et du kâdi, les premières représentant l'expression du droit pur, les secondes celles de la pratique, où la question de preuve, notamment, doit être envisagée ; elles peuvent être concordantes, mais peuvent aussi être différentes. Une même question peut donc, dans bien des cas, être solutionnée de deux manières, selon qu'on se réfère, en conscience, à l'opinion du mufti, ou que, poussant l'affaire plus loin, on s'adresse à la justice.

comme le dos de ma mère, *ou* comme ma mère » ? Il y a deux interprétations (1).

L'expression du *dihâr* est faite par métonymie si l'on dit « Tu es comme ma mère » ou bien « Tu es ma mère » autrement que comme marque de considération, — ou encore « Tu es pour moi comme le dos d'une étrangère ». On s'en réfère alors à l'intention du mari et, si elle a été de répudier, il y a répudiation par trois (2).

C'est celle-ci qui résulte également du prononcé des mots « Tu es pour moi comme telle étrangère déterminée » à moins, au point de vue théorique (3), qu'il n'ait eu l'intention du *dihâr;* de même qu'elle résulte encore des mots « Tu es pour moi comme mon fils, *ou* comme mon jeune esclave, *ou* comme toute chose interdite par le Saint livre » (4).

Il y a enfin *dihâr* liant le mari à la suite de toute parole (ou de tout acte) émanant de lui et auquel il attache cette signification (5). Mais il ne résulte pas de ces expressions « Si j'ai des rapports avec toi j'en aurai avec ma mère ; — Je ne recommencerai à te toucher qu'après en avoir fait autant avec ma mère ; — Je n'exercerai sur toi le droit de

(1) Le *dihâr*, à la différence de la répudiation, entraine avec lui la nécessité de l'expiation.

(2) Lorsque le mariage a été consommé ; s'il ne l'a pas été, c'est le mari qui fait savoir le mode de répudiation qu'il a visé, et faute d'intention il y a répudiation définitive ou par trois. Les commentaires sont unanimes à donner ces explications.

(3) Mot à mot, « consultant un juriste », voir p. 156 n. 5 ; mais si le kâdi intervient, il décidera que cette formule entraîne à la fois *dihâr* et répudiation.

(4) Et au contraire, dit Ibn el-Kâsim, le *dihâr* serait la conséquence des expressions « Tu es pour moi comme le dos de mon fils, *ou* de mon jeune esclave ».

(5) On dit alors que le mari a eu recours à une métonymie *voilée*.

reprise qu'après l'avoir exercé sur ma mère », lesquelles ne l'engagent à rien (1).

76. Expiation de l'assimilation incestueuse

P. 109, 7. — L'expiation doit se répéter autant de fois qu'il renouvelle le *dihâr* après un autre *dihâr* suivi de cohabitation ou d'expiation. Il en est de même quand il dit à ses quatre femmes : « Je prononce le *dihâr* contre celle d'entre vous qui entrera dans la maison, *ou* contre toutes celles..., *ou* contre quiconque d'entre vous... »

Au contraire, l'expiation sera unique s'il dit à plusieurs femmes (qu'il épouse ensuite, simultanément ou successivement) : « Je prononce le *dihâr* si je vous épouse (2) — *ou* contre toute femme que j'épouserai », — ou s'il le prononce d'un coup contre toutes ses épouses (ou concubines), ou qu'il en répète la formule, — ou qu'il la répète en le subordonnant à un seul et même fait. Cependant il serait dans ces divers cas soumis à des expiations multiples si telle avait été son intention.

(Dans le cas où plusieurs expiations sont dues à raison d'une même femme), il peut, après en avoir accompli une seule, reprendre la cohabitation, d'après l'opinion acceptée par Ibn Yoûnos. Mais avant qu'elle soit accomplie, il lui est interdit de retirer de sa femme aucune impression voluptueuse : elle a le devoir canonique de s'y refuser et, si elle redoute ses entreprises, de le citer en justice. Lorsqu'il

(1) Bien entendu, sous la réserve que son intention n'ait pas été de prononcer ou le *dihâr* ou la répudiation.

(2) L'expiation serait multiple s'il avait dit « il y aura *dihâr* contre chacune de celles d'entre vous que j'épouserai ».

mérite confiance, il lui est permis de partager la même habitation (1).

La répudiation par trois (ou définitive) prononcée avant la réalisation d'une condition à laquelle était subordonné un *dihâr* antérieur, rend celui-ci inopérant (2).

Il est encore inopérant quand il est prononcé trop tard, p. ex. : « Tu es répudiée par trois et tu es pour moi comme le dos de ma mère (3) », ou bien, lorsque le mariage n'a pas été consommé : « Tu es répudiée et tu es pour moi comme le dos de ma mère (4) ».

Au contraire, il conserve sa valeur quand il précède la formule de répudiation, ou bien quand il l'accompagne, p. ex. : « Si je t'épouse, tu seras répudiée par trois et tu seras pour moi comme le dos de ma mère ».

Il y a *dihâr* quand un homme dit d'une femme qui lui est proposée en mariage : « Elle est (ou sera) ma mère », (à moins qu'il ne veuille dire qu'il l'aimera et l'honorera comme une mère).

(1) Pareille liberté n'existe pas en cas de répudiation révocable, où le lien du mariage est dénoué, au moins provisoirement, tandis qu'ici il continue ses effets.

(2) Le mari a prononcé le *dihâr* contre sa femme si elle entre dans telle maison, puis il la répudie par trois avant qu'elle y soit entrée : alors le *dihâr* n'existe pas, et la conséquence en sera que cette femme, réépousée ensuite dans les conditions légales, peut entrer dans la maison sans que le *dihâr* prononcé pendant la durée de la première union puisse sortir ses effets au cours de la seconde.

(3) Le mariage, en effet, doit exister pour qu'il puisse y avoir *dihâr* ; or, la répudiation par trois a produit la rupture du mariage.

(4) La répudiation, ainsi formulée et dans ce cas, est également définitive, *bâ'in*, et le délai d'attente légale, *'idda*, n'est pas imposé. Elle est encore *bâ'in* quand le mari en même temps qu'il consent un divorce par rachat prononce la répudiation.

77. Obligation de l'expiation ; ses divers modes

P. 109. 16. — Le *retour* (après le *dihâr*) rend canoniquement obligatoire l'expiation, qui ne peut valablement le précéder et qui prend, par la cohabitation, le caractère d'un devoir absolu. Mais le *retour* consiste-t-il dans la simple résolution du mari de cohabiter, ou bien doit-elle être accompagnée de l'intention de ressaisir l'autorité maritale (pendant une période d'une durée raisonnable) ? Il y a à ce sujet deux interprétations et divergence.

L'expiation cesse d'être due par suite de la répudiation définitive prononcée contre elle avant l'accomplissement de l'acte sexuel, ou par suite de la mort de l'épouse (ou de l'époux). Mais est-elle valable quand, (en ayant accompli une partie, il a répudié sa femme, l'a réépousée ensuite) et complète alors cette expiation ? Il y a deux interprétations (1).

Elle consiste (par ordre de mérite) :

1° A affranchir un esclave, qui ne soit pas un fœtus — lequel d'ailleurs (si l'affranchissement avait porté sur lui) serait libre à sa naissance (2) — ni quelqu'un dont on serait sans nouvelles. Il doit être croyant ; mais s'il peut être d'origine étrangère (3), il y a deux interprétations ; et (en

(1) L'intérêt de cette distinction est de décider si, après le remariage, le mari peut ou non cohabiter, selon que l'expiation est censée valable ou non. Le fractionnement de l'expiation n'est admis par certains que quand elle consiste en distribution de nourriture ; d'autres l'admettent aussi pour le jeûne.

(2) En toutes circonstances, la loi favorise le plus possible l'acquisition de la liberté, cela a été dit déjà.

(3) Le mot *a'djemi* doit s'entendre, d'après Derdir, d'un païen, *madjoûsi*, adulte converti de force et qui peut n'être musulman qu'en

admettant qu'il puisse l'être) le mari doit-il ou non être empêché de recohabiter jusqu'à ce que la conversion soit accomplie ? Il y a deux dires. — En outre, il doit n'avoir pas de doigt coupé, être exempt de cécité, de mutité, de démence à accès même peu répétés et de maladie grave, n'être ni essoreillé (1), ni sourd, ni par trop décrépit ou par trop boîteux, n'être atteint ni de dartres blanches ou noires, ni de lèpre, ni de paralysie, n'être soumis à aucune soulte compensatoire (2), n'avoir pas été acheté sous condition d'affranchissement, être rendu à la liberté dans le but de satisfaire à l'expiation et non parce que l'affranchissement doit se faire automatiquement (3). Dans le cas d'achat cependant, il y a deux interprétations de cette parole : « Si j'achète un tel il sera libre à raison (*ou* en vue عن) de mon *dihâr* ».

L'esclave doit être dans un état de servitude non-mitigé et, partant, n'être pas affranchi contractuel ou posthume, etc. (4). Le mari ne peut affranchir la moitié, par exemple, lui appartenant d'un esclave indivis, le restant de cette valeur étant estimé par le juge et mis à sa

apparence, et d'un jeune enfant d'origine juive ou chrétienne et qui ne sait pas exactement ce qu'est sa religion.

(1) Cela doit s'entendre même de celui qui n'aurait que les extrémités des oreilles coupées. Certains tolèrent cependant la perte d'une seule oreille.

(2) Autrement dit, son maître ne peut lui imposer de verser une somme forte ou faible comme contre-partie de la liberté qu'il lui octroie pour cause d'expiation ; mais il conserve son droit de s'approprier le pécule de l'esclave qu'il va affranchir.

(3) Si p. ex. le mari en question se rend maître d'un esclave qui est son frère, puisque les rapports de maître à esclave ne peuvent exister entre eux.

(4) En d'autres termes, ne pas faire partie de la catégorie dite *châ'iba*, qui comprend en outre la concubine-mère, l'affranchi partiel et l'affranchi à terme.

charge (1), ni affranchir d'abord une moitié de l'esclave qui est sa propriété exclusive, puis l'autre moitié — ni affranchir trois esclaves à raison d'un *dihâr* prononcé contre quatre femmes.

Est valable l'affranchissement portant sur un esclave borgne — enlevé par violence — remis en gage ou livré en réparation d'un dommage par lui causé, quand l'obligation que l'un et l'autre représentent est rédimée — atteint d'une légère maladie ou claudication — ayant le bout du doigt ou de l'oreille coupé.

Est valable l'affranchissement consenti par un tiers au nom du mari, même sans mission de celui-ci, à condition que celui-ci ait opéré le *retour* et qu'il agrée ce qui s'est fait.

Il est blâmable que l'esclave affranchi soit eunuque, et louable qu'il soit d'âge à prier et à jeûner.

2° Après l'affranchissement et pour celui qui ne peut pécuniairement le faire au moment où l'expiation doit être accomplie, — ce qui exclut celui qui le peut matériellement en sa qualité de propriétaire d'un esclave dont les services lui sont nécessaires à raison, par exemple, de son état de maladie ou de sa situation sociale, ou de propriétaire d'une seule esclave, qui est celle-là même contre qui il a prononcé le *dihâr* — l'expiation consiste à jeûner deux mois complets depuis l'apparition du croissant (si l'on débute à ce moment) avec l'intention de poursuivre sans interruption et à titre d'expiation ; si le début du jeûne ne coïncide pas avec le premier du mois, on complète par un nombre de jours (égal aux manquants du premier mois) pris sur le troisième (de manière à faire deux fois trente jours).

Quand il s'agit d'un esclave, le maître peut s'opposer au

(1) Ce cas d'affranchissement est expliqué p. 109, n. 1.

jeûne qui nuit au service de l'esclave ou à l'industrie qu'il exerce.

Ce mode d'expiation s'impose à celui sur qui pèse un lien de servitude (1), de même qu'au mari à qui l'expiation est réclamée judiciairement alors que (antérieurement au *dihâr*) il s'était engagé à rendre à la liberté tout esclave dont il pourrait, au cours d'une durée de dix ans par exemple (2), devenir maître.

Celui qui, étant en train d'accomplir le jeûne expiatoire, acquiert de l'aisance (avant le quatrième jour), le continue, à moins qu'il ne soit vicié (ou ne se vicie ultérieurement) ; mais quand elle survient au bout de deux jours par exemple, il est méritoire de recourir plutôt au mode par affranchissement. Il est même permis à celui qui est dans la gêne d'assumer ce dernier mode (en s'endettant).

La continuité du jeûne est interrompue : *A)* Par la cohabitation, même survenue de nuit et par oubli (erreur ou ignorance), avec la femme sous le coup du *dihâr* ou avec l'une de celles dont le *dihâr* prononcé collectivement n'entraîne qu'une seule expiation. Cette cohabitation survenue au cours de l'expiation par distribution de vivres invalide également ce dernier mode.

B) Par l'absorption de nourriture qui a lieu au cours d'un voyage (entrepris dans cette période et assez long

(1) Expression générale dans laquelle se trouve compris même l'affranchi contractuel. L'expiation par le mode de distribution de nourriture ne peut avoir lieu qu'avec l'autorisation du maître ; d'autre part le mode par affranchissement ne lui est pas possible parce qu'il ne peut donner la liberté dont lui-même est privé, et qu'il ne peut exercer le droit de patronat. — Cette prescription aurait dû, logiquement, venir avant la précédente.

(2) C.-à-d. pendant une durée qui ne dépassera vraisemblablement pas celle de sa propre vie. On sait d'autre part que, pour être expiatoire du *dihâr*, l'affranchissement doit être fait exclusivement dans ce but.

pour permettre l'abréviation de la prière), ou qui a pour cause une maladie provoquée par le voyage. La maladie ne provenant pas de là, il n'y a pas interruption du jeûne, non plus que dans les cas d'apparition des menstrues ou des lochies (1), de contrainte, de croyance que le soleil est couché, et aussi, d'après la *Modawwana*, d'oubli (2).

C) Par survenance de la Fête des sacrifices quand cette coïncidence est voulue, mais non si elle résulte de l'ignorance.

Mais le caractère de continuité, reconnu dans le cas d'ignorance, résulte-t-il de ce que le jeûne a été respecté pendant les jours de la Fête des sacrifices et du *techrîk* (3) — de sorte que s'il n'avait pas été respecté il devrait être entièrement recommencé — ou bien l'expiant peut-il rompre le jeûne pendant cette période, et ensuite le poursuivre (en y ajoutant trois jours à titre réparatoire) ? Il y a deux interprétations.

Ibn Yoûnos assimile l'ignorance de la coïncidence du jeûne d'expiation avec celui de Ramadân à celle qui a trait à la Fête des sacrifices.

Il y a discontinuité quand un intervalle sépare le jeûne réparatoire (dû pour quelque manquement) du jeûne

(1) Comme il le fait à maintes reprises, Khalil opère ici un rapprochement, étranger à notre sujet, avec un cas où la rupture du jeûne n'entraîne pas la discontinuité de ce dernier. Cf. p. 95, n. 4.

(2) C.-à-d. que, d'après cette source, le fait de boire, de manger ou de cohabiter par oubli laisse au jeûne son caractère de continuité ; mais pour le jeûne expiatoire du *dihâr*, on a vu que la cohabitation qui a lieu par oubli, de jour ou de nuit, entraîne la discontinuité.

(3) Autrement dit le 10 dhou'l-hiddja et les trois jours qui suivent. Mais dans la réalité il s'agit seulement des 10, 11 et 12 de ce mois, car les commentaires sont d'accord pour reconnaître que l'obligation de jeûner le 13, dans le cas qui nous occupe, est admise sans conteste ; ils ne disent d'ailleurs pas pourquoi. La règle générale est qu'on ne doit pas jeûner pendant les quatre jours en question.

expiatoire proprement dit. D'après un juriste autorisé, il y a encore discontinuité quand l'existence de cet intervalle résulte d'un oubli.

Si, après un jeûne de quatre mois en expiation de deux *dihâr*, l'expiant ne sait où placer une interruption qui a duré deux jours (1), il jeûne aussitôt pendant deux jours de plus, et fait en outre un jeûne réparatoire de deux mois. S'il ne sait si l'interruption a été de deux jours consécutifs, il jeûne aussitôt pendant deux jours de plus, et fait en outre un jeûne réparatoire de quatre mois.

3° Enfin (et à défaut de jeûne), l'expiation consiste dans la remise à chacun de soixante indigents (2) libres et musulmans d'un moudd et deux tiers (3) de blé ; si dans le pays la nourriture courante consiste en dattes ou en vivres de la nature de ceux qui sont distribués lors de la Rupture du jeûne, il en est distribué une quantité équivalente au blé (4). « Je n'aime pas, (dit Mâlek, que l'on se borne, dans cette expiation, à fournir) les deux repas du matin et du soir, non plus que dans la réparation due pour inobservation des règles de toilette de l'état pèlerinal » (5).

(1) Il sait que l'interruption a été de deux jours, mais ne sait si elle porte sur la première ou la deuxième expiation, ou si elle chevauche sur les deux.

(2) Contrairement aux Malekites et aux Chaféites, il est admis par les Hanéfites que la distribution faite à un même indigent pendant soixante jours est également valable.

(3) Il s'agit du *moudd*, mesure du Prophète, dont un moudd et deux tiers (d'autres disent deux *moudd*) représente le *moudd* de Hichâm, c.-à-d. Hichâm ben Ismâ'îl ben el-Welîd ben Moghîra Makhzoûmi, gouverneur de Médine sous Abd el-Melik ben Merwân. L'aumône représente donc cent *moudd* du Prophète ou 25 *çá'* ('Adewi et Desoûki).

(4) L'équivalence est constituée non pas par la mesure ou le poids, mais par la valeur nutritive de ces aliments.

(5) L'arabe فدية الأذى, allusion au Koran, II, 192, a ce sens, ainsi

L'expiant ne peut-il faire la distribution de vivres, au lieu du jeûne, que quand il désespère de pouvoir faire celui-ci, ou le peut-il quand il en doute (1)? Il y a à ce propos deux dires dans la *Modawwana*, que l'on a aussi expliquée comme (n'impliquant pas contradiction et) se rapportant au cas où l'expiant qui a commencé le jeûne est ensuite atteint d'une maladie qui ne lui permet pas de le poursuivre.

La distribution de cent moudd faite à cent vingt pauvres n'a pas ici plus de force libératoire que dans le cas de serment (2).

L'esclave peut expier par distribution si son maître l'y autorise. La *Modawwana* cite ce dire de Mâlek : « J'aime mieux qu'il expie par le jeûne, même son maître lui permettant de le faire par distribution » ; faut-il voir dans ce « j'aime mieux » un simple lapsus, puisque c'est le jeûne qui est d'obligation canonique, ou l'entendre comme indiquant la nécessité canonique ? Signifie-t-il que le maître doit plutôt permettre le jeûne que la distribution, — ou bien que l'esclave, quand la distribution lui est permise et le jeûne défendu, doit de préférence patienter dans l'espoir que ce

qu'on le voit par Kharchi (II, 259, l. 25 et s. ; 262, l. 11) ; c.-à-d. qu'une réparation est due par celui qui, pendant qu'il est en *ihrâm*, souffre de la tête et se la rase. Mâlek n'est pas porté à croire que les deux repas en question représentant un moudd et deux tiers, autrement dit la quantité exigée.

(1) Et à plus forte raison quand il croit pouvoir le faire.

(2) Voir p. 68, l. 18 du texte ; trad. Perron, II, 188. La prescription légale concernant le nombre des parties prenantes est violée, mais elle est respectée en ce qui concerne la quantité à distribuer : l'expiant ou le jurant, quand il a procédé à la distribution en prévenant qu'il la faisait pour obéir à la loi, peut lui donner force libératoire en tirant au sort les bénéficiaires pour en ramener le nombre au chiffre légal, 60 ou 10 selon le cas, et attribuer à chacun des favorisés la quotité légale.

dernier lui sera permis — ou encore que l'esclave, actuellement empêché de jeûner (par la maladie p. ex.), doit plutôt attendre son retour à la santé? Il y a diverses interprétations.

Ce recueil fait encore dire à Mâlek : « L'esclave peut valablement expier un serment par une distribution (de vivres ou de vêtements) quand il y est autorisé ; » mais (Sahnoûn ajoute) : « Je n'ai pas l'esprit satisfait » (1).

Il n'est pas valable de faire participer un même pauvre (pour moitié dans chacune des deux distributions faites) pour s'acquitter de deux expiations, non plus que de combiner deux modes d'expiation (2).

Celui qui (débiteur de plusieurs expiations) procède à des distributions de vivres en quantité inférieure à ce qu'il doit, peut dans son intention les appliquer à l'une d'elles seulement ou à l'ensemble, sauf ensuite à compléter le nombre requis (3). Dans ce cas, la part afférente au *dihâr* de la femme qui viendrait à mourir n'a pas à être complétée (4).

Celui qui (sans rien spécifier) affranchit trois esclaves alors qu'il a prononcé le *dihâr* contre quatre femmes, ne peut cohabiter avec aucune d'elles avant d'avoir satisfait

(1) Cette décision relative à un cas analogue est rappelée pour servir d'appui aux trois dernières des cinq interprétations qui précèdent. Sahnoûn veut dire qu'à ses yeux le jeûne est le mode auquel l'esclave doit de préférence recourir.

(2) P. ex. de jeûner pour une moitié, soit trente jours, et de faire, pour l'autre moitié, une distribution à trente pauvres seulement. Mais d'ailleurs les vivres distribués à soixante pauvres ne doivent pas être identiques et peuvent être p. ex. partie en dattes et partie en blé.

(3) L'ininterruption est une condition de la validité du jeûne, mais la distribution de vivres peut être fractionnée.

(4) Si toutefois il n'a pas cohabité avec elle ou ne l'a pas répudiée avant qu'elle meure. D'autre part, les quantités versées à son compte ne viennent pas en déduction de celui des autres femmes.

à la quatrième expiation, même si (antérieurement à celle-ci) une ou plusieurs de ces femmes viennent à mourir ou à être répudiées.

78. Anathème, *li'ân*, prononcé dans deux cas

P. 111, 10. — Le mari seulement (à l'exclusion du maître) peut prononcer l'anathème, *li'àn* (1), même dans le cas de mariage vicié, les deux époux pouvant être irréligieux ou esclaves (2), mais non infidèles (3) : 1° En accusant sa femme au cours du mariage (4) — car autrement il encourt la peine édictée pour calomnie — de relations illicites, relations dont, s'il est aveugle, il doit avoir la certitude (5), et que, s'il est clairvoyant, il doit avoir vues (6) : alors l'enfant qui naît (bien conformé)

(1) Il est ainsi défini par Ibn 'Arafa : « C'est le serment du mari attestant les relations coupables de sa femme ou désavouant le fœtus qu'elle porte et dont la paternité doit lui être attribuée, et le serment par lequel la femme, qui serait soumise à la peine légale écrite en refusant de jurer, atteste le mensonge de son mari, le tout sanctionné par décision judiciaire. »

(2) Les Hanéfites n'admettent pas à prononcer l'anathème l'esclave ni l'individu condamné pour diffamation, s'appuyant en cela sur l'interprétation à donner du mot « témoin » dans le Koran, xxiv, 6.

(3) A moins qu'ils ne recourent de leur plein gré à la justice musulmane.

(4) Et de même pendant la période d''*idda*, où le mariage poursuit ses effets. L'accusation peut d'ailleurs porter également sur des relations coupables antérieures au mariage.

(5) Par le toucher, par l'ouïe ou par des dires émanant de gens même impropres à servir de témoins, tels que des femmes ou des esclaves.

(6) On n'exige pas du mari, à la différence des témoins de l'adultère, qu'il ait vu « le style dans le pot à collyre », et même, d'après la *Modawwana*, il suffit que, aveugle ou clairvoyant, il soit sûr du fait.

à six mois de là (1) est désavoué, tandis que, né à une date plus rapprochée, il est attribué au mari à moins que celui-ci ne prétende que l'acte coupable a été vu au cours d'une période d'abstinence légale *istibrâ* (2) ; 2° en désavouant un fœtus (3) même quand il naît mort ou qu'il meurt plus tard (4), ou quand il y a eu plusieurs couches ou des jumeaux (5). Le désaveu résulte alors d'un anathème prononcé sans aucun délai (6), (et qui suffit sans être répété) de même que dans le cas d'accusation d'adultère et de (désaveu de) l'enfant qui en naîtra : mais il faut que le mari n'ait pas cohabité avec sa femme depuis l'accouchement antérieur de celle-ci (7), ou que les deuxièmes couches aient lieu à une date telle que l'enfant ne puisse lui être attribué à raison de ce que le dernier acte sexuel est ou trop rapproché ou trop éloigné (8), ou bien que, l'ayant soumise à un *istibrâ* d'une période menstruelle (et n'ayant

(1) On accorde même une tolérance de cinq jours au moins.

(2) Il est traité plus bas de la nature et des conditions de l'*istibrâ*.

(3) Mieux vaudrait « en désavouant la paternité », ce qui comprendrait aussi le cas, d'ailleurs plus rare, où le mari, de retour après une absence de plusieurs années, trouve un ou plusieurs enfants dont sa femme prétend lui attribuer la paternité.

(4) Le *li'ân* aura alors pour effet de ne pas exposer le mari à la peine qu'il encourrait pour calomnie.

(5) Un seul serment d'anathème suffira dans ce cas ; et encore ne serait-il pas nécessaire s'il n'a pas été possible au mari de rejoindre subrepticement sa femme.

(6) Il faut cependant attendre la fin de la période menstruelle et des lochies.

(7) La durée minimum de la gestation étant de six mois, un accouchement succédant à un autre à moins de six mois d'intervalle est considéré comme la suite du précédent, et non comme l'aboutissement d'une grossesse nouvelle.

(8) P. ex. les dernières relations sexuelles remontant à un mois après le dernier accouchement, la femme met au monde un enfant au bout de cinq mois, ou au bout de cinq ans ou davantage.

plus cohabité depuis lors, un accouchement se produise au bout de six mois ou davantage).

(Le désaveu ne peut résulter que de l'anathème, et non d'autre chose), pas même de l'aveu de l'un et l'autre époux (1), à moins cependant que l'accouchement n'ait lieu avant six mois de mariage, ou que le mari ne fût, lors de la conception, impubère ou eunuque (2), ou qu'une femme qui est au Maghreb n'attribue sa grossesse à un mari qui est en Orient (et n'en est pas revenu) (3).

La simple imputation d'adultère (sans que le mari ajoute qu'il l'a vu ou sans qu'il recoure à l'anathème) entraîne-t-elle la peine infligée au calomniateur (4), ou le laisse-t-elle libre de recourir à l'anathème ? Il y a divergence.

Dans le cas où le mari prononce l'anathème à raison d'un acte adultère qu'il a vu, mais prétend avoir avant cela cohabité avec sa femme et n'avoir pas ensuite respecté le délai de continence légale (et la femme devenant grosse), Mâlek s'est prononcé tantôt pour l'attribution de la paternité au mari, tantôt pour la non-attribution, et tantôt pour le désaveu de paternité (5). Ibn el-Kâsim préfère

(1) Il importe peu que cet aveu précède ou suive la consommation du mariage. Cependant Lakhmi a soutenu que, dans le premier cas, le désaveu de paternité est établi.

(2) Il y a des discussions en ce qui concerne l'eunuque, et certains établissent des distinctions reposant sur le genre de castration qu'il a subi.

(3) Le mari, ajoute le *Mesâlik*, doit être absolument sûr de la culpabilité de sa femme, à ce point qu'il ne lui suffirait pas de voir celle-ci roulée dans une couverture avec un homme, puisque cette position n'implique pas nécessairement les relations adultères.

(4) Cette peine est de quatre-vingts coups de fouet (Khalil, texte, p. 211).

(5) Dans la première opinion, le serment d'anathème n'aurait pour but que d'éviter la peine encourue par le calomniateur, et l'aveu de relations nouvelles au mépris du délai d'*istibrâ* implique la renon-

attribuer la paternité au mari quand la grossesse était visible au jour de l'adultère (de même que quand elle est établie par la date de l'accouchement).

Le mari ne peut, pour désavouer la paternité, se fonder sur ce qu'il a fraudé la nature, ni sur la ressemblance de l'enfant avec un autre que lui-même, y eût-il même différence de couleur (1), ni sur le fait qu'il a coïté entre les cuisses lorsqu'il y a eu éjaculation, ni sur le fait qu'il a coïté sans éjaculation lorsque cet acte a suivi un autre coït avec éjaculation (2) et après lequel il n'y a pas eu miction.

79. A QUELLE ÉPOQUE PEUT AVOIR LIEU L'ANATHÈME

P. 111, 21. — L'anathème pour désaveu de grossesse peut être prononcé à tout moment (3).

L'anathème provoqué par la vue d'un acte d'adultère peut être prononcé pendant l'*'idda*, même consécutif à une répudiation définitive. Mais le mari encourt la peine légale si, après l'achèvement de cette période, il prétend avoir vu l'adultère, comme aussi s'il revendique la paternité précédemment désavouée par anathème, à moins cependant, dans les deux cas, que l'adultère ne soit ultérieurement prouvé (par aveu ou par témoins) ; il encourt également

ciation au désaveu de paternité ; dans la seconde, le désaveu ne résultera que d'un second anathème ; dans la troisième, l'anathème a le double résultat de soustraire à la peine encourue par le calomniateur et de désavouer la paternité.

(1) L'enfant p. ex. étant noir quand le père putatif est blanc, ou inversement.

(2) C. à d. accompli avec une autre épouse ou une concubine.

(3) Peu importe que ce soit pendant le mariage ou après sa dissolution, pendant ou après l'*'idda*, mais avant l'expiration du délai maximum de grossesse.

la peine légale pour dénonciation du complice, lequel est informé du châtiment infligé.

Le mari peut, sans encourir la peine de calomnie, répéter contre sa femme l'accusation qui a motivé l'anathème.

Celui qui, ayant désavoué un enfant, en revendique la paternité quand il est mort, (encourt la peine de calomnie, mais) participe à sa succession quand le défunt 1° laisse un enfant (garçon ou fille) libre et musulman ; 2° n'en laisse pas (ou en laisse un ne réunissant pas ces conditions, mais) que l'héritage est de peu d'importance (1).

L'anathème ne peut plus être prononcé si le mari, n'ayant d'ailleurs pas de motif d'excuse, continue ses relations avec sa femme (après qu'il a vu l'acte d''adultère, ou connu l'accouchement ou la grossesse), comme aussi quand il le retarde (d'un jour ou deux) après qu'il a eu connaissance de l'accouchement ou de la grossesse.

80. Comment et où a lieu l'anathème

P. 112, 3. — A quatre reprises le mari jure en invoquant la Divinité ou bien qu'il a vu sa femme commettre l'acte d'adultère, ou bien qu'il n'est pas l'auteur de cette grossesse ; et, en cinquième lieu, il appelle sur sa tête la malédiction divine pour le cas où il mentirait ou (sous une autre forme) pour le cas où il accuserait faussement sa femme. Le muet procède par signes ou en écrivant.

La femme riposte en attestant (au nom de Dieu) et à quatre reprises « Il ne m'a pas vue commettre l'adultère » ou (s'il s'agit du désaveu) « Je n'ai pas commis l'adultère » ; elle peut aussi dire dans les deux cas (d'anathème

(1) On explique cette distinction par la « faiblesse du soupçon » (probablement, le peu de vraisemblance d'un mobile intéressé).

pour adultère ou pour désaveu) « Il a menti » ; et elle ajoute en cinquième lieu « Que la colère d'Allâh s'abatte sur moi s'il est véridique ! »

Il est canoniquement obligatoire que les deux époux emploient le mot « j'atteste », que l'époux emploie le mot « malédiction » et l'épouse le mot « colère », que cela se passe dans le lieu le plus respectable du pays et en présence de plusieurs personnes, au moins quatre.

Il est recommandé d'y procéder à l'issue de la prière (de préférence celle de l'après-midi), d'intimider les deux parties, notamment avant la cinquième affirmation, et de leur dire qu'elle entraîne forcément le châtiment divin.

Quand la femme commence la première à prêter ces serments, doit-elle ensuite les renouveler après ceux de son mari ? Il y a divergence.

L'épouse tributaire jure dans le temple de sa religion (1), mais elle n'y est pas contrainte (2). Si elle refuse le contre-serment, un châtiment arbitraire lui est infligé (3), puis elle est remise aux chefs de sa religion.

C'est de même un simple châtiment arbitraire qui est infligé au mari déclarant (sans preuve) avoir trouvé sa femme couchée avec un homme sous une couverture (4).

(1) Où se rend aussi le mari, soit musulman soit tributaire, tandis qu'elle-même n'est pas admise dans la mosquée.

(2) L'explication de ce passage est peu facile : pour les uns, cela veut dire qu'elle n'est pas tenue de contre-jurer ; pour d'autres, qu'elle n'est pas tenue de jurer dans l'église ou la synagogue.

(3) La peine légale de l'adultère ne peut lui être infligée, puisqu'elle n'est pas musulmane, mais le tort qu'elle a causé à son mari doit être châtié. Après quoi ses coreligionnaires réprimeront son écart de conduite comme ils l'entendent.

(4) Tandis que pareille imputation dirigée contre une femme qui lui est étrangère lui vaudra la peine légale de la diffamation.

81. Anathème réciproque

P. 112, 11. — Il y a échange de serments d'anathème quand le mari accuse sa femme d'avoir été enlevée ou d'avoir par erreur cohabité avec un autre homme (1), soit qu'elle nie l'un ou l'autre fait, soit qu'elle les reconnaisse alors que l'enlèvement n'est ni prouvé ni patent : (quand elle avoue) elle jure n'avoir pas été adultère, mais victime de la violence, (et quand elle nie, elle jure n'avoir pas été adultère). Si l'enlèvement est établi, il est seul à jurer.

De même le serment n'est prêté que par le mari quand il prétend avoir vu sa femme impubère (2) commettre l'adultère.

Le mari qui se présente avec trois témoins pour attester l'adultère (3) doit prêter le serment d'anathème : si la femme répond par le contre-serment, les trois témoins encourent la peine infligée à la diffamation, mais non si elle le décline, non plus que quand la qualité de l'époux n'est reconnue qu'après que la lapidation a eu lieu.

Si le mari dont la femme est esclave s'en rend propriétaire et qu'elle accouche au bout de six mois ou davantage, elle est traitée comme une esclave ; si elle accouche avant six mois, elle est traitée comme une épouse (4).

(1) Le serment du mari porte alors sur l'un ou sur l'autre de ces faits, et non sur l'adultère même ; son effet utile est d'établir le désaveu de paternité, et le contre-serment de la femme a pour but de la soustraire à la peine infligée à l'adultère (Ça'idi).

(2) Il s'agit, d'après la distinction habituelle, de l'impubère apte à la cohabitation.

(3) Une opinion admet que le mari peut servir à compléter le nombre de quatre témoins requis dans ce cas pour faire la preuve.

(4) S'il reconnaît avoir cohabité avec elle après observation du délai de continence, l'enfant est désavoué sans anathème ; sans observation

82. Conséquences de l'anathème

P. 112, 16. — L'anathème entraîne les conséquences suivantes : *A)* quand il émane du mari :

1° Il le soustrait à la peine légale due à la calomnie s'il s'agit d'une femme libre et musulmane, et à la peine arbitraire s'il s'agit d'une esclave ou d'une tributaire ;

2° Il soumet à l'une ou à l'autre, selon le cas, l'épouse qui ne prononce pas le contre-anathème ;

3° Il empêche les effets de la filiation.

B) Quand il émane de la femme : (4° il la soustrait à la peine légale ; 5° il dissout le mariage) ; 6° il la rend à jamais interdite à l'époux, même si elle devient sa propriété ou si sa grossesse n'était qu'apparente.

Le mari peut revenir sur le refus qu'il a d'abord fait de prononcer l'anathème (1) ; il en est de même, d'après Ibn Rochd, pour la femme.

Au mari qui (après le prononcé de l'anathème) revendique l'un de deux jumeaux, tous les deux sont attribués (2) ; quand un intervalle de six mois ou davantage sépare la naissance de l'un et de l'autre, ils proviennent de deux gestations différentes (3). Mâlek a cependant dit : « S'il avoue le second enfant (après avoir aussi avoué le premier, né moins de six mois auparavant) en ajoutant

de ce délai, il n'y a lieu ni à désaveu ni à anathème. S'il ne reconnait pas avoir cohabité, les choses se passent comme dans un mariage ordinaire, voir p. 169.

(1) Ce qui n'est pas admis par tous les interprètes de la loi.

(2) Mais la peine due à la diffamation lui est infligée.

(3) Cela revient à dire, et c'est ce qui est admis, que l'on considère comme jumeaux et appartenant à une même gestation, deux enfants nés à moins de six mois l'un de l'autre.

qu'il n'a plus cohabité depuis la naissance du premier, on consultera les femmes, et si elles répondent qu'un pareil retard est possible, la peine (de la diffamation) ne sera pas appliquée ».

83. Retraite légale (ʻidda)

P. 113, 2. — Est soumise à la retraite légale d'attente, *ʻidda* (1), toute femme libre, même chrétienne ou juive (2), et apte à la cohabitation, qui s'est trouvée en tête à tête avec (son mari) pubère et non eunuque (3) dans des conditions permettant l'acte sexuel, et alors même que les époux nient qu'il ait eu lieu. Ils sont cependant liés par leur dénégation (4). La retraite légale ne résulte que du tête à tête susdit, à moins que la femme n'avoue l'acte sexuel (5) ou qu'il n'y ait une grossesse apparente que l'époux ne désavoue pas (par anathème) (6).

(1) A la suite de la mort du mari, de la répudiation ou de l'annulation du mariage.

(2) Répudiée par un musulman ou avec qui un musulman veut se marier.

(3) Il est admis que l'eunuque privé des testicules seulement est assimilé dans ce cas au mâle parfait.

(4) La femme n'aura pas alors le droit de réclamer l'intégralité de sa dot non plus que la pension alimentaire, et le mari ne pourra exercer le droit de reprise *ridjʻa* sur sa femme. La dénégation n'émanant que d'un seul n'a d'effet qu'à son égard.

(5) Qui a eu lieu dans ce cas légalement, mais qui est resté ignoré ; elle est alors en *ʻidda* et elle a droit tant à l'intégralité de sa dot qu'à la pension alimentaire.

(6) Dans ce cas encore, comme la grossesse résulte d'un tête à tête resté ignoré, la femme répudiée est en *ʻidda*, le mari a le droit de reprise et doit la pension alimentaire, les droits de successibilité réciproque peuvent s'exercer. Au contraire, s'il y a désaveu, ces effets ne se produisent pas, et l'on dit alors que la femme est, non en *ʻidda*, mais en *istibrá* jusqu'à l'accouchement.

La durée en est de trois périodes intermenstruelles de pureté (1), et de deux seulement pour la femme esclave (2), toutes ayant pour but, comme l'a dit Ibn Yoûnos, et non pas la première seulement, de s'assurer de la vacuité de la matrice (3) ; peu importe d'ailleurs que la femme ne soit habituellement menstruée qu'une fois dans l'année par exemple (4), ou qu'elle allaite (5) ou qu'elle souffre d'un écoulement menstruiforme qu'elle peut distinguer du flux menstruel.

(Dans le cas de répudiation révocable et les menstrues n'ayant pas reparu au bout d'un an) le mari peut séparer l'enfant de sa mère qui l'allaite, dans la crainte qu'elle ne vienne à hériter de lui (6), ou à l'effet d'épouser (par exemple) la sœur de cette femme ou une quatrième femme (7),

(1) Les Hanéfites, en contradiction avec les trois autres Écoles, disent au contraire *trois périodes menstruelles*, le mot arabe قُرء pouvant avoir les deux sens ; voir les commentaires du Koran, II, 228.

(2) Peu importe que la femme soit esclave parfaite ou en demi-servitude, telle que l'affranchie contractuelle, etc. ; peu importe aussi que le mari soit libre ou esclave.

(3) L'opinion qui voit dans l'attente des deuxième et troisième périodes un acte de piété est combattue par le fait que l'épouse non-musulmane, à qui les actes de piété ne sont pas imposés, doit cependant être soumise à un *'idda* comportant trois périodes.

(4) En opposition avec l'opinion de Tâ'oûs qu'une attente de trois mois suffit pour celle qui est menstruée irrégulièrement ; une autre opinion admet qu'une *année blanche*, c.-à-d. au cours de laquelle les menstrues ne se sont pas manifestées, suffit pour purger l'*'idda*.

(5) On admet comme équivalent de l'*'idda* la non-réapparition des menstrues dans l'année qui suit l'achèvement ou l'interruption de l'allaitement.

(6) Ce qui aurait lieu s'il venait à mourir pendant cette période d'*'idda* qui se prolonge de la sorte. L'addition des mots entre parenthèses résulte du contexte et est indiquée par les commentaires.

(7) S'il a trois femmes en dehors de celle dont il s'agit, il ne peut, tant que dure l'*'idda* consécutif à une répudiation révocable, en épouser une autre, ce qui donnerait un total de cinq.

pourvu toutefois que cela ne porte pas préjudice au nourrisson (1).

Lorsque la femme ne sait pas différencier (un écoulement menstruiforme du flux menstruel) ou que celui-ci retarde sans motif ou pour cause de maladie, elle reste en expectative pendant neuf mois (2), puis fait un *'idda* de trois mois, lequel est imposé également à la femme qui n'a encore eu de menstrues ou qui désespère de plus en avoir.

Toutes ces règles s'appliquent aussi à la femme esclave.

Le mois au cours duquel (commence cette sorte d'*'idda* est compté à trente jours et) complété par une portion du quatrième mois (3) ; le jour de la répudiation (ou de la mort du mari) ne compte pas.

La femme (qui est ainsi en expectative pendant un an) et qui voit apparaître ses menstrues au cours de cette année (fût-ce le dernier jour), attend qu'elles apparaissent une seconde puis une troisième fois (4) ; et si elle se trouve ultérieurement en *'idda*, elle le fera de trois mois.

(1) Qui pourrait refuser le sein d'une autre femme, ou à qui le père ne pourrait donner une nourrice salariée. On admet aussi que la mère renonce à poursuivre l'allaitement.

(2) Durée ordinaire de la grossesse ; on les regarde comme étant un *istibrá* ou destinés à assurer la vacuité de la matrice. Pour d'autres, ils font partie de l'*'idda*, ce qui pourrait entraîner des effets différents ; mais il semble que Desoûki ait raison de dire que ce n'est qu'une distinction de mots.

(3) Tandis que les deuxième et troisième mois sont comptés par lunaison.

(4) En d'autres termes, elle doit attendre le moindre de ces deux délais, ou la production trois fois répétée des menstrues, même à intervalles irréguliers, ou une année *blanche* tout entière, c. à d. sans qu'elles se manifestent aucunement. Pour l'esclave, il suffit de deux périodes menstruelles.

Les mêmes distinctions pour la durée de la retraite (1) s'imposent à la femme libre coupable d'adultère ou de relations résultant d'une erreur (2), et à celle qui a disparu (pendant une durée moralement suffisante) avec celui qui l'a enlevée ou faite prisonnière ou achetée (par erreur sur sa condition), sans qu'il soit tenu compte du dire de la femme (qu'elle a été respectée). Au cours de cette période, le mari doit s'abstenir de la cohabitation (3), et nul ne doit la marier (4).

Cet *istibrâ* s'impose-t-il dans le cas du mariage (d'une fille contraignable ou) d'un interdit (non autorisé) lorsque le tuteur le ratifie ou qu'il le rompt (et que, dans ce dernier cas, l'interdit réépouse ensuite, avec l'autorisation du tuteur, cette même femme)? Il y a hésitation.

L'*'idda* commence dès la période intermenstruelle, n'eût-elle plus à durer qu'un instant, où est prononcée la répudiation ; par suite la femme libre recouvre la faculté de se marier dès le début de la troisième menstruation (5), ou de la quatrième si le prononcé de la répudiation a eu lieu dans une période de menstruation ou de lochies.

Mais est-il simplement recommandé ou obligatoire

(1) Mais ici cette retraite ne s'appelle plus *'idda*, mais *istibrâ*. Quant à l'épouse esclave, on verra plus loin que son *istibrâ* est d'une seule période menstruelle.

(2) Soit d'une erreur proprement dite, soit à raison d'une union viciée et annulée.

(3) On discute si le mari dont la femme était manifestement grosse de ses œuvres avant la survenance du motif d'*istibrâ* peut continuer la cohabitation.

(4) Le mari lui-même peut être visé par cette prohibition dans le cas où la nullité de son propre mariage est unanimement reconnue par la doctrine.

(5) Et de la seconde, si elle est esclave.

qu'elle ne se remarie pas sitôt que commence la troisième menstruation (1)? Il y a deux interprétations.

On consulte les femmes dans les deux cas d'*'idda* et d'*istibrâ* (2) pour savoir si l'écoulement a la durée d'un jour ou d'une fraction appréciable de jour (3), comme aussi pour savoir si le mari amputé de la verge ou des testicules peut engendrer (4) et si le sang que perd une femme qui n'attend plus ses règles provient ou non de celles-ci. On n'a, au contraire, pas recours à elles pour la fillette impubère, mais d'âge à pouvoir être menstruée (5), laquelle se trouve transportée (par suite d'une apparition sanguine) au nombre de celles qui comptent l'*'idda* par périodes intermenstruelles. La durée de ces dernières est alors la même que pour l'accomplissement d'un devoir religieux (6).

L'enfant dont la femme (non remariée) accouche après l'*'idda* et en deçà du terme extrême de la gestation (7), a

(1) Car il se peut que l'écoulement ne fasse qu'apparaître pour ensuite s'arrêter, et ainsi ne constitue pas une véritable menstruation.

(2) Mais on ne recourt pas à cette consultation quand il s'agit d'apprécier la durée de la menstruation à propos de quelque acte religieux.

(3) Cette durée est variable selon la région d'où la femme est originaire. Il est admis d'autre part qu'elle peut être menstruée jusqu'à cinquante ans, qu'elle ne l'est plus après soixante-dix.

(4) L'opinion admise est que dans ce cas on s'en réfère, non pas aux femmes, mais aux hommes de l'art.

(5) C. à d. vers l'âge de neuf ans. On a vu que la fillette non-menstruée doit faire un *'idda* de trois mois ; mais l'apparition du sang au cours de ces trois mois ne permet pas de tenir compte de la portion qui en peut être écoulée, et il faut recommencer à compter trois périodes intermenstruelles.

(6) La durée minimum en est de quinze jours (Khalil, texte, p. 16, l. 10 ; trad. Perron, I, 80).

(7) Le point de départ de cette période est le jour, non de la répu-

pour père le précédent mari, à moins que celui-ci ne prononce l'anathème, *li'ân*.

Quand, étant en *'idda*, elle doute si elle est grosse, elle doit rester dans l'expectative ; si c'est pendant une durée de quatre ou bien cinq ans, il y a divergence.

Si, dit la *Modawwana*, une femme se remarie quatre mois avant l'expiration de cinq ans et qu'elle accouche cinq mois après ce second mariage (1), l'enfant n'a pour père ni le premier mari ni le second, et elle encourt la peine légale (du stupre). Mais cette double décision a été jugée difficile à admettre.

84. Comment finit l''idda

P. 113, 22. — L'*'idda* de la femme enceinte lors de la mort du mari ou de la répudiation cesse par l'expulsion complète du produit de sa grossesse, fût-ce même une môle (2).

L'*'idda* de la femme non-enceinte et restée veuve à la suite d'un mariage unanimement tenu pour nul est le même que celui de la femme répudiée (3) ; et il en est de même pour la tributaire veuve d'un tributaire ou répudiée par

diation, mais du dernier acte de cohabitation. L'accouchement dans les six mois, durée minimum de la gestation, si la femme s'est remariée, laisse également subsister la paternité du précédent mari.

(1) Le second mariage est alors annulé, comme ayant été contracté avec une femme enceinte (Kharchi).

(2) Mais si l'enfant est le produit de relations illicites, l'*'idda* consécutif à la mort est de quatre mois et dix jours ; consécutif à la répudiation, de trois périodes intermenstruelles, à moins que l'accouchement n'ait lieu antérieurement.

(3) C. à d., selon le cas, de trois périodes intermenstruelles, pour la femme libre, ou de trois mois.

lui. Mais (si le mariage est valide ou que la validité n'en soit discutée que doctrinalement) l'*'idda* est de quatre mois et dix jours (1), même pour celle qui devient veuve pendant qu'elle est sous le coup d'une répudiation révocable, le mariage ayant été consommé (2), pourvu toutefois que, ce délai soit écoulé avant la date ordinaire de ses menstrues (3) et que les femmes reconnaissent positivement l'existence de celles-ci. Faute de ces conditions, elle attendra (l'apparition des règles ou pendant neuf mois).

La durée de l'*'idda* consécutif au décès est réduite de moitié pour l'esclave ; mais elle attendra trois mois si les menstrues ne se montrent pas, et neuf mois quand elle doute si elle est grosse.

La femme accouchée après la mort de son mari peut procéder au lavage de son cadavre, même si elle est mariée à un autre (4).

L'affranchissement survenant au cours d'un *'idda* de la femme esclave ne le transforme pas en *'idda* de femme libre (5), non plus que la mort d'un tributaire ne trans-

(1) Parce qu'on admet que le fœtus remue au bout de quatre mois, auxquels dix jours ont été ajoutés pour plus de sécurité. Cela n'empêche pas que cette période soit abrégée de moitié pour l'esclave.

(2) La distinction qui suit n'a pas de raison d'être si le mariage n'a pas été consommé.

(3) Pour celle donc qui ne serait réglée p. ex. que tous les cinq mois, ainsi qu'expliquent les commentaires.

(4) Elle peut y être contrainte par justice ; mais quand elle est remariée ou que le défunt a épousé sa sœur à elle, cet acte est blâmable ; ce qui a été exposé dans le chapitre consacré aux funérailles.

(5) En d'autres termes son *'idda* ne passe pas, selon que la cause en est la répudiation ou le veuvage, de deux à trois périodes intermenstruelles, ou de deux mois et cinq jours à quatre mois et dix jours. Au

forme l'*istibrâ* imposé à sa femme, d'origine tributaire mais devenue musulmane, en *'idda* pour cause de mort (1).

Un mari (bien portant) faisant l'aveu d'une répudiation prononcée antérieurement (mais dont il ne peut prouver la date), c'est au jour de l'aveu que commence l'*'idda* : alors (et s'il s'agit d'une répudiation révocable) il n'a aucun droit à la succession de sa femme si elle meurt après que l'*'idda*, compté du jour où il prétend avoir répudié, est terminé ; et elle hérite de lui s'il meurt au cours de l'*'idda* commencé au jour de son aveu. Mais toutes ces décisions supposent que le mari ne peut prouver son assertion.

Il est sans recours contre la femme qui, répudiée (sans être dûment prévenue) fait des dépenses d'entretien, et il est débiteur de ce qu'elle emprunte à cet effet (ou dépense de ses deniers).

Au contraire, le recours existe à raison des dépenses faites par la veuve (avant qu'elle connaisse sa viduité) ou par un héritier (à son profit personnel avant qu'il connaisse la mort de son auteur).

L'esclave qui, étant en *'idda* de répudiation, vient à être achetée (et qui est régulièrement menstruée, devient de cohabitation licite après deux périodes intermenstruelles, pour cause de répudiation, plus une période menstruelle pour cause de vente) ; mais, les menstrues disparaissant, après un délai d'un an (causé par son état

contraire, l'*'idda* de répudiation peut, par la mort du mari, être transformé en *'idda* de veuvage.

(1) Le délai de trois périodes intermenstruelles imposé à la femme ainsi convertie, et pendant lequel, nous l'avons vu, son mari aura, en cas de conversion, le droit de la reprendre, ne sera pas transformé par la mort du mari en un délai de quatre mois et dix jours.

douteux), comme suite de la répudiation, augmenté de trois mois à raison de la vente. Si elle est achetée pendant qu'elle est en *'idda* de viduité, c'est le plus long des deux délais qui doit être respecté (1).

85. Deuil de la veuve

P. 114, 10. — Dans le seul cas d'*'idda* de viduité, la femme, même impubère, ou juive ou chrétienne, ou celle dont le mari est en absence déclarée, doit renoncer à se parer de vêtements teints, même noirâtres, si elle peut s'en procurer d'autres, et n'en porter que de couleur noire (2), cesser de porter des bijoux aussi bien que de faire usage des parfums, de les préparer et d'en faire commerce; elle doit s'abstenir de soins de toilette corporelle et n'employer en se peignant ni le *henné* ni le *katam* (3). Elle peut néanmoins recourir à l'usage d'ingrédients tels que l'huile et le lotus, *sidr*, ainsi que se raser le pubis, mais ne doit pas aller au bain ni s'oindre d'épilatoire ni user du collyre d'antimoine, *kohl* ; la nécessité justifie cependant l'emploi de ce dernier (4), même aromatisé, mais elle doit l'enlever dans le jour.

(1) Ou bien deux mois et cinq jours, plus une période menstruelle; ou bien neuf mois à partir de la vente.

(2) A moins cependant que cette couleur ne serve à faire ressortir la blancheur exceptionnelle de son teint ou que le noir ne soit employé dans la région comme parure.

(3) Le *katam* (qui est le troëne, d'après Dozy), est employé pour enlever la couleur rousse naturelle des cheveux et la virer au noir.

(4) Certains rapportent aussi cette exception à l'usage du bain et de la pâte épilatoire.

86. ʻIDDA RÉSULTANT DE L'ABSENCE DU MARI

P. 114, 16. — La femme de l'individu absent (1) peut s'adresser au kâdi, au gouverneur ou au percepteur et, à leur défaut, à la communauté des fidèles : alors (et après recherches dûment faites) un délai de quatre ans, réduit de moitié pour un esclave, est, s'il y a de quoi faire face à la pension alimentaire, fixé à partir du moment où la réception de nouvelles n'est plus possible (2). Après quoi elle procède à l'*ʻidda* de viduité, mais sans droit à la pension d'entretien, et n'ayant d'ailleurs besoin d'aucune autorisation pour le commencer (ni, après son achèvement, pour se remarier).

Après qu'elle a (commencé cette retraite), elle ne peut plus (choisir de) rester liée par ce mariage. La situation est virtuellement la même que dans le cas d'une répudiation dont l'existence est pleinement établie par le fait que le second époux a consommé le mariage ; et par suite le remariage avec le disparu (qui viendrait à reparaître et) qui l'avait répudiée par deux, sera licite (3).

(1) L'arabe *mafkoûd* « disparu, manquant », est ici traduit par « absent » dans l'acception que le Code civil donne à ce mot. On le définit « celui dont la trace est perdue mais dont la découverte est possible », et il forme quatre catégories : l'absent en pays musulman, ou en pays ennemi, ou en temps d'épidémie, ou à la suite d'un combat soit de musulmans entre eux, soit de musulmans et d'infidèles ; voir plus loin. Il s'agit ici de l'absent en pays musulman.

(2) La question de savoir à qui incombent les débours occasionnés par les recherches est tranchée de diverses manières. Il est bien entendu que l'impossibilité de faire face aux versements que nécessite la pension alimentaire permet à la femme de réclamer la dissolution du mariage.

(3) Il est utile de répéter qu'il a dû nécessairement y avoir eu dans

Le retour de l'absent ou la certitude qu'il est soit vivant soit mort, sont assimilés au cas de mariage d'une même femme conclu par deux tuteurs matrimoniaux (1). Elle hérite de lui s'il meurt dans cette période (2).

Si la seconde union est conclue avant la fin de l'*'idda*, le second mari est traité comme tout autre qui se met dans ce cas (3).

Il y a cependant des cas où la femme reste au premier mari, bien qu'il y ait eu consommation du mariage avec le second :

1° Quand la mort du premier a été faussement annoncée à la femme (4) (la seconde union eût-elle même été féconde) ;

2° Quand un mari répudie une 'Amra qu'il prétend absente (sans pouvoir le prouver) et qu'une épouse présente du même nom est déclarée répudiée à son encontre, tandis que, plus tard, il établit l'exactitude de son dire ;

l'intervalle un autre mariage qui a été consommé et a été suivi soit de la répudiation, soit de la mort du second mari.

(1) Elle échappe au mari absent quand le second mari, ignorant qu'elle n'était pas en *'idda* de viduité, a éprouvé avec elle des impressions voluptueuses ; elle reste liée à l'absent quand, pendant ou après l'*'idda*, soit avant, soit après le contrat, mais sans qu'il y ait eu impressions voluptueuses, l'absent reparait ou qu'il est établi qu'il est soit mort, soit vivant, tandis qu'elle est au second qui, de bonne foi, a éprouvé des impressions voluptueuses. Cf. p. 17.

(2) En quatre circonstances : quand il meurt pendant l'*'idda* ou après, mais avant le second mariage ; après le second contrat quand le mariage n'est pas consommé, ou quand il est consommé par le second mari instruit de la mort du premier.

(3) Le mariage consommé pendant cette période est annulé, et la femme est à jamais interdite à ce second époux.

(4) On a aussi soutenu que, dans ce cas, elle échappe à son premier mari.

3° Quand, ayant déjà trois femmes, il charge deux mandataires de le marier encore (1) ;

4° Quand il y a (remariage après) répudiation prononcée pour défaut d'entretien, puis qu'on découvre que cet entretien n'était pas dû (2) ;

5° Quand l'épouse du disparu se remarie pendant l'*'idda* (de viduité que lui a assigné l'autorité), puis que, ce mariage étant annulé, (elle épouse un troisième mari ; qu'ensuite il est reconnu que le second mariage a été annulé à tort, parce que le disparu était mort à ce moment, et que l'*'idda* de ce premier mariage était terminé ; elle est alors rendue au second mari) — ou quand elle se remarie sur sa seule allégation de la mort du disparu (puis que, ce remariage étant annulé, elle en contracte un troisième ; et qu'ensuite l'annulation du second mariage soit reconnue erronée) ; — ou quand elle se remarie sur l'attestation que font de la mort du disparu deux témoins qui ne sont pas hommes de bien (et que, ce remariage étant annulé, elle prenne un troisième mari), et qu'ensuite les allégations incriminées soient reconnues exactes.

La fixation d'un délai (par l'autorité) à la suite de la demande adressée par l'une des épouses vaut pour les autres malgré leur refus.

(1) Ce qu'il faut expliquer et compléter comme suit : chaque mandataire l'ayant marié, il se trouve avoir en tout cinq femmes ; des deux dernières, Prima voit son mariage annulé à tort, parce qu'on le croyait postérieur à celui de Secunda, et alors elle contracte une nouvelle union, qui est consommée ; il est ensuite prouvé que le mariage de Prima, conclu par mandataire, est antérieur à celui de Secunda, et par suite elle est rendue à son premier époux. C'est alors Secunda, qui se trouve être la cinquième femme, dont le mariage est annulé.

(2) Parce que le mari l'avait envoyé, ou avait laissé de quoi y faire face, etc.

87. Autres conséquences de l'absence

P. 115, 4. — L'état de la concubine-mère et des biens (de l'individu disparu en pays musulman) reste inchangé (1) de même que l'état de l'épouse du prisonnier de guerre ou du disparu en pays infidèle (2), jusqu'à la limite extrême de la vie humaine, soit soixante-dix ans, ou bien, comme le disent les deux cheykhs Ibn Aboû Zeyd et Aboû'l-Hasan 'Ali Gâbesi, quatre-vingts ans, ou encore, comme on l'a aussi décidé, soixante-quinze ans. Si les témoignages relatifs à son âge diffèrent, on accepte le nombre le moins élevé ; ils peuvent n'être que conjecturaux, mais alors le serment de l'héritier est requis.

Le prisonnier de guerre qui se fait chrétien est présumé avoir agi librement (3).

La femme dont le mari a disparu dans un combat entre musulmans se met en *'idda* dès que les deux troupes ennemies se sont séparées (4). Mais sera-t-il concédé un délai calculé d'après les circonstances ? Il y a deux explications.

Quant à la succession, elle s'ouvre dès ce moment, de même que celle de l'individu disparu dans la région empestée où il s'est rendu, ou disparu en temps de peste (ou d'épidémie).

(1) Si toutefois il y a de quoi subvenir à l'entretien de cette esclave ; sinon, elle sera affranchie. Pour les biens on attend que l'individu soit présumé mort, voir ci-dessous.

(2) Cette différence avec le procédé suivi pour le disparu en pays musulman provient de ce que l'autorité ne peut faire procéder à des recherches. Il faut d'ailleurs que la pension alimentaire soit versée.

(3) La conséquence en est que le mariage est rompu et que les biens du renégat, mis sous séquestre, reviennent à la communauté musulmane s'il meurt sans avoir abandonné sa nouvelle croyance.

(4) On admet plutôt que le début de l'*'idda* coïncide avec le moment où commence la mêlée.

Dans le cas de disparition à la suite d'un combat entre musulmans et infidèles, l'*'idda* commence un an après les recherches.

88. Droit au logement de la femme en 'idda

P. 115, 10. — Le logement est (toujours) dû à la femme en *'idda* par suite de répudiation ; il l'est encore (en dehors de la répudiation) à celle qui est empêchée de se remarier par le fait du mari, fait survenu ou reconnu du vivant de celui-ci (1).

Il est également dû à la veuve (2) à condition que le mariage ait été consommé et que le défunt soit propriétaire de l'habitation ou en ait payé le loyer. Il n'est pas dû dans le cas de non-payement du loyer par le défunt ; mais alors la veuve ne peut-elle jamais réclamer ce droit, ou le peut-elle seulement quand il y a bail à terme préfix ? Il y a deux interprétations (3).

Le logement n'est pas dû [avons-nous dit], à la veuve avec qui le mariage n'a pas été consommé, à moins cependant que le défunt ne l'ait logée (chez lui) dans un but autre que de veiller à son enfance inexpérimentée.

(1) C. à d. à la femme dont le mariage est rompu parce qu'il est entaché d'un vice, ou pour cause de parenté ou d'alliance, ou par suite d'anathème, et avec qui le mariage a été consommé ; cf. p. 20, n. 3 et 21, n. 3. — Il vaudrait mieux, pour être d'accord avec la *Modawwana*, supprimer les neuf derniers mots du texte et s'arrêter au mot « mari ».

(2) Il ne s'agit pas ici de l'épouse qui, répudiée définitivement, devient veuve au cours de l'*'idda* ; son droit au logement reste intact, ainsi qu'il sera dit plus loin.

(3) On dénie unanimement ce droit à la veuve dans le cas de bail à la journée, à la semaine, au mois ou à l'année (مشاهرة) ; il n'y a deux avis que dans le cas où le bail est conclu pour un délai préfix (وجيبة).

La femme qui a droit au logement continue d'habiter dans les mêmes conditions qu'auparavant ; elle peut retourner dans son ancienne demeure quand son mari (avant de la répudier ou de mourir) l'en a éloignée dans des conditions qui prêtent au soupçon (1). Elle y retourne également quand elle se trouve ailleurs, même en qualité de nourrice, et son engagement de nourrice (en dehors de chez elle) est alors rompu.

Quand, s'étant mise en route pour le pèlerinage d'obligation avec son mari, celui-ci vient, dans le délai de trois jours par exemple, à mourir ou à la répudier, elle regagne son domicile en compagnie de gens sûrs si la portion d'*'idda* restant à accomplir en vaut la peine (2). Elle s'en retourne également, même après être arrivée, dans les cas de pèlerinage de simple dévotion ou de visite à un lieu consacré, ou dans le cas de voyage vers un *ribât* (3), et alors qu'il ne s'agit pas de s'y fixer ; Ibn 'Abd es-Selâm impose le retour même après un séjour d'environ six mois, mais Lakhmi n'adopte pas cette opinion. L'*'idda* provoqué par une cause survenue au cours d'un voyage de déménagement s'accomplit (au gré de la femme) dans le plus proche ou le plus éloigné des points de départ et d'arrivée, ou, si c'est possible, sur place (4).

(1) Les frais de ce réemménagement incombent alors au mari ou à ses représentants.

(2) Cette décision s'applique à tous les cas où la femme doit ou peut regagner son domicile. — Dans l'hypothèse envisagée par le texte, la condition peut se réaliser quand la femme, qui, à peine partie, doit rétrograder pour accomplir l'*'idda*, est dans un état de grossesse faisant prévoir un prompt accouchement.

(3) Localité frontière ou monastère fortifié d'où sont dirigées des attaques contre les infidèles.

(4) En termes plus concis « s'accomplit dans le lieu que choisit la femme ».

Les frais du voyage de retour incombent au mari (quand l'*'idda* résulte de la répudiation, non quand il est consécutif à sa mort).

La femme surprise par l'*'idda* pendant qu'elle est en état pèlerinal ou en retraite spirituelle dans une mosquée (1) poursuit ses œuvres pieuses ; mais quand, étant en *'idda*, elle se met en état pèlerinal (elle poursuit également cette œuvre), mais elle est en faute.

L'épouse esclave non logée par son mari n'a pas (pendant l'*'idda*) droit au logement, et alors elle suit ses maîtres dans leur déménagement, de même que fait la bédouine dans le cas où les siens seuls (et non ceux de son ex-mari) se déplacent.

Il y a également lieu pendant l'*'idda* à changer d'habitation quand le séjour y est rendu impossible p. ex. par suite d'écroulement ou de crainte de voisins malfaisants, mais la femme doit se tenir dans cette seconde habitation ou (éventuellement) dans cette troisième, et n'en sortir pour ses besoins qu'aux deux extrémités du jour.

Le dommage causé par des voisins n'est pas un motif de déplacement pour l'habitante d'une ville ou bourgade : elle s'adresse à l'autorité, qui recourt au sort, quand la question est douteuse, pour désigner celui qui doit être expulsé.

Le droit à réclamer le logement (d'*'idda*) échappe-t-il à la femme répudiée par un mari qu'elle-même logeait ? Il y a deux dires (2).

Elle est sans droit pour réclamer le loyer du logement qu'elle a quitté (sans motif valable) pour en prendre un

(1) Voir Khalil, texte, p. 51, l. 12 ; trad. Perron, I, 497.

(2) Pour rester fidèle à sa propre terminologie, Khalil aurait dû dire « il y a hésitation », car ce point n'a été traité par aucun des juristes anciens. — Il résulte de son texte que, dans le cas d'*'idda* de viduité, la femme ne peut réclamer ce droit.

autre, de même que pour réclamer la pension alimentaire de l'enfant qu'elle a emmené (dans un lieu inconnu du père).

Les créanciers du mari peuvent provoquer la vente de la demeure où la veuve accomplit son *'idda* (en faisant connaître à l'acheteur la situation ou en réservant ce droit). Si la veuve est dans le doute touchant son état de grossesse, elle conserve son droit d'habitation (jusqu'à ce que son doute cesse), mais l'acheteur a alors le droit d'option.

Le mari a ce droit de vente (1) quand l'*'idda* est compté par mois (2) ; mais dans le cas où il y a lieu d'attendre l'apparition des menstrues (3), il y a deux dires.

La vente (consentie par les créanciers ou le mari) pour la date où cessera le doute (sur l'état de la femme en *'idda*) est viciée.

La femme en cours d'*'idda* est transférée dans un autre logement quand celui qu'elle occupait d'abord s'écroule ou que le délai pour lequel il a été prêté ou loué expire. S'il y a divergence entre les époux sur le choix du nouveau local, l'avis de la femme (s'il est raisonnable) l'emporte.

Quand le mari est un chef militaire ou autre personnage de ce genre (ou usufruitier à vie), la femme ne peut (quand il meurt ou est déplacé) être expulsée par le nouvel occupant, même quand elle est en doute sur son état de

(1) Mais en réservant le droit d'habitation ou en prévenant l'acheteur de la situation.

(2) C.-à-d. quand la répudiée est impubère ou arrivée à la ménopause. Quand on compte par périodes intermenstruelles, *koroû*, ou qu'on attend le terme de la gestation, le mari ne peut vendre, la durée du délai d'attente étant inconnue.

(3) C.-à-d. quand la répudiée est près de devenir nubile ou près d'arriver à la ménopause.

grossesse (1). Il en est de même lorsque le mari est bénéficiaire d'un *hobous* sa vie durant, mais non quand il a (en qualité d'imâm ou de muezzin) la jouissance d'un *hobous* de mosquée.

La concubine-mère qui survit à son maître a droit à l'habitation; et en outre, dans le cas où elle reçoit sa liberté (du vivant de son maître), à l'entretien de grossesse (2). Ce double droit complète aussi, lorsqu'il y a grossesse, à la renégate (3) et à celle qui a été coïtée par erreur (4).

Dans ce dernier cas, quand la femme est mariée (mais que le mariage n'a pas été consommé), et qu'il n'y a pas conception, l'entretien (pendant la période d'attente de trois périodes menstruelles) incombe-t-il à la femme ou à son complice ? Il y a deux dires (5).

89. Attente de vacuité, *istibrâ*

P. 116, 11. — L'*istibrâ* ou attente de vacuité s'impose à la suite de l'acquisition de la propriété d'une esclave

(1) Cette période peut aller jusqu'à cinq ans, terme extrême de la gestation.

(2) Lequel n'est pas dû en cas de mort du maitre, car l'enfant qu'elle porte doit hériter.

(3) Quand elle n'est pas emprisonnée ou qu'il y a lieu de louer le local où elle est renfermée, ou pendant la période d'*istibrâ* à laquelle elle sera soumise avant que la mort ne châtie son refus de redevenir musulmane.

(4) Quand, dans ce dernier cas, l'homme savait que la femme était sa parente au degré prohibé, il ne doit que le logement, et non l'entretien de grossesse, car la filiation du produit de relations illicites ne peut être établie. Si la femme aussi connaissait la situation, elle est coupable de stupre et ne peut rien réclamer.

(5) En cas de conception, le logement et l'entretien sont dus par le complice.

quand la non-grossesse de celle-ci n'est pas sûre (1), que la cohabitation avec elle n'était pas antérieurement licite (2) et que, ultérieurement, elle ne devient pas prohibée (3). Il est sans importance que cette esclave soit une impubère apte à la cohabitation ou une femme trop âgée, lesquelles sont ordinairement inaptes à concevoir, — que ce soit un laideron ou une vierge, qu'elle revienne à la suite d'un rapt ou d'une période de captivité, qu'elle fasse partie du butin ou qu'elle soit, lors de son achat, mariée mais ait été répudiée avant cohabitation (4).

De même l'*istibrâ* s'impose pour l'esclave que son maître va, après cohabitation, vendre ou marier. Le dire du maître à ce sujet fait foi, et il est permis à celui qui la lui achète sous le bénéfice de cette affirmation de la marier avant de la soumettre à un nouvel *istibrâ* (5). Mais le vendeur et l'acheteur peuvent s'entendre pour que cette période soit unique (en la confiant à un tiers sûr jusqu'à l'apparition des menstrues).

De même, il y a *istibrâ* de l'esclave avec qui la cohabitation a eu lieu par erreur (6) — ou de celle qui pourrait

(1) On serait sûr de la non-grossesse si p. ex. l'esclave avait été plusieurs fois menstruée pendant qu'elle était en garde chez celui qui en acquiert ensuite la propriété.

(2) P. ex. quand le mari devient propriétaire de l'esclave qui était déjà son épouse.

(3) P. ex. quand cette esclave est parente à un degré prohibé ou déjà mariée.

(4) S'il y avait eu cohabitation, elle serait soumise, non à l'*istibrâ*, mais à l'*'idda*.

(5) Néanmoins l'acheteur qui a acquis cette esclave en vue de la cohabitation doit la soumettre à un second *istibrâ*.

(6) Ou en cas de rapt, de captivité ou de stupre. La femme libre est, en pareil cas, également soumise à l'*istibrâ*, mais la durée en est, au lieu d'une simple période menstruelle, de trois périodes intermenstruelles.

être soupçonnée, p. ex. qui est achetée par celui chez qui elle était (à titre de gage ou de dépôt) et qui alors allait et venait librement, ou achetée à un absent (à un enfant, etc.) ou à un castrat parfait, ou bien qui, affranchie contractuellement, n'a pu s'acquitter et retombe en esclavage — ou de celle qu'un intermédiaire, commissionné pour en faire l'acquisition, renvoie à son mandant par l'intermédiaire d'un tiers (1).

(L'*istibrâ* est nécessité par l'acquisition du droit de propriété, et aussi par sa disparition, et par suite) : 1° par la mort du maître de l'esclave, même ce dernier y ayant déjà procédé ou la période d'*'idda* (résultant du veuvage ou de la répudiation) étant terminée ; 2° par l'affranchissement, cas où la concubine-mère seulement doit recommencer l'*istibrâ* si elle y a été soumise avant l'affranchissement, ou si celui-ci est prononcé par un maître assez éloigné pour qu'on sache qu'il n'a pu auparavant revenir auprès d'elle (2).

La durée de cette période d'attente est d'une période menstruelle. Quand celle-ci retarde ou que la femme allaite, est malade ou souffre d'un flux menstruiforme qu'elle ne sait différencier du flux menstruel, la durée en est, de même que pour l'impubère (apte à la cohabitation) et pour celle qui est arrivée à la ménopause, de trois mois ; elle est alors examinée par des matrones, et en cas de doute de leur part, la durée est de neuf mois.

(1) On justifie cette décision, que tout le monde n'admet pas, par cette raison que le mandant a donné sa confiance au mandataire seulement, et non à celui que ce dernier s'est substitué pour ramener l'esclave, de sorte que le témoignage du convoyeur que l'esclave a été menstruée en cours de route, peut être suspect.

(2) On se montre plus exigeant à l'égard de la concubine-mère, en quelque sorte épouse de rang inférieur, en la soumettant au renouvellement de l'*istibrâ*.

Les règles relatives à l'accouchement sont les mêmes pour l'*istibrâ* que pour l'*'idda* (1).

Au cours de cette période, les rapports amoureux (même bornés aux simples préliminaires) sont interdits.

Il n'y a pas d'*istibrâ* pour l'impubère inapte à la cohabitation, ni pour la femme qui a été menstruée pendant qu'elle était par exemple en garde (en gage, etc.) chez celui qui en devient propriétaire, ou pendant que, lui ayant été vendue à option, elle était chez lui, celle-ci, non plus que la précédente, ne sortant pas et sans que son ancien maître eût accès auprès d'elle — ni pour celle qu'affranchit et épouse son maître — ni pour celle qui, étant mariée, est achetée, même après la consommation du mariage, par son mari.

Dans ce cas, si un individu, ayant consommé le mariage, revend sa femme ainsi achetée (2), ou s'il l'affranchit, où s'il meurt, ou bien si, étant affranchi contractuel, il ne peut satisfaire à ses engagements, le tout avant qu'il ait cohabité en vertu de son droit de propriétaire, cette femme ne devient licite, soit pour un maître, soit pour un époux qu'au bout de deux périodes intermenstruelles *(kor')*, autrement dit qu'après l'*'idda* consécutif à un mariage annulé ; — mais si c'est après qu'il a cohabité en vertu de son droit de propriétaire, la période d'attente n'est que d'une seule période menstruelle. Cette unique période suffit aussi quand la vente, etc., n'a lieu qu'après une ou deux menstruations (3).

(1) C. à d. que, si l'esclave est grosse, l'accouchement n'est regardé comme tel que s'il est complet, et non partiel, et qu'elle doit, si elle doute de son état de grossesse, rester dans l'expectative.

(2) Cet acheteur ne pourrait plus cohabiter en qualité d'époux, mais de maître, puisque le mari ne peut être propriétaire de sa propre femme.

(3) Sauf cependant pour la concubine-mère, ainsi qu'on l'a vu plus haut.

(Il n'y a pas non plus d'*istibrâ*) : 1° quand ce qui la motive [naissance ou cessation du droit de propriété] se produit au début de la menstruation (1) ; mais cela veut-il dire que l'écoulement sanguin doit avoir duré (un jour ou une fraction de jour) de manière que la vacuité de la matrice soit établie, ou bien qu'il doit s'être fait pour la plus grande partie ? Il y a deux interprétations. 2° Quand un père, ayant préalablement soumis à l'*istibrâ* une esclave de son fils, a des rapports avec elle (2). Cependant la minorité des juristes interprète la *Modawwana* comme exigeant alors un second *istibrâ* (3).

Il est recommandé de procéder à l'*istibrâ* de l'esclave dans le cas où la vente dont elle a été l'objet vient à être résiliée, alors qu'il y a option en faveur de l'acheteur (4) et que celui-ci s'est absenté avec elle. La *Modawwana* est aussi interprétée comme l'exigeant.

90. Mise en garde de l'esclave femme

P. 117, 8. — L'esclave de prix (5), aussi bien que celle qui est vilaine mais avec qui le vendeur avoue avoir cohabité, sont, de l'accord du vendeur et de l'acheteur, mises en obser-

(1) Mais la concubine-mère, après son affranchissement ou la mort de son maître, doit recommencer l'*istibrâ*.

(2) Cet *istibrâ* n'a pour but, bien entendu, que de s'assurer que l'esclave n'a pas conçu des œuvres d'un autre que le fils ; or les relations du père avec elle entraînent une translation de propriété, puisqu'il devient propriétaire de cette femme moyennant versement de sa valeur, mais cette translation ne rend pas un second *istibrâ* nécessaire.

(3) En envisageant la chose de ce point de vue, que le père a cohabité avec une femme dont il n'était pas encore propriétaire.

(4) Il importe peu, d'après d'autres, que le droit d'option soit stipulé en faveur du vendeur, de l'acheteur ou d'un tiers.

(5) C. à d. qui a de la beauté et est destinée aux plaisirs du maître, et non à être employée en qualité de servante.

vation chez un homme de confiance, et de préférence chez des femmes. Quand les deux contractants se sont entendus sur le choix d'un tiers, l'un d'eux ne peut transporter l'esclave ailleurs. Il est interdit (1) à l'un et à l'autre de servir de dépositaire.

Le témoignage d'une seule femme (ainsi constituée dépositaire) suffit-il ? Cette question, dit Mâzeri, est tranchée en sens divers, à la manière de celle qui concerne l'interprète (2).

Il n'y a pas lieu de mettre en garde l'esclave mariée, ou enceinte, ou en *'idda*, ou coupable de stupre (3), non plus que celle qui, ne s'étant pas trouvée en tête à tête avec l'acheteur, est rendue au vendeur pour vice rédhibitoire ou pour nullité ou résiliation du contrat.

Est viciée la vente d'une esclave avec stipulation de la mise en garde et du paiement comptant ; mais celui-ci peut se faire s'il est librement consenti. La consignation du prix chez un tiers peut-elle être réclamée judiciairement ? Il y a sur ce point deux dires (de Mâlek ; et si l'on accepte l'affirmative), c'est celui en faveur de qui la chose est tranchée (4) qui court les chances de perte du prix.

(1) Cette interdiction est regardée comme absolue si le dépositaire contractant n'est pas un homme sûr, et comme simplement blâmable dans le cas contraire.

(2) Selon qu'on considère l'interprète comme un simple rapporteur ou comme un témoin, on se contentera du dire d'un seul ou l'on exigera qu'il y en ait deux. Cependant, dans le cas ici traité, on admet généralement que l'attestation d'une seule femme suffit.

(3) La chose va de soi dans les trois premiers cas ; mais quand l'esclave a forniqué ou a été victime d'un rapt, elle est sans doute soumise à l'*istibrâ*, mais la mise en garde n'est pas nécessaire, puisque la paternité ne peut incomber à l'acheteur non plus qu'au vendeur, et que d'autre part on ne peut rechercher la filiation du fruit de relations illicites.

(4) C. à d. l'acheteur quand la menstruation se manifeste, le vendeur dans le cas contraire.

91. Concours des états d'‘idda et d'istibra

P. 117, 15. — Quand, au cours d'une période d'‘*idda* ou d'*istibrâ*, il surgit une cause nouvelle provoquant l'un de ces états, la première cause cesse d'exister, et la femme doit recommencer une nouvelle période d'attente. Tels sont les cas :

1° Où un mari, après avoir réépousé celle qu'il avait répudiée définitivement (mais non par trois), la répudie de nouveau après la consommation du mariage, ou bien vient, soit avant soit après la consommation de ce mariage, à mourir (1) ;

2° Où un mari répudie sa femme pendant qu'elle est en *istibrâ* par suite de cohabitation irrégulière (2) ;

3° Où un mari qui a repris sa femme à la suite d'une répudiation révocable, vient, alors même qu'il ne l'a pas touchée, à la répudier ou à mourir ; néanmoins si, dans ce cas, il résulte des circonstances que le mari a cherché méchamment à allonger la période d'attente, la femme répudiée et avec qui il n'y a pas eu cohabitation, (après la reprise) fait entrer en ligne de compte la portion de retraite déjà accomplie ;

4° Où une femme en ‘*idda* de répudiation a, avec son répudiateur ou un autre, des relations irrégulières causées p.ex. par une erreur (ou un rapt, une fornication, etc.) (3) ;

(1) Il y aurait donc concours de deux *idda*, le premier à raison de la première répudiation, le second à raison soit de la deuxième répudiation, soit de la mort : c'est au second seulement que la femme est tenue.

(2) P. ex. pour fornication, ou cohabitation par erreur, ou rapt ; il y a donc concours d'*istibrâ* et d'*idda*.

(3) Dans ce cas, c'est l'*istibrâ* qui vient s'ajouter à l'*idda*.

mais si c'est pendant qu'elle est en *'idda* de veuvage, elle doit respecter le plus long des deux délais.

C'est aussi ce plus long des deux délais qu'attendent la femme (soit libre soit esclave) dont, pendant qu'elle est en *istibrâ* pour cohabitation irrégulière, le mari vient à mourir, — et l'esclave qui vient à être achetée pendant qu'elle est en *'idda*.

La mise au monde d'un enfant dont la filiation est établie par l'existence d'un mariage régulier rend tout *istibrâ* inutile (1) ; si la filiation résulte d'un mariage vicié (2), l'accouchement rend inutile (l'*istibrâ*) conséquence de la cohabitation irrégulière et (l' *'idda*) de répudiation, mais non l'*'idda* de veuvage.

Quand la situation n'est pas claire (3), chacune des coépouses subit celui des deux délais d'attente qui est le plus long, par exemple quand, le mari étant mort, on ignore avec laquelle de deux femmes le mariage a été irrégulier ou contre laquelle des deux (bien que chacun des deux mariages soit régulier) la répudiation a été prononcée ; — ou quand, une esclave-mère ayant été mariée à un tiers, celui-ci et le maître meurent sans qu'on sache lequel est prédécédé ; alors *a)* l'intervalle séparant les deux morts dépasse [deux mois et cinq jours, c. à d.] l' *'idda* d'une esclave, ou est inconnu : le délai sera de

(1) Il est encore ici question du concours de l'*idda* et de l'*istibrâ*. L'hypothèse est la suivante : une femme en *'idda* épouse un homme autre que son mari et cohabite, ou bien elle fornique ou cohabite par erreur ou est enlevée ; si dans les six mois elle accouche d'un enfant à terme, il n'y a pas de doute que celui-ci n'ait pour père le premier mari.

(2) Dans l'hypothèse où elle s'est mariée pendant l' *'idda*, mais après une menstruation, et que l'enfant est né six mois après la cohabitation avec ce nouveau mari, lequel ne désavoue pas sa paternité.

(3) Soit au point de vue de la femme qui est le مَحَل الحكم, soit au point de vue de l'*idda* سبب الحكم.

l' *'idda* d'une femme libre augmenté de l'*istibrâ* d'une esclave; *b)* cet intervalle est moindre : le délai sera de l' *'idda* d'une femme libre ; *c)* cet intervalle est d'une durée égale à l' *'idda* de l'esclave : alors il y a deux dires (l'un assimilant ce troisième cas au premier, l'autre au second).

92. Parenté de lait

P. 118, 5. — Entraîne prohibition au mariage l'introduction (dans l'estomac) de lait provenant d'une femme même morte ou impubère, que cette introduction ait lieu par la bouche ou par instillation nasale ou sous forme de lavement alimentaire, ou l'introduction d'un mélange où le lait domine — mais non d'un liquide ressemblant à une eau jaunâtre, ou d'un lait de bête (1), ou s'il n'y a emploi du lait que comme collyre, — cette introduction ayant lieu au cours des vingt-quatre ou même des vingt-six premiers mois de la vie, à moins que l'enfant ne puisse, même dans cette période, se passer de ce mode d'alimentation.

Les prohibitions résultant de la parenté de lait sont les mêmes que pour la parenté naturelle (ou l'alliance), sauf cependant : la mère de lait de ton frère ou de ta sœur, la mère de lait de l'enfant de ton enfant, l'aïeule de lait de ton enfant, la sœur de lait de ton enfant, la mère de lait de tes oncles et de tes tantes tant paternels que maternels. Dans tous ces cas, la parenté de lait n'entraîne pas prohibition (2).

(1) Autrement dit, la parenté de lait n'existe pas entre des enfants alimentés à l'aide du lait provenant d'un même animal.

(2) C. à d. par elle-même, et à condition que cette parenté de lait ne vienne pas se greffer sur la parenté naturelle.

Celui qui a été allaité, mais lui seulement (1), devient virtuellement l'enfant de celle qui lui a donné son lait et de celui par qui elle en a, depuis la cohabitation effective de ce dernier jusqu'au jour, même éloigné de plusieurs années, où le lait tarit (2), et un second ou un troisième mari épousés dans cette période partagent la paternité de lait dont il s'agit. Il importe peu d'ailleurs (3) que la production de lait soit la suite de relations illicites ne permettant pas d'établir la paternité légale (4).

Une femme devient prohibée pour le mari auteur de sa lactation quand elle allaite un enfant qui a été son mari, car alors elle se trouve avoir été l'épouse du fils nourricier de ce mari (5). Il en est de même de celle qui allaite une fillette qui a été répudiée par lui, et de la fille de lait d'une femme qui a été répudiée par lui (6).

De deux sœurs de lait épousées successivement, le mari doit opter pour l'une d'elles, qui peut être la seconde en

(1) Il faut entendre par là, lui et ses descendants, à l'exclusion de ses frères et sœurs et de ses ascendants.

(2) En conséquence les enfants qui, dans cette période, pourront naître de cet homme et d'autres femmes, seront les frères et sœurs de lait du nourrisson.

(3) J'ai suivi ici la leçon adoptée par Kharachi et Derdir بحرام لا يلحق.

(4) S'il y a p. ex. fornication avec une femme ayant déjà du lait, ou si la production du lait résulte de la fornication.

(5) Il faut supposer que cette femme a été mariée à un tout jeune enfant par le père de celui-ci, puis que, après divorce et s'étant remariée avec un adulte dont la cohabitation provoque chez elle la lactation, elle allaite l'enfant qu'elle avait d'abord épousé.

(6) Il faut lire او مرتضع منها (Derdir et Desouki). Le cas est celui-ci : Zeyd a consommé le mariage avec Zohra, laquelle, ayant été répudiée, épouse 'Amr, qui provoque chez elle la lactation ; elle allaite Fatima, qui, étant devenue sa fille de lait, est prohibée pour Zeyd.

date. S'il a cohabité (ou pris de simples privautés) avec leur nourrice, toutes les trois lui sont prohibées.

La femme qui, dans une intention méchante, a donné de son lait à deux nourrissons, est passible d'un châtiment arbitraire.

L'aveu par les deux époux de leur parenté de lait entraîne l'annulation du mariage ; et il en est de même quand l'aveu, antérieur à l'acte de mariage et émanant de l'un ou de l'autre, est prouvé. (Quand il y a ainsi lieu d'annuler le contrat, soit que les deux parties aient ou non connu la situation, soit que le mari seul l'ait connue), la consommation donne à la femme droit à la dot convenue (ou, à défaut, à la dot d'équivalence) ; mais si elle était seule à être renseignée, elle est traitée comme celle qui agit frauduleusement (1).

Le mari qui (après la conclusion du contrat et avant la consommation) allègue cette parenté que la femme dénie, est tenu par son aveu et doit la moitié de la dot. Dans le cas inverse d'allégation de la femme et de dénégation du mari, le mariage n'est pas annulé, et elle ne peut réclamer la dot avant qu'il y ait consommation (2).

L'aveu par les père et mère (3) de l'existence de cette parenté fait foi avant le mariage, mais non après. Il en

(1) Elle n'a droit qu'à un quart de dinar, de la même manière que quand elle a caché le vice rédhibitoire dont elle est atteinte ou quand elle a convolé sachant que son *'idda* n'était pas achevé.

(2) Car elle est soupçonnée de vouloir ainsi s'approprier le droit, qu'elle n'a pas, de rompre cette union ; elle ne peut que racheter sa liberté ou solliciter de son mari la répudiation.

(3) Il faut entendre par là le père de chacune des parties, ou le père de l'une et la mère de l'autre, mais non la mère de chacune d'elles. Il s'agit, disent les commentaires, du garçon impubère et de la fille vierge, que le père a le droit de marier ; mais comment le père peut-il sciemment et au mépris de la loi consacrer une union interdite ? Ils n'en disent rien, sinon ceci, que ce mariage, s'il y a lieu, est annulé.

est de même de l'aveu du père d'une des parties seulement (1), et l'auteur de cet aveu ne sera pas admis à prétendre qu'il n'avait ainsi que voulu éviter le mariage. Mais il en est autrement quand l'aveu (rétracté ou non) émane de la mère de l'une des deux parties; il est cependant préférable de ne pas s'exposer à enfreindre la loi.

La parenté de lait, quand leur dire avant le contrat l'a rendue notoire, se prouve par le témoignage d'un homme ou d'une femme, ou par celui de deux femmes (2). Mais l'honorabilité de ces témoins est-elle requise quand il y a notoriété ? Il y a hésitation.

Elle encore prouvée (avec ou sans notoriété) par le témoignage de deux hommes (honorables), mais non, y eût-il même notoriété, par le témoignage d'une seule femme. Mais il est dans tous les cas recommandé de ne pas s'exposer à enfreindre la loi.

On doit respecter la parenté de lait existant avec les infidèles.

La *ghîla* ou cohabitation avec la femme qui allaite est permise (3).

93. Pension alimentaire de la femme

P. 119, 2. — La femme qui, apte à la cohabitation, se livre (ou offre de se livrer) à son mari pubère alors qu'aucun des deux n'est à l'article de la mort, a droit à la nourriture et aux condiments qui l'accompagnent, ainsi qu'aux vêtements et au logement, le tout d'après l'usage, et dans la mesure de l'aisance de son mari et de sa propre

(1) Notre auteur aurait donc pu ne pas exprimer la phrase précédente.

(2) La notoriété n'est pas requise quand cette parenté est affirmée par les témoignages d'un homme et deux femmes.

(3) Elle est interdite quand elle est nuisible au nourrisson.

condition, selon le pays et le prix des choses, et quelque fort que soit son appétit. La nourrice a droit à un supplément de nourriture réconfortante. Mais la femme malade ou mangeant peu n'a régulièrement droit, dit Metîti, qu'à ce qu'elle consomme (1).

Le mari n'a pas à fournir de vêtements de soie, règle que les uns regardent comme absolue, et que d'autres restreignent à Médine seulement, à raison de la simplicité de mœurs de cette ville.

Il doit fournir l'eau (de boisson, d'ablution et de lavage), l'huile (à manger, à brûler et à frictionner), le bois, le sel, la viande de temps à autre (2), une natte ainsi qu'un lit *(serîr)*, si celui-ci est nécessaire (3), le salaire de l'accoucheuse, les onguents de toilette dont le manque peut être nuisible, tels le *kohl*, poudre d'antimoine, ou la pommade ordinairement employés, le henné et autres cosmétiques, le service si leur situation le comporte, au besoin par une servante salariée, et même par plusieurs. C'est la femme qui a le droit de choisir sa servante, à moins que celle-ci ne soit l'objet de soupçons (bien établis).

Faute de domestique, c'est à la femme qu'incombe le service intérieur en fait de pétrissage, de balayage, de soin des tapis (4), mais elle n'a ni à filer ni à tisser (5).

(1) On applique ces règles à défaut de conventions formelles à cet égard.

(2) Trois fois par semaine si la situation du mari le permet ; sinon deux ou une fois, et même une fois par mois.

(3) Pour n'être pas au niveau du sol et échapper aux puces, aux scorpions, etc.

(4) Tout comme de la cuisine, mais pour le mari seulement, et non pour ses invités ou ses parents.

(5) Non plus qu'à coudre ; mais il s'agit là de l'exercice d'une profession, d'un gagne-pain, car on admet que c'est à la femme à coudre ses vêtements et ceux de son mari.

Il n'a à payer ni le pot à *kohl*, ni les médicaments, ni les frais de scarification (ou de médecin), ni les toilettes de sortie. Il peut se servir des objets constituant le trousseau de ménage de sa femme et n'a pas à les renouveler (1). Il peut l'empêcher de manger des aliments dont l'odeur lui répugne, l'ail par exemple (2), mais non de recevoir ses parents ou ses enfants d'un autre lit ; il est en conséquence déclaré parjure (3) sitôt qu'ils entrent, alors qu'il a juré le contraire, et il l'est encore quand, ayant juré qu'elle ne rendrait pas visite à ses père et mère (4) (il est condamné à la laisser faire, et qu'elle sort en effet), si toutefois, même jeune, elle est digne de confiance (5). Mais il n'est pas déclaré parjure quand son serment qu'elle ne sortirait pas a été prononcé d'une manière absolue.

Une visite quotidienne pourra lui être, au besoin par autorité de justice, rendue chez elle par ses jeunes enfants, et une visite hebdomadaire par les enfants déjà grands et par les père et mère ; ce sera, si le mari les tient en suspicion, en présence d'une femme de confiance.

L'épouse, quand elle n'est pas d'humble condition, peut refuser d'habiter avec les proches du mari (6). De même,

(1) Sauf cependant pour les objets indispensables de couchage, de couverture et autres ; mais si elle est répudiée, on admet plutôt qu'elle ne peut emporter les objets remplacés.

(2) Comme aussi de se livrer à des travaux nuisibles à sa santé ou à ses formes. La réciproque n'est pas admise.

(3) De sorte qu'il est alors soumis à l'expiation de son serment dans les formes indiquées au chapitre des serments et des vœux.

(4) Cette disposition est spéciale aux père et mère, et non à l'enfant d'un autre lit, car l'affection qu'elle porte aux premiers est considérée comme plus vive.

(5) Elle est estimée telle jusqu'à preuve du contraire.

(6) On discute si elle peut refuser d'habiter sous le même toit que les esclaves ou même les concubines du mari.

chacun des époux peut refuser de vivre sous le même toit que le jeune enfant de son conjoint, alors qu'il y a quelqu'un qui peut prendre cet enfant en garde ; exception est faite quand, lors de la consommation du mariage, la situation était connue de celui qui a droit de réclamer.

94. Comment est fixée la pension

P. 119, 17. — La pension d'entretien est fixée d'après la situation du mari, soit au jour, à la semaine, au mois ou à l'année ; et de même pour les vêtements d'hiver et ceux d'été (1). La femme est responsable en tous cas (2) de ce dont il lui a été fait tradition ; elle l'est aussi de la pension d'entretien de l'enfant qu'elle a en garde, mais a en ce cas le droit de prouver que la perte n'est pas de son fait (3).

Le mari a la faculté de verser le prix des choses qui sont à sa charge (4), et de compenser ainsi la créance qu'il pourrait avoir sur sa femme, mais sans faire tort à celle-ci.

Le droit à la pension alimentaire disparaît quand la femme est nourrie avec son mari, ce à quoi elle peut se refuser; quand, n'étant pas enceinte (ou malade), elle refuse le devoir conjugal ou les caresses maritales (5),

(1) Sous réserve de leur degré d'usure.

(2) Peu importe qu'elle le dissipe ou le perde, ou qu'elle prouve que la perte n'est pas de son fait.

(3) La différence se justifie par cette considération que, dans le premier cas, ce qu'elle a reçu est destiné à son usage personnel.

(4) Dans ce qui précède il n'a pas été question de versement en nature; les commentaires le font remarquer et essayent de l'expliquer.

(5) Tous les juristes n'admettent pas ce motif ; on dit aussi que la pension n'est supprimée que pour le jour du refus.

ou que, s'en étant allée (sans motif plausible) sans y être autorisée et sans être grosse (1), il ne peut la faire revenir ; enfin quand elle est répudiée définitivement (2).

Mais cette dernière a droit, si elle est enceinte, à l'entretien de grossesse, et en outre aux vêtements pour toute cette période si la répudiation a lieu au début de celle-ci, et pour la quote-part des mois restant à courir (3) si la répudiation a lieu plus tard.

95. Logement et pension de la veuve ou répudiée en état de grossesse

P. 119, 23. — Le droit (de la femme répudiée et enceinte) au logement subsiste après la mort du mari (4) ; mais si elle-même meurt, son droit ne passe pas à ses héritiers (5). La pension alimentaire est restituée (6), et il en est de même dans le cas de fausse grossesse (7). Mais

(1) L'entretien de la femme quand elle est grosse est imposé par le Koran, LXV, 6.

(2) Les Hanéfites, à la différence des Malékites et des Chaféites, lui accordent dans ce cas l'entretien et le logement pendant l'*'idda* ; ils se basent sur ce que le mari est la cause de cette période de retraite.

(3) Quote-part qui est estimée en argent.

(4) Mais non en cas de mort du fœtus.

(5) Cette dernière décision semble bien superflue, puisque le droit d'habitation n'est exercé par la femme qu'en raison de l'*'idda*. Les commentaires ne font cependant pas cette observation.

(6) Cela s'entend de la portion, qui aurait été versée, correspondant à la période postérieure à la mort de l'un ou de l'autre conjoint, n'importe que la femme soit répudiée définitivement et en état de grossesse, qu'elle soit encore dans la dépendance maritale ou sous le coup d'une répudiation maritale.

(7) Mais alors il y a lieu à restitution de ce qui a été payé depuis l'origine de la pseudo-grossesse.

il n'y a (en aucun cas, lorsque l'un des époux vient à mourir ou qu'il y a répudiation définitive) restitution des vêtements fournis quelques mois auparavant (1). Au contraire, le père peut réclamer les vêtements, même usés, qu'il a fournis à son enfant (qui vient à mourir et dont la mère avait la garde).

Quand la femme répudiée définitivement allaite, elle a droit en outre à l'indemnité d'allaitement (2).

Le droit à la pension de grossesse n'est pas établi par la simple allégation de la femme, mais par la manifestation extérieure de la grossesse confirmée par les mouvements du fœtus, et il court dès l'origine de la répudiation.

La pension de grossesse n'est pas due à la femme contre qui l'anathème a été prononcé (3), ni à une épouse esclave (répudiée définitivement) (4), non plus qu'elle n'est due par un époux esclave. Mais elle est due à l'épouse esclave qui est répudiée à titre révocable.

(1) On entend par là, non pas un ou deux, mais trois mois. On explique cette différence entre la pension alimentaire et les vêtements par le fait que la première peut être fournie par parties divisées, à la différence des seconds.

(2) Cette indemnité est distincte de la pension de grossesse, et l'attribution en repose sur une prescription du Koran, LXV, 6. Khalil aurait mieux fait de l'indiquer plus haut. On fait encore cette réserve que l'allaitement par la femme grosse ne nuise pas au nourrisson.

(3) Le mari en effet décline alors la paternité ; mais il doit cependant le logement. Il doit encore la pension alimentaire si c'est la vue de l'acte d'adultère qui provoque son anathème contre sa femme accouchant à six mois.

(4) Car le droit du père est primé par celui du maître, qui est propriétaire du fœtus, qui peut confisquer ce qui appartient à l'esclave, qui a droit à la succession, etc. Si le fœtus est affranchi, comme sa liberté ne peut commencer qu'après sa naissance, c'est au maître encore qu'incombe la charge d'entretien de la mère.

96. Cas où le mari cesse de devoir la pension

P. 120,5. — L'obligation à la pension alimentaire disparaît par suite de l'état de dénuement du mari, mais non quand il y a incarcération de la femme pour dette ou qu'elle (ou un autre) provoque l'incarcération de son mari pour le même motif (1), non plus que quand elle accomplit le pèlerinage d'obligation (2) ; dans ce dernier cas, elle a droit à la pension de sédentarité (3).

Dans tous les cas, il importe peu qu'elle soit atteinte d'un vice quelconque de conformation des parties génitales (connu du mari au moment où il a cohabité avec elle).

Quand le mari tombe d'un état d'aisance (où il n'a pas satisfait à son obligation) dans le dénûment, la portion échue (dans la période d'aisance) reste seule à sa charge, et cela même sans que l'autorité l'y ait condamné.

Elle a recours contre lui pour les dépenses non entachées de prodigalité qu'elle a faites à l'intention de son mari, alors même que celui-ci est dans la gêne, au même titre que l'auteur d'avances consenties pour l'entretien d'un tiers qui lui est étranger. Exception est faite (dans les deux cas) quand il y a libéralité (4).

(1) Car le mari peut dissimuler méchamment ses ressources.

(2) C. à d. celui auquel est astreint tout musulman ; il en serait autrement si le pèlerinage n'était que de dévotion, mais si elle accomplit ce dernier avec l'autorisation maritale, son droit à la pension subsiste.

(3) C. à d. que les frais supplémentaires occasionnés par la cherté plus grande des vivres, etc., sont à sa charge.

(4) Les circonstances détermineront s'il y a ou non libéralité. Certains disent que la libéralité doit se présumer dans les avances consenties par la femme, au contraire de celles qui proviennent d'un tiers.

Celui qui avance les frais d'entretien d'un jeune enfant a également recours contre lui quand il savait, en les avançant, que l'enfant avait (1) du bien (ou un père aisé) et qu'il a juré (ou fait attester) qu'il a l'intention de les récupérer.

97. Rupture du mariage pour défaut d'entretien de la femme

P. 120, 9. — La femme peut provoquer la rupture du mariage si le mari est hors d'état de lui fournir la pension en cours (ou le vêtement), mais non celle qui se rapporte à une période antérieure (2), et cela même si les époux (ou l'un d'eux) sont esclaves. Mais elle n'a pas ce droit si (en se mariant) elle connaissait la pauvreté ou l'état de mendicité du futur, tandis qu'elle l'aura si (après conclusion du mariage) il cesse de pratiquer la mendicité ou que les dons que, de notoriété publique, il recevait, viennent à s'arrêter.

Le juge (saisi de l'affaire) (3) ordonne au mari dont l'indigence n'est pas établie de fournir la pension ou les

(1) Le recours ne serait pas admis si l'enfant, ayant perdu les biens qu'il avait au moment où les avances ont été consenties, en recouvre d'autres plus tard. L'intervention du tiers suppose d'ailleurs que les biens de l'enfant ne sont pas constitués par de l'argent comptant ou dont on puisse facilement disposer. — Le droit au remboursement des frais d'entretien de l'enfant a pour but d'empêcher l'abandon des enfants par leurs parents.

(2) Il pourrait en être de même pour une période future quand le mari, près de partir en voyage, est hors d'état d'avancer les frais d'entretien correspondant à la durée de son absence ; ce qui est dit plus bas.

(3) Dans ce cas, le juge, quand il n'est pas homme de bien ou qu'on ne puisse pas facilement le joindre, peut être suppléé par la communauté des fidèles gens de bien, et même, d'après certains, par un seul homme de bien.

vêtements réclamés, ou bien de prononcer la répudiation ; si elle est établie, il accorde un délai consciencieusement calculé, qui sera prolongé si le mari tombe malade ou est emprisonné (et qu'il y a espoir que cela ne durera pas). Après quoi, la répudiation (révocable) est prononcée (1), même le mari étant absent ou s'étant procuré juste de quoi ne pas mourir de faim ; mais elle ne l'est pas s'il peut fournir, même à une femme riche, les aliments strictement nécessaires et les vêtements suffisants à couvrir sa nudité (2).

Il peut, pendant l'*'idda* (3), reprendre sa femme quand il recouvre de quoi faire face (4) à ce qu'elle peut, selon sa position, légalement exiger ; et elle a alors, même s'il n'exerce pas son droit de reprise, droit à la pension alimentaire.

Elle peut, quand il part en voyage, lui réclamer le prix anticipé de sa pension ou lui faire désigner un représentant chargé de la verser entre ses mains (5). Cette somme lui est assignée sur les biens de l'absent, sur ce qu'il a mis en dépôt (6) et sur ses créances ; mais c'est à la femme à prouver l'existence de la dette à la charge du débiteur qui

(1) On discute si le prononcé de la répudiation émane du juge même ou du mari à la suite de l'injonction du juge.

(2) D'autres admettent que la femme riche peut, en ce cas, réclamer la rupture du mariage.

(3) On conclut de là que cela s'applique seulement à la femme avec qui le mariage a été consommé, puisque ce n'est qu'elle qui est soumise à l'*'idda*.

(4) Pour, disent certains, la durée de la période (jour, semaine ou mois) pour laquelle il a l'habitude de s'acquitter.

(5) Celle qui est répudiée définitivement et enceinte peut réclamer la pension correspondant à la moindre des deux périodes, de la grossesse ou de l'absence.

(6) Certains n'admettent pas que les dépôts puissent servir à acquitter des dettes ou la pension alimentaire.

la nie, le tout après qu'elle a préalablement juré l'existence de son droit à la pension.

Elle n'a pas à fournir de répondant pour ce qu'elle perçoit ainsi (sur les biens de l'absent), lequel conserve le droit de prouver à son retour (et de lui réclamer l'indûment perçu).

La demeure (et les immeubles) de l'absent peuvent (à défaut d'autres ressources) être vendus (1) quand, son droit de propriété étant prouvé et les témoins ajoutant que, à leur connaissance, il n'est pas périmé, des témoins chargés de vérifier l'état des lieux déclarent que l'immeuble visité par eux est bien celui que les précédents témoignages ont déclaré appartenir à l'absent (2).

Quand il y a contestation entre les époux sur l'état de fortune du mari pendant qu'il était absent (et alors que cet état n'était pas connu au moment de son départ), c'est de son état au moment du retour qu'il est tenu compte (3).

La contestation portant sur l'envoi de la pension (ou sur le fait qu'il a été laissé de quoi y faire face), c'est le dire (corroboré par serment) de la femme qui fait foi pour la période écoulée à partir du moment où elle s'est

(1) On accorde généralement le même droit aux père et mère et aux enfants de l'absent lorsqu'ils réclament également leur pension alimentaire.

(2) L'envoi de témoins pour vérifier l'état des lieux peut n'être pas nécessaire quand ceux qui ont affirmé le droit de propriété de l'absent ont donné une description suffisamment précise de l'immeuble par l'indication des voisins, des locataires, de la contenance, etc. Il n'est d'ailleurs pas nécessaire que les vérificateurs soient autres que les témoins affirmant le droit de propriété.

(3) Quand le mari à son retour est dans la gêne, c'est à son dire corroboré par serment qu'il est ajouté foi ; dans le cas contraire, c'est au dire de la femme corroboré par serment. On suit la même règle pour la pension alimentaire des père et mère et pour celle des enfants.

adressée à la justice, mais non quand elle s'est adressée à des gens de bien ou à des voisins (1). En dehors du recours en justice, c'est le dire du mari, de même que quand il est sur place, qui fait foi ; mais dans l'un et l'autre cas, ce qu'il a à jurer, c'est non pas qu'il a envoyé ou remis la pension, mais que la femme l'a reçue.

En cas de contestation sur le montant de la pension fixé par le juge, c'est le dire de celui des deux époux qui a pour lui la vraisemblance qui l'emporte ; à défaut, ce montant est fixé à nouveau. Mais le dire vraisemblable doit-il ou non être corroboré par serment ? Il y a deux interprétations.

98. Pension alimentaire de l'esclave ou des parents

P. 121, 3. — On ne doit la pension alimentaire qu'à son propre esclave, comme on ne doit la nourriture à son bétail que quand le pâturage lui fait défaut ; faute de quoi, il doit être procédé à leur vente, de même que dans le cas où l'on exige d'eux (habituellement) un travail au-dessus de leurs forces (2). Il est permis de prendre au bétail (aussi bien qu'à la femme esclave) une quantité de lait telle qu'elle ne nuise pas aux petits à la mamelle.

La pension alimentaire reposant sur la parenté est due par l'enfant aisé (pubère ou non, fille ou garçon) à ses

(1) Cette distinction, généralement suivie dans la pratique, n'est cependant pas admise par tous les juristes, car on fait valoir qu'il n'est pas toujours facile à la femme de recourir au juge, soit à cause de son éloignement, soit pour quelque autre raison. Il est d'ailleurs reconnu par tous que ce recours à la justice doit être d'une réalisation possible.

(2) Ce n'est pas seulement des animaux qu'il est ordonné de prendre soin ; il est encore recommandé au propriétaire de donner à ses arbres les soins nécessaires, mais l'on ne va pas jusqu'à dire que la vente lui en serait, au besoin, ordonnée.

père et mère dans le dénuement (1), état que ces derniers doivent établir, mais sans avoir en outre à prêter serment (2). Mais le fils actionné de ce chef est-il présumé être lui-même dans l'aisance ou dans le dénuement ? Il y a deux dires (3).

Le fils doit aussi nourrir le domestique de ses parents (4) et celui de la femme de son père.

Il doit mettre ce dernier à même de mener, avec une seule épouse, une vie vertueuse (5), et il n'a pas, d'après le sens apparent de la *Modawwana*, à verser une double pension si l'une des deux épouses paternelles est sa propre mère.

Il n'y est pas tenu ni vis-à-vis de l'époux de sa propre mère, ni vis-à-vis de son propre grand-père ou de son petit-fils.

Il n'en est pas dispensé par le mariage de sa mère (ou de sa fille) avec un individu pauvre (ou qui le devient).

La charge de la pension se répartit entre les divers enfants ; mais sur la question si c'est par tête, ou en proportion soit des droits successoraux soit de l'aisance de chacun, il y a des opinions diverses (6).

(1) Il faut ajouter, « et alors qu'ils ne peuvent gagner leur vie ».

(2) La preuve, quand il s'agit de questions d'intérêt, est faite normalement par la déclaration de deux témoins hommes de bien, ou d'un témoin et du serment du demandeur, ou d'un témoin mâle et de deux femmes. On exige cependant en outre le serment complémentaire de celui qui, poursuivi pour dettes, veut établir son insolvabilité. Il semble bien que notre texte, qui est un peu ambigu et qui a été expliqué de diverses manières, veut marquer une différence avec ce dernier cas.

(3) Pour rester fidèle à sa terminologie, Khalîl aurait dû dire : « il y a hésitation ».

(4) Tandis que la réciproque n'est pas admise.

(5) C. à d. sans y ajouter une concubine. Si cette épouse ne remplit pas la condition exigée, on agite même la question de savoir s'il y a lieu de la remplacer par une autre.

(6) C'est la troisième opinion qui est suivie de préférence.

Le père la doit à son fils jusqu'à ce que celui-ci soit pubère, intelligent et capable de gagner sa vie, à sa fille jusqu'au moment où le mariage a eu lieu et a été consommé (par un mari pubère).

Celui qui est aisé (et qui la doit pour cause de parenté) échappe à cette obligation par le fait que la période où il y était tenu est écoulée, à moins cependant qu'il n'y ait eu décision de justice (1) ou que (mais pour l'enfant seulement) la pension n'ait pas été une pure libéralité (de celui qui l'a versée).

L'obligation du père renaît vis-à-vis de sa fille dont le mariage a été consommé alors qu'elle était malade, et qui ensuite est répudiée (ou devient veuve) ; elle ne renaît pas quand (mariée en bonne santé) elle rentre pubère (et en bonne santé) auprès de lui (à la suite de répudiation ou de veuvage), ou bien quand (mariée étant malade, puis s'étant guérie) elle retombe malade (et regagne alors la maison paternelle).

L'affranchie contractuelle est (la seule femme) à qui incombe l'entretien de son enfant, si toutefois le père n'est pas compris dans ce même contrat d'affranchissement (2). Mais l'impuissance de l'affranchi ou de l'affranchie contractuellement à faire face à cet entretien ne les rend pas incapables de consentir leur propre contrat d'affranchissement.

(1) C.-à-d. quand le juge, saisi de la question, n'estime pas que les arriérés accumulés sont périmés (Derdir). Mais, d'après Kharachi, il n'y a pas davantage prescription dans le cas où le montant de la pension a été fixé par autorité de justice. — Quant à la pension due à l'épouse, elle ne peut se prescrire parce qu'elle est regardée comme la contrepartie de la jouissance que le mari retire de sa femme (Ça'ïdi; cf. p. 211).

(2) C.-à-d. s'il est libre, ou esclave, ou figure dans un contrat d'affranchissement autre que celui qui concerne sa femme.

99. Allaitement de l'enfant par sa mère

P. 121, 14. — La mère, soit en état de mariage soit répudiée révocatoirement, doit allaiter son enfant sans rétribution, à moins qu'elle ne soit d'un rang trop élevé ; de même que cette dernière, celle qui est répudiée définitivement ne le doit pas, mais l'une et l'autre devront le faire (moyennant rétribution) quand l'enfant ne veut accepter que le sein de sa mère, ou quand le père est pauvre, ou bien quand il est décédé et que l'enfant est sans ressources propres.

C'est à la mère qui (devant allaiter) ne le peut faute de lait (ou pour une autre raison), à payer les frais de nourrice. Quand elle n'a pas le devoir d'allaiter et que l'enfant accepte le sein d'une autre, elle peut réclamer cette charge avec la rétribution due pour cela à une femme de situation analogue à la sienne, et cela, d'après l'interprétation préférable d'Ibn Yoûnos, alors même que le père trouverait une nourrice bénévole qui acceptât d'allaiter le nourrisson aux côtés de sa mère.

100. Garde du jeune enfant, *hadâna*

P. 121, 18. — Le droit de garde sur le garçon jusqu'à l'époque de la puberté, et sur la fille jusqu'au moment où cesse l'obligation de la pension alimentaire (1), appartient à la mère, même si elle est esclave et que son enfant vienne à être affranchi, ou si elle est concubine-mère. Mais c'est au père à prendre soin de lui, à le corriger et à l'envoyer à l'école.

(1) C.-à-d. jusqu'à ce que le mariage soit consommé, ainsi qu'on l'a vu, p. 216.

Ce droit revient ensuite à la grand-mère maternelle, puis à l'arrière-grand-mère maternelle (1), pourvu toutefois que l'une et l'autre aient un domicile autre que la mère déchue de ce droit, et successivement à la tante maternelle (2), à la grand-tante maternelle (3), et enfin à la grand-mère paternelle. A leur défaut, ce droit passe au père, puis à la sœur (4) et enfin à la tante paternelle de l'enfant (5). Faut-il ensuite classer la fille du frère, ou la fille de la sœur, ou, comme le dit Ibn Rochd, la plus apte des deux ? Il y a diverses opinions (6).

Après eux viennent successivement le tuteur (testamentaire ou datif), le frère, le fils du frère (7), l'oncle paternel, le cousin paternel, mais le grand-père maternel est exclu (par Ibn Rochd), tandis que Lakhmi l'accepte. Viennent enfin le patron affranchisseur (et ses *'açeb*), puis l'affranchi (du père de l'enfant à garder).

A tous les échelons le parent germain prime l'utérin, qui lui-même prime le consanguin. A égalité de titres la préférence est donnée à celui qui est le plus soigneux et le plus affectueux.

(1) C'est à la ligne maternelle qu'un droit de préférence est accordé parce que les sentiments de dévoûment et d'affection à l'enfant y sont, dit-on, plus prononcés que dans la ligne paternelle.

(2) La sœur germaine de la mère prime la sœur utérine.

(3) Après la grand-tante maternelle, doit venir, disent les commentaires, la tante paternelle de la mère.

(4) La sœur germaine prime la sœur utérine, qui elle-même prime la sœur consanguine, ainsi qu'il est dit plus bas.

(5) Après quoi viennent successivement la tante paternelle et la tante maternelle du père.

(6) Il faudrait dire « il y a hésitation ».

(7) Avant lui doit venir le grand-père paternel (commentaires).

101. Conditions que doit remplir le gardien

P. 122, 2. — Les conditions à exiger de celui ou de celle à qui est confiée la garde sont qu'il ait son bon sens, l'aptitude nécessaire, c.-à-d. n'être pas par exemple d'un âge trop avancé (1), que sa demeure soit un lieu sûr pour une fillette qu'il est nécessaire de surveiller, l'honorabilité de mœurs et les moyens de la prouver (2), l'absence de maladies telles que les dartres contagieuses, l'aptitude à administrer ses biens (3).

La qualité de musulmane n'est pas requise de la gardienne (4), qui peut même être une païenne dont le mari s'est fait musulman ; mais s'il y a lieu d'avoir des craintes il lui sera adjoint des musulmans.

Si le gardien constitué est un homme, il doit avoir auprès de lui une femme en état de donner les soins nécessaires (5) ; si c'est une femme, elle ne doit pas avoir

(1) On va jusqu'à dire que la femme de soixante ans n'a pas l'aptitude physique nécessaire. Mais on se montre moins rigoureux si celui qui réclame le droit de garde est un homme même plus âgé, mais ayant à ses côtés une ou deux femmes en état de donner des soins à l'enfant.

(2) Les uns disent que l'honorabilité, de même que les autres conditions exigées, sont supposées exister jusqu'à preuve du contraire ; d'autres soutiennent que c'est à celui qui réclame la garde à en prouver l'existence.

(3) Les commentaires discutent la valeur exacte à attribuer au mot *rouchd* du texte, à raison de l'absence de l'article ; j'ai adopté l'interprétation la plus raisonnable tout en évitant d'employer le mot « majorité ».

(4) Le féminin est ici employé à raison de ce que la femme est le plus souvent appelée à exercer le droit de garde ; mais la même règle sera, éventuellement, appliquée à l'homme.

(5) Malek, en opposition avec Açbagh, exige que le gardien d'une

de mari qui ait consommé avec elle le mariage (1). Elle ne perd cependant pas ce droit de garde quand celui qui l'aurait après elle ne le fait pas valoir dans l'année qui suit sa connaissance de la consommation du mariage — ou quand ce mari, même n'ayant pas droit à la garde, tel l'oncle maternel, est parent de la fillette au degré prohibé — ou quand il a un droit (éventuel) de garde ou de tutelle, tel le cousin paternel (de l'enfant).

(Malgré son mariage la femme conserve encore son droit de garde) si l'enfant ne veut accepter que les soins de sa mère (ou de sa gardienne) ; — si la nourrice refuse d'allaiter le nourrisson ailleurs que chez sa mère (2) ; — s'il n'y a pas d'autre gardien qu'elle, ou si celui qui existe n'est pas une personne sûre, ou est incapable (ou absent) ; — ou enfin si le père est esclave et la mère libre.

Pour le cas de mariage de la tutrice testamentaire (exerçant le droit de garde), deux opinions différentes sont attribuées à Mâlek.

(Pour que le droit de garde reste dans les mains de celle à qui il est attribué) il faut que l'homme libre tuteur de cet enfant également libre, même encore à la mamelle, ne fasse pas — et la même condition est imposée à la gardienne — un voyage qui soit, non pas un déplacement pour affaires, mais un déménagement, à un lieu distant

fillette apte à la cohabitation, soit vis-à-vis d'elle parent ou allié au degré prohibé.

(1) Parce qu'elle aurait à s'occuper de son mari et négligerait l'enfant. Il s'agit bien entendu de la femme à qui revient personnellement le droit de garde, et non de celle qui supplée le mari, gardien légal, dans les soins à donner à l'enfant.

(2) C'est ainsi que les commentaires expliquent le texte en supposant qu'il y a un mot omis ou sous-entendu.

de six *berîd* (1), et même, d'après le sens apparent de la *Modawwana*, de deux *berîd* ; cette intention de déménagement ou de voyage doit d'ailleurs être affirmée par serment, et (pour que le tuteur puisse emmener l'enfant) il faut qu'il se rende dans un pays sûr auquel mènent des routes, même maritimes, qui soient sûres également. Mais cependant la gardienne peut (pour ne pas perdre son droit) entreprendre avec lui le voyage jusqu'à un lieu qui soit au moins à la distance indiquée.

Le droit de garde (perdu par une femme à raison de son mariage) ne renaît pas à la suite d'une répudiation (2), ni non plus, d'après Ibn Yoûnos, à la suite de l'annulation d'un mariage vicié. Il ne renaît pas davantage si elle l'a laissé périmer (sans motif) (3) ; mais il en est autrement si elle l'a fait pour cause de maladie, — ou si la grand'mère (constituée gardienne à défaut de la mère remariée) vient à mourir (4) alors que la mère elle-même n'est plus sous l'autorité maritale — ou si la mère (ou autre ayant-droit) se retrouve veuve ou répudiée avant que l'ayant-droit primé par elle ait su qu'il pouvait réclamer cette garde.

(1) Le *berid* ou poste est de quatre parasanges, et celle-ci de trois milles.

(2) Elle ne peut le réclamer, mais celle à qui il a été attribué peut le lui céder.

(3) Cette décision est justifiée dans l'opinion qui considère le droit de garde comme constitué au profit de celui qui l'exerce ; mais on a aussi, en l'envisageant comme constitué au profit de l'enfant, émis l'opinion contraire.

(4) Il en serait de même, s'il y avait mariage de la grand-mère ; il eût donc mieux valu dire : « ... vient, par exemple, à mourir ». Au surplus, ce qui est dit ici de la grand-mère et de la mère s'appliquerait à toute autre femme, à quelque échelon qu'elle soit, ayant le droit éventuel de garde.

C'est celui qui a la garde qui perçoit la pension de l'enfant (1), et le juge arbitrera la part de logement qui lui incombe (2) ; mais il n'a pas à réclamer d'autre rétribution pour les soins de garde mêmes.

---

(1) Il importe peu que la mère ou toute autre personne soit chargée de la garde. Le père, qui doit pourvoir à tous les besoins de l'enfant, nourriture, vêtements, etc., ne pourrait dire p. ex. de l'envoyer chez lui pour y boire et manger. La pension sera payée, eu égard à la situation du père aussi bien que de la gardienne, à la proximité et à la sécurité de la résidence de celle-ci, etc., par mois, par semaine ou par jour. Les obligations du père insolvable sont, ajoute Ça'idi, à la charge du *beyt el-mal*.

(2) D'après la *Modawwana*, la charge de loger l'enfant et son gardien ou gardienne incombe au père, et partant le juge n'a rien à arbitrer ; d'après Sahnoun, le père doit loger son enfant, mais le juge fixe la proportion dans laquelle le gardien doit intervenir pour son propre loyer. C'est cette seconde opinion qu'adopte Khalil, à en juger par la place qu'il a donnée dans la phrase aux mots « le juge arbitrera » ; mais la question est discutée par les commentateurs, dont certains les veulent rattacher à « c'est celui qui a. . la pension de l'enfant ».

TABLE DES CHAPITRES

DIVORCE ET RÉPUDIATION

INDEX GÉNÉRAL

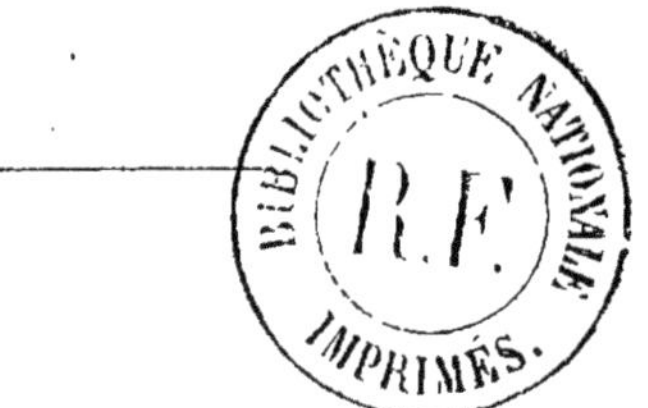

P. 50, l. 7 }
P. 55, n. 3 } lisez : *patronat.*

P. 68, n. 3, lisez : esclave ou *tributaire.*

ALGER. — TYPOGRAPHIE ADOLPHE JOURDAN. — ALGER

www.ingramcontent.com/pod-product-compliance
Ingram Content Group UK Ltd.
Pitfield, Milton Keynes, MK11 3LW, UK
UKHW021503230726
13924UKWH00012B/2045